novas buscas em comunicação

VOL. 13

Dados de Catalogação na Publicação (CIP) Internacional
(Câmara Brasileira do Livro, SP, Brasil)

B392s
Beltrão, Luiz, 1918-
Subsídios para uma teoria da comunicação de massa / Luiz Beltrão, Newton de Oliveira Quirino. — São Paulo : Summus, 1986.
(Novas buscas em comunicação ; v. 13)

Bibliografia.

1. Comunicação 2. Comunicação de massa — Aspectos sociais — Brasil 3. Cultura popular 4. Teoria da informação I. Quirino, Newton de Oliveira. II. Título. III. Série.

CDD-302.230981
-001.51
-302.23
86-0480
-306.4

Índices para catálogo sistemático:
1. Brasil : Comunicação de massa : Sociologia 302.230981
2. Brasil : Meios de comunicação de massa : Sociologia 302.230981
3. Comunicação 001.51
4. Comunicação de massa : Sociologia 302.23
5. Cultura popular : Sociologia 306.4
6. Indústria cultural : Sociologia 306.4
7. Teoria da comunicação 001.51

LUIZ BELTRÃO
NEWTON DE OLIVEIRA QUIRINO

Subsídios para uma TEORIA da COMUNICAÇÃO de MASSA

novas buscas
em comunicação

summus editorial

Subsídios para uma
TEORIA DA COMUNICAÇÃO DE MASSA
Copyright © 1986
by Luiz Beltrão e Newton de Oliveira Quirino

Capa de:
Luis Díaz

Proibida a reprodução total ou parcial
deste livro, por qualquer meio e sistema,
sem o prévio consentimento da Editora.

Direitos desta edição
reservados por
SUMMUS EDITORIAL LTDA.
Rua Itapicuru, 613 – 7º andar
05006-000 – São Paulo, SP
Tel.: (11) 3872-3322
Fax: (11) 3872-7476
http://www.summus.com.br
e-mail: summus@summus.com.br

Impresso no Brasil

NOVAS BUSCAS EM COMUNICAÇÃO

O extraordinário progresso experimentado pelas técnicas de comunicação de 1970 para cá, representa para a Humanidade uma conquista e um desafio. Conquista, na medida em que propicia possibilidades de difusão de conhecimentos e de informações numa escala antes inimaginável. Desafio, na medida em que o avanço tecnológico impõe uma séria revisão e reestruturação dos pressupostos teóricos de tudo que se entende por comunicação.

Em outras palavras, não basta o progresso das telecomunicações, o emprego de métodos ultra-sofisticados de armazenagem e reprodução de conhecimentos. É preciso repensar cada setor, cada modalidade, mas analisando e potencializando a comunicação como um processo total. E, em tudo, a dicotomia teoria e prática está presente. Impossível analisar, avançar, aproveitar as tecnologias, os recursos, sem levar em conta sua ética, sua operacionalidade, o benefício para todas as pessoas em todos os setores profissionais. E, também, o benefício na própria vida doméstica e no lazer.

O jornalismo, o rádio, a televisão, as relações públicas, o cinema, a edição — enfim, todas e cada uma das modalidades de comunicação —, estão a exigir instrumentos teóricos e práticos, consolidados neste velho e sempre novo recurso que é o livro, para que se possa chegar a um consenso, ou, pelo menos, para se ter uma base sobre a qual discutir, firmar ou rever conceitos. *Novas Buscas em Comunicação* visa trazer para o público — que já se habituou a ver na Summus uma editora de renovação, de formação e de debate — textos sobre todos os campos da Comunicação, para que o leitor ainda no curso universitário, o profissional que já passou pela Faculdade e o público em geral possam ter balizas para debate, aprimoramento profissional e, sobretudo, informação.

ÍNDICE

Prefácio 9

Introdução 17

1. A SOCIEDADE CONTEMPORÂNEA 21
   Sociedade, Comunicação, Civilização 21
   A sociedade liberal-democrática 24
   A sociedade de massa: fatores, características, atualidade 27
   Como será a sociedade pós-industrial? 33
   Notas bibliográficas 40

2. VIDA SOCIAL E COMUNICAÇÃO 41
   Os signos e as relações humanas 42
   Lingüística, Semiologia e Comunicação 45
   Conceitos fundamentais das ciências da linguagem 50
   O império dos códigos 51
   Notas bibliográficas 54

3. A COMUNICAÇÃO DE MASSA 55
   Natureza, conceito e evolução 55
   Fatores e atributos 60
   A indústria da comunicação: peculiaridades e tendências 62
   A infra-estrutura: interdependência das instituições sociais
   e econômicas 68
   Notas bibliográficas 76

4. ÉTICA, ESTÉTICA E POLÍTICA NA COMUNICAÇÃO 79
   A Estética da Comunicação 79
   Ética e Política: Atualidade de Maquiavel 82

O Poder e a Decisão na sociedade de massa 89
As ideologias em conflito e os anseios do Terceiro Mundo 94
Notas bibliográficas 99

5. A MENSAGEM E O MEIO NA COMUNICAÇÃO DE MASSA 103
   A mensagem e suas implicações 104
   Os meios: conceituação, classificação, importância 117
   A mensagem e o meio: as idéias de McLuhan 124
   Mais além do meio e da mensagem 131
   Notas bibliográficas 132

6. FUNÇÕES E DESEMPENHO DA COMUNICAÇÃO DE MASSA 137
   Os meios e a função primordial da Comunicação de Massa 138
   As funções específicas 140
   O fenômeno das disfunções 143
   O comunicador de massa: atividades e responsabilidades 145
   As atividades da comunicação 155
   Editoração, 155; Jornalismo, 156; Educação, 158; Relações Públicas, 161; Propaganda, 164; Pesquisa em Comunicação, 166; Entretenimento, 169
   A Teoria da Informação: suas aplicações à Comunicação de Massa 170
   Notas bibliográficas 180

7. OS EFEITOS E O CONTROLE SOCIAL DA COMUNICAÇÃO DE MASSA 185
   As teorias sobre os efeitos 186
   Apreciação crítica e conceituação 190
   A informação, a expressão e seus pressupostos 195
   Controle social: classificação 200
   O controle jurídico da Comunicação 204
   O que se passou após 1445 207
   Notas bibliográficas 211

PREFÁCIO

Quando, em dezembro de 1984, a então Ministra da Educação e Cultura, Esther de Figueiredo Ferraz, fazia entrega da Medalha Comemorativa ao Cinqüentenário da Universidade de São Paulo ao Professor Luiz Beltrão, homenageando-o como Pioneiro do Ensino de Jornalismo no país, o Estado brasileiro reconhecia publicamente os méritos de um educador e jornalista que vem prestando relevantes serviços à formação universitária dos nossos comunicadores coletivos.

No depoimento que ofereceu aos participantes do I Curso de Aperfeiçoamento para Professores de Jornalismo, realizado em São Paulo como evento da programação do 50.º aniversário da USP, Luiz Beltrão relatou com simplicidade as suas andanças pelos estados nordestinos (Pernambuco, Paraíba, Rio Grande do Norte e Ceará), onde abriu picadas para o fortalecimento e a institucionalização de núcleos dedicados ao treinamento de jornalistas e à pesquisa de fenômenos regionais da comunicação.

Foi esse seu pioneirismo que motivou o Centro Internacional de Estudos Superiores de Jornalismo para a América Latina, recém-criado pela UNESCO no Equador, a convidá-lo para assumir a cátedra de Metodologia do Ensino de Jornalismo, ampliando assim as suas experiências pedagógicas e os seus conhecimentos profissionais para as novas gerações de professores de Jornalismo que despontavam, no início da década de 60, em todo o continente.

O contato com o CIESPAL lhe foi duplamente significativo. De um lado, porque encontrou legitimação internacional para um trabalho que era minimizado no seu ambiente geocultural (nunca esqueçamos que os programas de ensino superior para jornalistas e outros comunicadores coletivos enfrentaram originalmente barreiras poderosas). De outro lado, porque se abasteceu de idéias para atualizar e contextualizar sua ação pedagógica, alinhando-a com as tendências emergentes nos principais centros metropolitanos. Tanto assim que o Curso de Jornalismo da Universidade Católica de Pernambuco, criado sob a sua direção, estrutura-se articulado com o Instituto de Ciências da Informação (ICINFORM), primeira entidade brasileira a se voltar para a reflexão e a pesquisa sobre os processos comunicacionais.

Baseado no Recife, mas integrado com os principais centros culturais do país e do exterior, Luiz Beltrão inicia uma nova fase na sua vida intelectual, até então exclusivamente dedicada ao Jornalismo. Converte-se em *scholar* e leva às últimas conseqüências a sua opção acadêmica. Dedica-se com afinco ao estudo, recuperando o *gap* teórico decorrente da sua militância no *front* da notícia e do comentário jornalístico. Transforma-se em animador cultural, forjando uma equipe de pesquisadores que depois assumiria papel de liderança nacional na comunidade acadêmica do setor da comunicação. Atua como divulgador das novas tendências de pensamento no campo da teoria da informação e da indústria cultural, projetando autores e escolas, submetendo livros e documentos ao debate dos grupos que se formam ao seu redor.

O grande projeto de Luiz Beltrão sempre foi constituir uma equipe interdisciplinar que atuasse sob a sua orientação para realizar um inventário da Comunicação Brasileira, desvendando os seus diferentes aspectos (técnicos, profissionais e culturais) e analisando-os à luz dos parâmetros teóricos cultivados pelo mundo universitário. No Nordeste, ele tinha consciência de que o projeto era uma utopia, pelas limitações econômicas existentes numa região secularmente estigmatizada pela pobreza. Por isso, deixou-se fascinar pelo convite que lhe dirigiu a Universidade de Brasília para coordenar sua mais nova unidade, a Faculdade de Comunicação de Massa. Entretanto, as aparentes facilidades administrativas e financeiras desse centro educacional público, erigido com apoio do Governo Federal, esbarraram na instabilidade política criada pelo regime autoritário pós-64, circunstância que acabaria por desfigurar a própria Universidade.

O embrião desse projeto foi o ICINFORM e seu veículo foi a revista *Comunicações & Problemas*. Ambos consumiram energias e esperanças de Luiz Beltrão. Mas também suas finanças, pois, sem contar com subsídios públicos, ele acabava por arcar pessoalmente com as despesas de gráfica, correio, serviços administrativos. Os cursos e seminários promovidos pelo ICINFORM despertaram muitos talentos, conquistando-os para o estudo da comunicação de massas. Os artigos e ensaios publicados pela revista alimentaram o interesse acadêmico de professores e pesquisadores, nas universidades, nas empresas de comunicação, nos sindicatos e associações profissionais. As duas iniciativas duraram cinco anos, começando no Recife em 1965 e terminando em Brasília em 1969.

Desiludido com as possibilidades de construir uma equipe acadêmica autônoma, Luiz Beltrão canalizou todo o seu potencial analítico para a elaboração de uma obra que servisse de apoio às novas gerações de pesquisadores da comunicação. A tarefa que gostaria tivesse sido realizada por uma plêiade, ele a enfrentou sozinho e conseguiu concretizar.

É bem verdade que, mesmo não agrupando seus colaboradores num espaço físico determinado, à semelhança dos líderes intelectuais que implantaram cátedras ou criaram núcleos de pesquisas, Luiz Beltrão desempenhou um papel de orientação à distância, animando antigos alunos, criticando suas pesquisas, sugerindo temas, cobrando avanços e recuos metodológicos, respaldando-os cientificamente. Quando se fizer um inventário das influências positivas que determinadas personalidades tiveram na pesquisa em comunicação no Brasil, um capítulo significativo lhe será reservado.

Sua obra pessoal contemplou duas vertentes acadêmicas: a Teoria do Jornalismo e a Teoria da Comunicação.

A primeira contribuição para a Teoria do Jornalismo é o livro *Iniciação à Filosofia do Jornalismo* (Rio de Janeiro, Agir, 1960), que conquista o Prêmio Orlando Dantas, do *Diário de Notícias*, e suscita atenção dos meios profissionais pela sua originalidade. Diversamente das obras escritas por jornalistas, quase todas enveredando pelo historicismo, memorialístico ou não, ou pelo legalismo, o seu ensaio contextualiza a atividade da comunicação pública, destacando o seu ângulo noticioso e situando-o no arcabouço sociopolítico que reproduz e afeta. Trata-se de um livro que se torna clássico imediatamente e serve de ponto de partida para inúmeros estudiosos que prosseguiriam a análise dos fenômenos jornalísticos brasileiros.

As teses expostas e defendidas nessa obra de estréia são retomadas no plano didático em dois trabalhos que tiveram circulação restrita no país: as apostilas *Métodos en la Enseñanza de la Técnica del Periodismo* (Quito, CIESPAL, 1963) e *Técnica de Jornal* (Recife, ICINFORM, 1964). O primeiro é o roteiro das aulas que ministrou em Quito, transmitindo a professores e jornalistas latino-americanos a sua experiência na formação de profissionais para a imprensa no Brasil. O segundo é o conjunto das anotações que fez para as suas primeiras aulas de "Técnica de Jornal e Periódico" na Universidade Católica de Pernambuco, lidas e discutidas pelas turmas que tiveram o privilégio de tê-lo como mestre.

Como desdobramento pedagógico e síntese de divulgação teórica, ele resgata toda a sua maturidade como Professor de Jornalismo e planeja uma trilogia didática, que se configurou através dos livros:

A Imprensa Informativa (São Paulo, Folco Masucci Editor, 1969), *Jornalismo Interpretativo* (Porto Alegre, Sulina, 1976) e *Jornalismo Opinativo* (Porto Alegre, Sulina, 1980). Nesses manuais, construídos com sensibilidade educativa e competência profissional, ele traça um roteiro seguro e criativo para a aprendizagem dos processos de informação de atualidade pelos jovens jornalistas que se nutrem nos bancos universitários. Mas afloram também questões de interesse para os professores da área, muitas das quais têm sido retomadas ou aprofundadas em monografias ou teses de pós-graduação.

No plano da Teoria da Comunicação, sua atividade bifurcou-se em dois segmentos: a produção de conhecimento novo e a difusão do conhecimento sistematizado.

A pesquisa original a que se dedicou — Folkcomunicação — representa uma das poucas e singulares contribuições brasileiras para a Teoria da Comunicação. Ela está explicitada na tese de doutoramento que defendeu na Universidade de Brasília, em 1967, origem dos livros: *Comunicação e Folclore* (São Paulo, Melhoramentos, 1971) e *Folkcomunicação, a Comunicação dos Marginalizados* (São Paulo, Cortez, 1980).

A preocupação vulgarizadora encontra-se dispersa em inúmeros artigos ou ensaios publicados nos suplementos culturais dos jornais diários, nas páginas de revistas especializadas, nos textos de conferências que proferiu em congressos e seminários. A única tentativa de reunir trabalhos dessa natureza foi encetada através do livro *Sociedade de Massa: Comunicação & Literatura* (Petrópolis, Vozes, 1972).

Mas se inclui também no seu esforço de divulgação científica a elaboração de manuais destinados aos estudiosos que se iniciam no campo da Comunicação. A exemplo do que ocorrera no setor do Jornalismo, Luiz Beltrão concebe uma trilogia para introduzir os interessados no conhecimento da Teoria da Comunicação. E toma como ponto de referência as aulas ministradas aos seus alunos do Centro Universitário de Brasília. Escreve, inicialmente, *Fundamentos Científicos da Comunicação* (Brasília, Thesaurus, 1973) e, depois, *Teoria Geral da Comunicação* (Brasília, Thesaurus, 1977). A série se completa, agora, com *Teoria da Comunicação de Massa*, que a Summus Editorial lança em São Paulo na sua coleção "Novas Buscas em Comunicação".

Esta é uma obra terminal, que completa o ciclo da produção universitária de um grande mestre, enfeixando textos preliminarmente debatidos por alunos de graduação e pós-graduação no Curso de Comunicação Social do CEUB, em Brasília. Sua significação peculiar advém do fato de haver o autor principal colimado o desejo de trabalhar conjuntamente com um dos seus discípulos.

Newton de Oliveira Quirino se dispôs a colaborar com Mestre Beltrão, de cujos conhecimentos e orientação metodológica se beneficiara como aluno e depois como assistente acadêmico, vindo a sucedê-lo na cadeira de Teoria da Comunicação do CEUB. Este livro concretiza de alguma maneira a utopia acalentada nos idos do Recife e nos tempos heróicos de Brasília, quando Luiz Beltrão pretendeu romper com o trabalho solitário da vida acadêmica, tornando-o participativo, cooperativo, solidário.

Estão resumidas aqui a experiência e maturidade de Mestre Beltrão, a disciplina e dedicação do já também Mestre Quirino, que se reforçam e se completam.

Acredito que os estudantes dos nossos Cursos de Comunicação Social muito se irão beneficiar da sistematização dos conteúdos aqui resgatados e organizados. Este livro preenche uma lacuna na bibliografia brasileira de comunicação, pois as incursões didáticas feitas por Adísia Sá, Décio Pignatari e Marcelo Azevedo restringiam-se a aspectos genéricos do processo de comunicação, em suas articulações com a linguagem, a cultura e a cibernética, pouco avançando em direção ao complexo da Comunicação de Massas. Restava aos docentes que atuam na área recomendar aos alunos, como suporte pedagógico, a leitura de textos produzidos por autores de outros países, como Morin, Eco, Moles, Schramm, Lazarsfeld, Riesman, Habermas, Enzensberger, Burgelin, Aranguren, Escarpitt, Pasquali, Beltran ou Mattelart. Ou então, recorrer aos autores nacionais — Caparelli, Muniz Sodré, Teixeira Coelho — que haviam oferecido contribuições específicas, limitadas a fragmentos da questão.

Os *subsídios* que Beltrão e Quirino coletaram, ordenaram e trabalharam para configurar uma *Teoria de Comunicação de Massa* partem do pressuposto de que o estudo dos processos de reprodução simbólica, vigentes no jornal ou na televisão, na editoração ou na propaganda, são determinados pelos modos de produção material e espiritual existentes nas sociedades que se industrializam. Daí a indispensável explicação dos mecanismos que estruturam a sociedade contemporânea, interferindo na vida social e condicionando a engrenagem da comunicação de massa. Valendo-se das noções sócio-culturais que estão na base da sociedade de massa e dos elementos superestruturais que conformam o seu universo ético-político e estético-ideológico, os autores descrevem o funcionamento dos sistemas de comunicação de massa, privilegiando seus instrumentos de expressão (códigos, mensagens) e reprodução (controles, efeitos).

No estilo dos clássicos manuais europeus e norte-americanos, os autores resenham os conceitos fundamentais, destacam o posicionamento dos autores e das escolas, sugerem reflexões e pesquisas, completando tudo isso com anotações bibliográficas que orientam os interessados para o aprofundamento da aprendizagem nas fontes de que se valeram didaticamente.

Ao produzirem conscientemente um manual universitário, os autores atravessam uma fronteira quase não ousada na experiência recente do ensino de comunicação no país. É que os vícios do patrulhismo ideológico, do falso vanguardismo e do humanismo *démodés*, ingredientes da síndrome anti-autoritária, deixaram seqüelas na vida universitária brasileira, estimulando práticas pedagógicas que procuram "queimar etapas" (não li e não gostei), "simplificar" (não conheço, mas acho) e "pragmatizar" (passando dos entretanto aos finalmente). Toda uma geração foi formada sem adquirir visão histórica, sem compreender o conjunto, sem perceber as diferenças, sem identificar variáveis, sem discernir tendências. Embalados pelo canto de sereia da "crítica pela crítica", muitos docentes e discentes, confundiram estrutura e conjuntura, uniram passado e presente, mesclaram tempo e espaço. E se tornaram, ao mesmo tempo, acríticos, apolíticos, acientíficos, palmilhando as trilhas estreitas do monografismo, das análises de conjuntura, dos estudos de caso, das amostras qualitativas, do reducionismo metodológico, do experimentalismo etc. etc.

Se, por algum tempo, a aula, entendida como exposição-síntese do professor, foi marginalizada da vida universitária, cedendo lugar ao seminário, exposição-improvisada dos alunos que se prolongava em dinâmica de grupos "livremente" estruturados, é compreensível que a leitura sistemática tenha desaparecido e que em substituição aos manuais ou tratados surgissem os fragmentos de textos, os recortes de capítulos. O populismo pedagógico e a miopia didática, ufanisticamente proclamados como inovação educativa, acabaram por deteriorar a qualidade do ensino e atrofiar a pesquisa. Essa política liberadora, que se inspira nas barricadas de maio de 1968 na Sorbonne, e se robustece no ambiente repressivo instaurado no Brasil pelo AI-5, estimulando a rebeldia e a desobediência civil, acabaria por debilitar as nossas universidades. Nas escolas de comunicação, ainda recentes na estrutura acadêmica brasileira, os seus efeitos foram quase fulminantes.

Por isso, é muito bom que as novas gerações de estudantes de comunicação possam dispor de fontes pedagógicas como este livro de Beltrão e Quirino, para apreender a totalidade do fenômeno da comunicação de massa e, a partir do seu conhecimento fundamental, aventar hipóteses, indicar contradições, propor mudanças.

Luiz Beltrão completa, com esta obra, a tarefa que se impôs no plano científico, mas dá também uma lição de despojamento intelectual. Resgata a significação do manual universitário e faz dessa modalidade de expressão didática, em regime de co-autoria, o signo do seu apogeu acadêmico.

É um exemplo que pode inspirar tantos professores universitários a fazerem do seu cotidiano pedagógico não um mero ato de transferência de conhecimentos, mas de sistematização e de recriação.

Beltrão demonstrou como um pesquisador pode atuar concomitantemente na esfera da produção e da divulgação. E ao completar sua *missão*, retira-se gratificado para o terreno da literatura, deliciando-se com a descoberta de personagens, cenários, situações, que povoam sua memória, e ressurgem agora vitalizados pela força da ficção.

Nos últimos encontros que mantivemos em Brasília, encontrei Beltrão desfrutando o merecido descanso da sua aposentadoria, vivendo numa chácara (Mansão Olinda), onde escreve contos e novelas. Recentemente, lançara o romance *A Greve dos Desempregados* (São Paulo, Cortez, 1984), uma estória contundente e perspicaz, que revela uma outra dimensão do repórter que nunca deixou de ser, cujo único testemunho é o seu livro de reportagens *Itinerário da China* (Recife, 1959). O seu filão romanesco na verdade não fora interrompido. Inicia-se com *Os Senhores do Mundo* (Recife, Academia de Letras de Pernambuco, 1950), romance que conquistou o Prêmio Othon Bezerra de Melo, tem continuidade no livro de contos *Quilômetro Zero* (Recife, Secretaria de Educação do Estado de Pernambuco, 1960) e nos romances *As Sombras do Ciclone* (Petrópolis, Vozes, 1968) e *A Serpente no Atalho* (Brasília, Coordenada, 1974).

Ao terminar a redação de *Teoria da Comunicação de Massa*, várias vezes interrompida pela atração que a literatura ficcional ou memorialística lhe inspirava, mas retomada pela persistência e abnegação de Newton Quirino, que cuidou da preparação final dos originais, Luiz Beltrão me dizia: "Agora estou tranquilo. Cumpri minha tarefa acadêmica. Posso enfim dedicar-me ao que sempre me apaixonou: a criação literária."

Foi em plena emoção do ato criativo dos contos de Olinda e Olanda que Mestre Beltrão viu-se arrebatado pelo bloqueio de sua função circulatória, circunstância que o retirou do convívio com os membros da Academia Brasiliense de Letras. Felizmente sua capacidade de recuperação mostrou-se surpreendente, estimulada sem dúvida pelo carinho dos familiares e pelo afeto dos amigos.

Há pouco mais de um mês tive a satisfação de encontrá-lo confiante e radiante. A retomada dos mecanismos de expressão verbal mostra-se lenta, mas é sintomático que na nossa conversa ele tenha narrado a estrutura de um conto que, tão logo volte a manejar a escrita, certamente o porá no papel.

É assim Mestre Luiz Beltrão. Forte, arrojado, perseverante. Sua faina acadêmica, ele a transfere para os discípulos inúmeros, dos quais o mais próximo e dedicado é Newton Quirino. Mas persegue o desejo de continuar a caminhada literária, tecendo contos, romances, novelas. E seguramente o fará, para alegria e contentamento de sua grande legião de leitores, que se espalham por todo o país e terras vizinhas ou distantes.

São Paulo, 12 de outubro de 1985

José Marques de Melo

INTRODUÇÃO

A despeito do avanço tecnológico que provocou o surgimento da Comunicação de Massa e vem imprimindo substancial aperfeiçoamento aos meios de emissão, transmissão e recepção de mensagens culturais públicos entre grupos humanos os mais distanciados entre si e em lapsos de tempo cada dia mais curtos, chegando mesmo ao imediatismo próprio dos contatos cara-a-cara, nada indica que o homem possa, ainda por muitas décadas, dispensar o processo. Até mesmo por questões simples como a disseminação das localizações dos aglomerados humanos, seja nos cinco continentes seja até em outros corpos celestes cujo acesso demanda e demandará certo tempo para ser alcançado, por velozes que se tornem os veículos transportadores, a nossa "aldeia global" irá necessitar, para sua informação, dos instrumentos e das técnicas empregadas pela atual civilização, dentro de um sistema nem sempre bem-aceito pelos seus usuários.

Crescendo como indústria na mesma proporção em que se desenvolveram os demais produtos de engenho e da atividade humana, e sob certos aspectos até com mais vigor e rapidez, a Comunicação de Massa atingiu aquele gigantismo absorvente, que cerceia a liberdade de indivíduos e de nações pela imposição de mensagens padronizadas, que muitas vezes afrontam a cultura peculiar de determinado grupo social, fazendo-se poderosa arma de dominação intelectual e política. Paradoxalmente, a sua penetração, sem respeitar fronteiras em sistemas políticos fechados, levando a debate problemas conservados sob rigoroso sigilo ou questões vedadas à discussão de seus próprios membros, constitui uma luz de esperança nas trevas medievais que envolvem, ainda hoje, a ignorância ou a escravização de populações, forçadas a viver sob regimes acríticos.

O simples fato de manifestar-se, hoje, um desejo comum do homem pelo estabelecimento de uma nova ordem internacional da informação demonstra, por um lado, que o fardo da comunicação massiva se tornou demasiado pesado ao nosso espírito livre mas, por outro, que a sua existência como fator da estabilidade da civilização contemporânea se revela indispensável ao convívio social.

Este ensaio visa oferecer aos estudantes, aos profissionais e aos estudiosos da Comunicação em nosso País uma visão sistemática do fenômeno da Comunicação de Massa, podendo constituir-se em um roteiro para o desenvolvimento das teorias que se estão formulando em torno do seu processo e dos seus efeitos, e de base para a sua prática, que requer a cada dia uma maior conscientização por parte dos seus agentes.

Para a sua elaboração, os Autores valeram-se, o primeiro de uma experiência profissional da juventude e de sua carreira de mestre universitário há quase três décadas, e o segundo, dos seus estudos jurídicos e humanísticos e de sua especialização no campo da Teoria da Comunicação, de que é atualmente professor no Centro de Ensino Unificado de Brasília (CEUB). Os temas aqui tratados foram debatidos em classes oferecidas a estudantes de Comunicação e, em parte, abordados no I Curso de Aperfeiçoamento e Especialização a nível de pós-graduação, promovido pelo mesmo CEUB, em 1981, ocasião em que o primeiro Autor participou como professor e o segundo, como aluno, quando obteve a máxima classificação em todas as disciplinas e na monografia final.

A obra está dividida em sete capítulos:

1.º) *A Sociedade Contemporânea* — Partindo-se da conceituação de sociedade humana e do estudo dos elementos que a estruturam, chega-se às relações entre sociedade, comunicação e civilização, mostrando-se como, através da evolução dos meios de difusão e intercâmbio de informações e a popularização do seu uso o homem chegou ao estabelecimento da ordem liberal-democrática, fundamentada na manifestação livre de todas as correntes do pensamento, que, mediante a discussão, configuravam a opinião pública. Estuda-se, a seguir, a evolução dessa nova sociedade pela primeira revolução industrial gerando a sociedade de massa, cujas características são fixadas, apontando-se os instrumentos de que se valeu para a sua implantação e as contrafações que provocou, entre as quais o gigantismo das instituições, a burocratização, a concentração do poder econômico, político e militar, e a dominação exercida sobre o pensamento e liberdade humana pela comunicação massiva, indireta, impessoal e abrangente. Especula-se, afinal, sobre o futuro da sociedade pós-industrial e, particularmente, sobre o papel que a Comunicação desempenhará no mundo do Terceiro Milênio.

2.º) *Vida Social e Comunicação* — Discorre-se sobre a natureza do homem, o *animal symbolicum*, buscando-se uma explicação para a história da Cultura e da Civilização. Estudam-se os signos, a criação da linguagem articulada, o processo da simbolização, a transmissão da herança cultural, o desenvolvimento dos estudos sobre as ciências da linguagem, com ênfase na Semiologia, de cujo repertório se compõe um glossário que será utilizado em todo o texto para sua melhor compreensão. Por último, considera-se evidente que toda a atividade humana constitui um esforço de comunicação para a obtenção da imprescindível ajuda sem a qual indivíduos e grupos não poderiam evoluir, e que esta comunicação é sempre feita através de códigos, sejam lógicos, estéticos ou sociais.

3.°) *A Comunicação de Massa* — Ao raiar do século atual as condições criadas pela Ciência e pela Tecnologia introduzem na sociedade o império da Comunicação de Massa, que aqui é conceituada e analisada em sua natureza, no seu processo vertical e industrializado, na estruturação do seu receptor incontável, heterogêneo, inorganizado e disperso, nas funções que desempenha como principal trama da vida social e na especificidade do seu diálogo com a audiência. Após um breve histórico de sua eclosão, enumeram-se os fatores e atributos do fenômeno, as peculiaridades e tendências da indústria da Comunicação e as exigências, para sua implantação e funcionamento ótimo, de condições infra-estruturais, com relevo para indústrias de base dos setores energético, de equipamentos técnicos, de comunicações e transporte, e de formação e organização profissional, além de uma política mundial de livre acesso dos agentes culturais da comunicação às fontes de informação, sem o que a liberdade de conhecimento e expressão não passará de letra morta nos códigos internacionais.

4.°) *Ética, Estética e Política na Comunicação* — Estudam-se aqui os problemas relativos à Ética, Estética e Política em suas estreitas ligações com a Comunicação de Massa. Historia-se brevemente a influência na arte da vulgarização das mensagens massivas e o conflito provocado pela quebra da vinculação do artista aos antigos cânones, levando-o muita vez a sacrificar o bom gosto e a cultura genuína ao nível de recepção da massa. Apontam-se as contradições entre a chamada arte "superior" e "popular", indicando-se os temas e as teorias a respeito. Os aspectos éticos e políticos da comunicação são apreciados a partir da atualidade de Maquiavel e examinam-se as implicações do Poder e da Decisão na sociedade contemporânea, na manutenção e desenvolvimento da comunicação, sobretudo nos países do Terceiro Mundo.

5.°) *A Mensagem e o Meio na Comunicação de Massa* — A mensagem massiva é um dos inumeráveis produtos industrializados postos à disposição da sociedade contemporânea, constituindo o seu mercado um dos mais amplos, procurados e rendosos da nossa civilização. Neste capítulo apreciamos a mensagem e suas implicações tanto sob o enfoque temporal como de sua temática. Analisam-se os meios de comunicação em suas características e o seu desempenho para vencer a batalha contra o tempo e o espaço. Focaliza-se a figura de McLuhan mostrando o desdobramento e a repercussão das suas idéias e indicando-se os principais críticos e opositores da sua obra realmente revolucionária.

6.º) *Funções e Desempenho da Comunicação de Massa* — Analisam-se as funções exercidas pelo comunicador em sua ação através dos poderosos instrumentos do processo comunicacional e busca-se situar os efeitos da recepção e decodificação da mensagem. Quanto às primeiras, procura-se identificar e distinguir a função primordial, e as específicas, abordando, igualmente, o fenômeno das disfunções. Apreciam-se as atividades e responsabilidades do comunicador em confronto com as forças que tentam influenciá-lo e o tipo de organização a que pertence. Conceituam-se as atividades profissionais da Editoração, do Jornalismo, da Educação, das Relações Públicas, da Propaganda, da Pesquisa em Comunicação e do Entretenimento. Ao final, discorre-se sobre a Teoria da Informação e suas aplicações ao processo em estudo.

7.º) *Os Efeitos e o Controle Social da Comunicação de Massa* — Considerando os efeitos das mensagens massivas observados pelos estudiosos e pesquisadores nos anos seguintes à 2.ª Guerra Mundial, expõem-se e debatem-se as teorias que põem ênfase sobre a influência dos meios sobre o comportamento coletivo e as que privilegiam a mensagem, e mostra-se como, baseada em que é condição inalienável à sua sobrevivência e aperfeiçoamento a busca de dados cognitivos e a manifestação de sua posse, a criatura humana exigiu do Estado a garantia do seu livre exercício. Daí resultou a conscientização dessas franquias no estabelecimento do controle social e jurídico da informação e do direito de expressão, incluídos entre os direitos fundamentais do homem. Historia-se a luta pela conquista destes direitos, que continua em nossos dias, e expõem-se as conclusões a que chegam os Autores a respeito da situação atual das relações entre o Poder e a Comunicação de Massa.

Brasília, junho de 1985

Luiz Beltrão
Newton O. Quirino

1.

A SOCIEDADE CONTEMPORâNEA

Homens, mulheres e crianças, ou seja, gerações reunidas por força da tradição, possuindo sentimentos e crenças comuns e dotadas de uma solidariedade natural que se sobrepõe a divergências grupais constituem os elementos da sociedade humana. Essa gente vive junta, em consenso, sob determinada organização política, social e econômica, que lhe permite somar esforços para a satisfação de todas as suas necessidades e defesa dos seus interesses (1).

O processo mediante o qual se organizam, atuam e se transformam as sociedades tem variado muito no decorrer dos séculos. É a sua estrutura, constituída de vários agrupamentos específicos dos quais a família e a comunidade local são os mais persistentes (2), que dita o comportamento coletivo e marca a personalidade dos seus membros, caracterizando gerações. Assim, conforme Sapir (3), "embora falemos freqüentemente de sociedade como uma estrutura estática, definida pela tradição, ela é... apenas aparentemente uma soma... de instituições sociais; na realidade, é diariamente estimulada e criadoramente renovada por atos individuais de natureza comunicativa", através dos quais se efetiva a evolução do pensamento e da atividade do homem. Por isso, sociedade e comunicação estão estreitamente vinculadas, podendo-se determinar o estágio civilizatório de uma população ou de um agrupamento social pelas formas, instrumentos e eficácia do sistema comunicacional vigente.

Sociedade, Comunicação, Civilização

Em seus primórdios, a sociedade humana teria utilizado para manter-se e expandir-se as linguagens animais, enriquecidas tão-só pela capacidade exclusiva da espécie de refletir/simbolizar. O invento de instrumentos e a evolução fisiológica desde a libertação das mãos até a conquista definitiva da posição ereta vertical iriam permitir ao homem a estilização das linguagens gestual, tátil e hormonal em modalidades artísticas, industriais e de conduta e, sobretudo, a criação de sua própria e exclusiva linguagem, a idiomática, à base da articulação dos sons, transformando a voz em fala.

A história da civilização é também a história da invenção de meios cada vez mais eficientes para a difusão e intercâmbio de informações que permitissem às sociedades estruturadas a obtenção de suas metas. Quando se estabelecem relações de cooperação/dominação (comércio/conquista) entre grupos humanos próximos ou estabelecidos a razoável distância, a comunicação se faz diretamente, pela palavra, gestos, ritos e cerimônias que impõem leis, implantam costumes e criam tradições. Os veículos de mensagens a distância são monumentos, desenhos, objetos, sinais convencionados de fogo e bandeiras, sons ritmados arrancados de instrumentos de percussão, como ainda hoje se observa em tribos indígenas na América e na África.

Ao se constituírem os grandes impérios da antiguidade — Egito, Caldéia, Grécia, Roma —, ao se expandir o comércio entre os povos, ao se estabelecerem, portanto, aquelas relações entre nações distantes umas das outras, verifica-se o surgimento de formas indiretas de comunicação: *a escrita* desponta como solução para manter em comunhão indivíduos e grupos humanos separados por longas distâncias resultantes da descoberta e fixação de rotas marítimas e terrestres.

Explorando os recursos naturais e manufaturando produtos vegetais e minerais, o homem escreve em papiro, pergaminho, tijolos e tabuinhas enceradas as suas mensagens de atualidade. A escrita serve, ainda, como o grande recurso da documentação perene de seus feitos e conquistas. É à sua sombra que florescem a literatura, as artes, a ciência; através dela, as gerações se comunicam mais perfeitamente do que pelos monumentos e pela tradição oral. A sociedade se enriquece com a experiência do passado, o relato do presente e as especulações e projetos do homem para o futuro. Da escrita, sobretudo, decorrerá uma nova linguagem, a científica, que irá permitir o desenvolvimento do espírito inventivo e abrir perspectivas insuspeitadas à evolução social.

Embora a descrença de alguns filósofos e a denúncia de outros malefícios que a escrita iria trazer à humanidade, a vida social se vai ordenando, as sociedades vão evoluindo graças às informações e instruções gráficas. As grandes civilizações manuscritas da antiguidade são orientadas e dirigidas pelos que sabem traçar no veículo as normas de conduta dos indivíduos e grupos que executam as tarefas destinadas à consecução dos objetivos sociais. De logo, as classes dirigentes se apercebem do poder que a escrita lhes confere e a monopolizam, como ocorreu no Egito com os hieróglifos e na Roma dos Anais dos Pontífices.

Sem dúvida, Júlio César pode ser considerado o primeiro responsável pela queda do Império Romano, ao popularizar a escrita através das *Actas Diurnas*. O fato é que, sepultada entre os escombros da civilização, destruída pelos bárbaros, cabe à Igreja, como outrora havia feito com a fé nas catacumbas, guardar a escrita nos recônditos dos conventos e monastérios. É dali que, durante mil anos, praticamente reduzida à forma latina, será o instrumento da reconstrução do Ocidente sob o monopólio e dominação incontestados do Cristianismo.

No Oriente, é também através da grafia dos seus princípios, nos livros santos, que as grandes religiões encontram a mais efetiva arma de difusão e imposição da ordem social. O *Corão* unifica os povos árabes e comanda a grande civilização do Islã, que se espraia pelo norte da África e pela península ibérica. O Budismo, os *Vedas*, a doutrina de Lao-Tsé, recolhida no *Tao te Ching* (Livro da Senda da Virtude) e as máximas de Confúcio, contidas nos Livros Canônicos Chineses, modelam e consolidam as civilizações do Extremo Oriente, da Índia à China (4).

A civilização medieval na Europa não é manuscrita não porque o povo conheça a escrita mas porque esta é monopolizada pela classe sacerdotal, que a vigia incessantemente, utilizando o braço secular para punir quem ousasse empregá-la na difusão de idéias contrárias à ordem estabelecida. E nada se constrói de duradouro na Idade Média que não esteja contido nos volumes manuscritos, nas bulas e éditos papais, nas ordenações jurídicas ou em obras clandestinas literárias, científicas e/ou políticas que escaparam de censores e inquisidores, que iluminavam os burgos com as chamas das fogueiras de "imundícies".

Na sociedade feudal, em que a principal ocupação do homem era o cultivo da terra, pertencente ao castelão, o senhor, a ordem social vinculava-lhe, em vassalagem, não só o camponês como as populações dedicadas ao comércio, ao artesanato ou à guerra, e que viviam em praças cercadas de fossos e muralhas. O sistema político-econômico então vigente seria minado, ao longo de séculos, pelas idéias renascentistas, reformistas e iluministas, de um lado e, de outro, pela ação da burguesia, classe que se fortalecera com a exploração dos bens e riquezas dos descobrimentos e os compromissos e dissipações da nobreza.

A expansão do mundo civilizado com a Revolução Comercial, caracterizada pela navegação transoceânica, pela exploração de novos produtos, pela busca de matérias-primas e pela circulação do dinheiro vai encontrar na *tipografia* o instrumento por excelência da mudança que se opera nas relações sociais. O papel e os tipos móveis imprimiram não só novas mensagens como novas características ao homem e à sociedade pós-renascentista.

O poder e a cultura intelectual deixam de ser privilégios da Igreja e da nobreza: o terceiro estado é fruto primeiro da liquidação do latim como língua internacional dos eruditos e, depois, da posse (e do acesso) de grupos sociais os mais distintos à mensagem impressa. Esta explora os campos mais extensos da ciência, da arte, da filosofia, difundindo idéias e conhecimentos até então reprimidos.

O surgimento do livro tipográfico "acelera o movimento de expansão educacional, ampliando consideravelmente a faixa de alfabetizados e letrados... As línguas nacionais vão se aperfeiçoando paulatinamente e adquirindo padrões de *línguas literárias*... Esse fenômeno desencadeou (ou se fez paralelo) a criação dos modernos estados nacionais, afastando-se também daquela centralização política européia, durante algum tempo alimentada pela Igreja... A cultura manuscrita era essencialmente coletivista já que os livros eram pouco numerosos e estavam presos aos grilhões das bibliotecas. A leitura era feita em *voz alta*, afigurando-se como uma atividade *grupal*, o que obrigava os indivíduos a um esforço desmesurado de memorização e reflexão concomitantes. O livro impresso permite a *posse individual* e possibilita a *leitura silenciosa*, isolada... tornando a *meditação* patrimônio de um maior número de pessoas... estimula em grande parte a reflexão e cria um espírito de crítica no leitor... A possibilidade de ter à sua disposição maior quantidade de livros... leva o indivíduo a usar mais e mais a *razão*. O racionalismo, neutralizando a fé, incrementa o espírito de pesquisa e contribui para o amplo desenvolvimento cultural que o homem experimenta a partir de então, conforme o pensamento de McLuhan, citado por Marques de Melo (5).

A sociedade liberal-democrática

A Reforma Religiosa, o trabalho científico e o estabelecimento dos Estados nacionais vão configurar um homem e uma sociedade que, explodindo com a Revolução Burguesa no século XVIII, na centúria seguinte praticamente implantara em todo o mundo a ordem liberal-democrática.

Na nova estrutura social, em teoria não se consideravam as diferenças de riqueza, função ou saber: os homens são iguais em direitos e oportunidades. Em seu todo, constituem o *público*, integrado pela classe média burguesa, que se exprime através da discussão ampla dos assuntos e problemas da comunidade e que está, por isso, na base de todo poder legítimo.

Apreciando as características do público clássico da teoria democrática, Wright Mills (6) considera como a mais importante seu poder de criar a opinião pública, fruto da discussão livre. Escreve ele: "O público é assim organizado em associações e partidos, cada qual representando um conjunto de pontos de vista, cada qual tentando obter um lugar no Congresso, onde a discussão continua. Dos pequenos círculos de pessoas que conversam entre si, desenvolvem-se as forças maiores dos movimentos sociais e dos partidos políticos... O público assim concebido é o leme da democracia clássica do século XVIII: a discussão é o fio e, ao mesmo tempo, a laçadeira que liga os círculos em debate. Ela está na raiz do conceito da autoridade e se baseia na esperança de que a verdade e a justiça surgirão na sociedade, de alguma forma, como um grande resultado da discussão. O povo tem problemas. Discute-os. Decide sobre eles. Formula seus pontos de vista. Estes são organizados e concorrem entre si. Um vence. Então o povo age segundo esse ponto de vista, ou seus representantes recebem instruções para colocá-los em prática e prontamente o fazem."

A nova revolução, que iria dar origem a outra configuração sociopolítica, a *sociedade de massa*, viria no século XIX, quando o fenômeno da industrialização concentra enormes populações em cidades ou regiões que lhes eram estranhas, forçando-as a abandonar seus hábitos tradicionais, reduzindo-as a condições de vida subumanas, que lhes ofereceram o caldo de cultura da grande transformação de estrutura das relações humanas. O fenômeno, hoje evidente e irreversível nos países economicamente desenvolvidos, se vai estendendo, ao modo de ilhas e penínsulas, por todas as nações.

A sociedade contemporânea, na qual as massas se implantaram ou estão em vias de fazê-lo, é um amálgama de diferentes tipos de organização, que vão desde comunidades isoladas que vivem sob um sistema sociocomunal, àquelas nas quais vigora um sistema liberal--democrático de públicos ou pluralista, mais ou menos na linha dos arquitetos e construtores da Revolução Burguesa ou sob sistemas autoritários e/ou totalitários, que se caracterizam, sobretudo, pelo controle ou monopólio dos meios de informação, coerção e persuasão, exercidos pela elite do poder.

Em cada sociedade isoladamente, como é o caso do Brasil, encontram-se comunidades que guardam resquícios da vida dos burgos medievais, embora sua estrutura haja sofrido modificações substanciais, decorrentes, antes do mais, das relações que elementos de sua elite têm de manter com vizinhos mais evoluídos, da quebra do seu isolamento pela extensão da rede de comunicações e da elevação gradativa do nível de informação e instrução de suas gentes.

Nesta sociedade que denominamos *tradicional*, o modo de vida é quase igual em uma família como em outra. Cada indivíduo tem seu papel. Conhece o outro, a quem está ligado muitas vezes por laços de parentesco ou por íntimas relações sociais. Embora haja diferenciações de cultura, riqueza ou posição social, todos se tratam com cordial respeito, sentindo-se seguros para expor seus pensamentos e manifestar com sinceridade sua opinião sobre temas de interesse coletivo.

Ortega (7) apreciando o *modus vivendi* dessa sociedade, salienta que nela "cada qual — indivíduo ou pequeno grupo — ocupava o lugar, talvez o seu, no campo, na aldeia, na vila, no bairro da grande cidade". Estavam convencidos de que "certas operações, atividades ou funções que são, por sua natureza mesma, especiais, não poderiam ser bem-executadas sem dotes também especiais. Essas atividades, como, por exemplo, certos prazeres de caráter artístico ou dispendioso, ou as funções de governo e de decisão sobre assuntos públicos, eram exercidas pelas minorias qualificadas... A massa não pretendia intervir nelas; apercebia-se de que, se queria intervir, teria congruentemente de adquirir esses dons especiais e deixar de ser massa".

As populações que ainda hoje vivem sob este tipo de sociedade são predominantemente rurais; nas grandes cidades, a que chegam indivíduos dessas áreas, por diversos motivos, constituem, em regra, aglomerados marginais, que procuram sempre e por todos os meios preservar as relações primárias e estreitas a que se haviam acostumado. A evolução nas comunidades tradicionais se processa normalmente, sem grandes choques; dela participam todos os seus membros, não havendo a ostensiva imposição, a violentação brusca dos hábitos e dos *mores* que a revolução urbana provoca.

Em estudo anterior, Beltrão (8) encontra dez características na estrutura e na psicologia da sociedade tradicional, a saber: a) cada um dos seus membros é uma *pessoa*, figura humana única e inconfundível pela sua b) *qualificação*, representada em habilidades, virtudes e virtuosidades próprias. Essas pessoas vivem c) em *pequenas comunidades*, que mantêm entre si d) *relações de vizinhança*, à base de sentimentos de e) *amizade*. Tais relações geram f) uma *comunhão* e permitem a cada indivíduo e a cada grupo uma g) *expressão própria*, que lhes proporciona, pela discussão dos temas e problemas comuns, uma bem marcada h) *satisfação intelectual*. Em razão das condições ambientais, há nesta sociedade i) *menos facilidades*; em compensação, nela homens e mulheres têm j) *ambições limitadas*, que os esforços comuns podem ir atendendo a médio e longo prazo.

A estrutura da sociedade tradicional está bem definida: há uma *elite* (política, econômica ou intelectual) 'composta de elementos em que se vêem qualidades de *liderança*, que detém o poder e de onde saem as decisões, e uma *comunidade* solidária de pessoas e grupos, cujos princípios e aspirações os levam a aceitar e manter o *status quo*. Compreende-se por que tal tipo de sociedade, por excelência conservadora, se oponha a mudanças e inovações, perturbadoras do ritmo de sua vida, que considera satisfatória.

Conforme Kornhauser (9), foram "os processos incipientes de *urbanização* e *industrialização*" que "começaram a destruir a comunidade medieval, com o que certos setores da população perderam a coesão e ficaram em condições de participar dos diversos movimentos milenaristas, que floresceram" na Alta Idade Média. O fenômeno iria repetir-se no século XIX, quando a Revolução Industrial ofereceria condições para o surgimento da massa cuja implantação de um novo sistema social sofreria, na atual centúria, as contrafações do totalitarismo e do autoritarismo, ao impacto da Revolução Tecnológica, de modo especial no campo das comunicações.

*A sociedade de massa:
fatores, características, atualidade*

Em torno das fábricas, implantadas próximo ou dentro das cidades, que se expandiram derrubando antigos muros e invadindo áreas ocupadas por lavouras, florestas, morros e baixios, nascia e crescia uma população alienígena, atraída não só pela oportunidade de trabalho como pelas condições de comodidade e conforto que os centros urbanos ofereciam, tais como iluminação pública, meios de transporte, redes de abastecimento de gêneros alimentícios e utensílios domésticos, variedade de entretenimentos, enfim, maiores facilidades e comodidades. Com essa população, iria surgir a *massa*, ou seja, "grandes quantidades de indivíduos, não integrantes de qualquer agrupamento social, incluindo as classes" (Kornhauser). Estas, conforme o pensamento de Carlyle, resumido por Graciarena (10), eram constituídas dos "grupos encravados organicamente na sociedade... integrados por pessoas de certa autonomia", enquanto as massas "representavam a parte inorgânica daquela, emergidas recentemente, e que não possuíam um *status* definido".

Essas populações, ainda quando provenientes de zonas rurais do próprio país em que florescia a industrialização, não entendiam ou entendiam mal o idioma, não tinham especialização profissional, eram, em sua grande maioria, analfabetas e, à falta de recursos, aceitavam os mais baixos salários. Em conseqüência, na periferia das cidades, em terrenos baldios ou em morros e alagados, erguiam-se as *favelas*, conglomerados de miseráveis habitações, com todo seu complexo de malefícios à vida do homem e ao progresso social. À falta de assistência e orientação, desenraizados dos seus costumes e tradições, os indivíduos que as habitavam perdiam a própria escala de valores e se iam tornando plásticos e acessíveis a idéias e a condutas que lhes eram impostas. Em uma palavra — massificavam-se.

A princípio, pela sua própria condição, "careciam de possibilidades políticas formais, isto é, não tinham direitos eleitorais", tanto que Marx, que começara utilizando o termo para designar o setor social que depois chamaria de proletariado, na verdade somente assim considerava "a parte ativa da classe operária a que supunha uma consciência clara, definida, de sua posição na sociedade" (Graciarena). Os trabalhadores esclarecidos seriam fruto do desenvolvimento da Revolução Industrial, exigindo mão-de-obra especializada e viriam, simultaneamente com a expansão do capitalismo, as primeiras organizações e reivindicações sindicais e a luta de classes, aqui compreendida não só entre assalariados e patrões como entre estes, sobretudo produtores e fornecedores de matérias-prima industriais, próceres do comércio e das finanças e, afinal, o próprio Estado.

Concomitantemente, a tecnologia das comunicações oferecia à massa, agora composta de diversos segmentos sociais, com o *disco* e o *fonógrafo*, o *cinema*, o *rádio* e, por fim, a *televisão*, novos meios de difusão de mensagens, que iriam permitir a imediata e simultânea recepção das mesmas informações a públicos os mais vastos, heterogêneos e dispersos. A comunicação massiva iria tornar-se o instrumento mais efetivo na implantação da sociedade de massa.

As diferenças, lutas e conflitos sociais que marcam o século XIX põem a nu as contradições do sistema sociopolítico liberal-democrático, que irão gerar as contrafações totalitárias, ao apartar-se, a sociedade, do modelo original, que supunha a livre discussão dos problemas, sua adoção pela maioria e sua execução visando a harmonia de interesses entre os indivíduos que a formam. A crise resulta do próprio processo de urbanização e industrialização que leva, por um lado, à *atomização dos grupos sociais tradicionais*, que melhor se transformam em classes, e por outro, ao *fortalecimento e gigantismo de determinadas instituições* que, ocupando uma faixa cada vez mais extensa, passam a interpor-se entre o público e a elite dirigente, falando pelo primeiro e pressionando, quando não se identificando ao segundo.

Exemplo da atomização dos grupos sociais é o que se verificou com a família, cujos membros se separaram e, no novo *habitat*, assumiram novas posições e atitudes, em tudo divergentes da conduta do seu meio originário. Os sociólogos constatam que os laços de parentesco dos advindos ao grande meio urbano não resistem à segunda geração. Também a escola passa a promover uma comunidade distinta e uma política mudada em resposta a um meio mudado. Destes grupos emergem as *classes de idades*, com os conflitos cada vez mais agudos entre as gerações em luta pela intervenção e controle da ordem social (Park).

As corporações e associações profissionais, por seu turno, passam por mudanças substanciais. A tese dos mesmos direitos políticos e das mesmas oportunidades de acesso ao trabalhador e ao empresário depressa se esvai. Com a criação das grandes empresas de caráter industrial, registram-se transformações radicais no conviver e nas relações entre dirigentes e executantes. Estrutura-se a *sociedade de classes*, na qual "os indivíduos se distribuem por camadas sociais, distinguidas na base de um sistema de graduação social, mas relativamente permeáveis, e nas quais as probabilidades de participação da cultura, de disposição do ócio e do exercício da autoridade, bem como as oportunidades de acumulação de riquezas e da aquisição de prestígio são diretamente condicionadas pelo agrupamento dos indivíduos em camadas sociais" (11).

Assim, ao ingressarmos no século XX, o arcabouço da teoria liberal-democrática está abalado, conforme Wright Mills na obra citada ao analisar a evolução do sistema nos Estados Unidos: "I — o princípio de John Locke de que a consciência individual era a sede final de julgamento... fora desafiado já desde Rousseau, quando pela primeira vez pensou em termos da soberania de todo o povo, enfrentando a questão da democracia de massas; II — a harmonia de interesses, natural e pacífica, entre os indivíduos que formavam a sociedade, igualmente caíra quando a realidade mostrara a competição e a conseqüente luta entre classes economicamente antagônicas; III — a discussão livre e racional entre os indivíduos para a criação de uma autêntica opinião pública... sofrera o impacto de três contestações: 1) a suposta necessidade de peritos para decidir sobre questões delicadas e complexas... 2) a descoberta de Freud da irracionalidade do homem comum; 3) a descoberta, como em Marx, da natureza socialmente condicionada do que se considerava outrora como razão autônoma... e IV) a ação social decorrente da opinião pública livremente expressa fora "perturbada pela grande distância existente entre a população em geral e os que tomam decisões em seu nome, decisões essas de grandes conseqüências, e que o público freqüentemente nem mesmo sabe que estão sendo tomadas, só as conhecendo como fatos consumados".

O indivíduo encontra-se física e psicologicamente apartado dos demais: sua forma de vida e, conseqüentemente, de manifestação da opinião, é agora coletiva. Em seu nome falam instituições que cresceram desmesuradamente e cuja ação é planificada e dirigida à máxima eficiência. Como tais instituições alcançam rendimento acima da expectativa dos indivíduos comuns que as formam tornam-se inacessíveis aos mesmos, não só pela sua própria constituição como pela inércia que criam em seus associados, satisfeitos de receber-lhes os benefícios sem maiores esforços.

Em três áreas se manifesta, sobretudo, o gigantismo das instituições na sociedade contemporânea:

1. *Na área empresarial*, em que o empreendimento econômico local ou regional foi substituído pela grande empresa nacional ou multinacional, cuja atuação na área da propaganda, através dos *mídia*, substituiu a influência da opinião pessoal entre o homem de negócio e o consumidor.

2. *Na área político-partidária*, em que a multiplicidade de partidos políticos, cada um servindo à manifestação da opinião de grupos limitados de cidadãos, desapareceu. Impera o bi-partidarismo ou o partido único, e sob nenhuma dessas modalidades de organização política o cidadão tem capacidade real de influenciar, já que as decisões são tomadas pela cúpula e as comunicações se fazem através de uma rede nacional de veículos a milhões de pessoas às quais os líderes nunca viram nem verão.

3. *Na área militar*, em que as instituições ampliam sua ação, unificam-se e abrangem funções que antes não lhes competiam, bem como, através de pactos e alianças, se internacionalizam para intervir, sem qualquer consulta, na vida de povos e nações.

Tais instituições, não só ampliaram e centralizaram seus serviços de forma inacessível à influência do indivíduo, como, simultaneamente, "tornaram-se menos políticas e mais administrativas", em uma palavra, fizeram-se sobretudo *executivas* (W. Mills).

Graciarena estuda os fatos de que dependeu essa transformação, salientando, em primeiro lugar, o crescimento da *concentração monopolista da economia*, que marcou, nas primeiras décadas do século, a implantação da segunda revolução industrial; em seguida, a *decadência da política tradicional*, que se centrava em instituições hoje enfraquecidas, como o parlamento, cujos representantes, antes que dos cidadãos, o eram de "certas estruturas de interesses que constituíam suas fontes de poder político"; e, por fim, o fato da *fusão do poder militar e do poder econômico*, em uma coincidência profunda de interesses, pois, em nossos dias, "a estabilidade da economia... depende fundamentalmente... da atitude dos chefes militares e da manutenção das economias de guerra".

Com a transformação das instituições econômicas, militares e políticas em organismos de ação sobretudo administrativa, tornou-se necessária e importante a organização de um corpo de funcionários e especialistas devotados, surgindo então outro fator estrutural para regular a sociedade de massa e sufocar a ordem liberal-democrática: a *burocratização*. Não se trata aqui do fenômeno no conceito pejorativo vulgarizado, mas da constituição de "um certo tipo de estrutura que aparece nos grupos e instituições sociais à medida que aumentam sua densidade e tamanho". Então, pela impossibilidade de atendimento pessoal do(s) dirigente(s) a cada um dos membros, "há uma formalização da autoridade", através de uma estrutura intermediária entre esta e o público, produzindo-se o inevitável distanciamento entre os líderes e seus dependentes. "Como o tipo de relação pessoal imediata resulta impossível... qualquer classe de ação deve canalizar-se através dessa administração que chamamos burocracia" (Graciarena).

O mesmo autor observa que a burocracia se constitui em uma organização de poder limitado, mas efetivo, com uma estrutura normativa que a limita e condiciona mas a que se submetem todos os seus componentes. A sua autoridade é delegada por períodos, e tal delegação importa na renúncia dos grupos subordinados ao exercício do poder. Ora, desde que os grupos são mais complexos, torna-se difícil para cada membro estar em condições de saber o que se passa e o que é mais conveniente fazer em cada caso ou situação, como se pode observar, por exemplo, entre os acionistas de grandes sociedades anônimas. Como para estudar os balanços se requer a intervenção de toda uma equipe de especialistas, a decisão é delegada. Tal delegação está reconhecendo as limitações de cada membro do grupo para exercer qualquer controle sobre o uso da autoridade (12).

A burocracia implica, ainda, na exclusão formal de relações de tipo pessoal, que se traduz na ausência de toda ordem de consideração emocional, tanto entre seus componentes como com os integrantes do público com que deva contatar. É, pois, uma organização do tipo hierárquico e autoritário: há em sua estrutura interna uma série de traços muito explícitos a que se ligam porções do poder total de que dispõe e que só está controlado pelos superiores, e escassamente pelos inferiores. O comportamento dentro dela está rotinizado e esta rotina se converte em um fim em si mesma, prescindindo do sentido funcional que tem para a sociedade. Sua pior conseqüência é debilitar o ego e predispor o indivíduo à subordinação em todas as esferas da vida.

Tais as deformações provocadas pela burocracia que, nos regimes socialistas que a denunciavam como instrumento próprio do capitalismo para promover o interesse das elites econômicas, se tornou um cancro, a ponto de Djillas (13) a denunciar como "uma nova classe" e, conforme Hunt (14), haver Malenkov, no XIX Congresso do

Partido Comunista da URSS, a definido, em seu país, como "a emissão de ordens e decisões desnecessárias e a ausência de medidas adequadas para assegurar a sua execução, quando preciso".

Os fatores indicados — *urbanização, industrialização, concentração do poder* (econômico, político e militar) e *burocratização* — nos permitem distinguir as características estruturais e psicológicas da sociedade de massa, que é ao mesmo tempo resultante e geratriz da *comunicação massiva*. Nela, os indivíduos não se conhecem entre si, podem pertencer a classes ou profissões muito diferentes, habitar a grandes distâncias uns dos outros, mas estão unidos por uma *comunidade de situação*, em que "os centros de interesse e as correntes de opinião... acham-se partilhados por milhões de pessoas distribuídas sobre grandes áreas geográficas. Nestes vastos grupos... ao laço imediato, *primário* (representado pelo predomínio da comunicação interpessoal/intergrupal direta), se superpõem *trocas secundárias* entre individualidades impessoais da massa, que se ignoram mas se assemelham" (Voyenne). Em conseqüência, a comunicação de massa assume predomínio tanto nas relações sociais como na configuração do homem novo e da nova sociedade em plena fase de instauração.

Podem-se, hoje, identificar as áreas em que tal sociedade já se implantou, através de aspectos e fenômenos característicos, assim sintetizados: a) *vastas aglomerações*, constituídas de b) *gentes heterogêneas* étnica, cultural e/ou socialmente, distribuídas em c) *extensos territórios metropolitanos* e dedicadas a d) *atividades diversificadas* e e) *de caráter técnico*. Essa massa tem f) *condições de vida similares* e g) *centros de interesses comuns*, circunstâncias que lhes conferem h) *nivelamento social* e i) *maiores facilidades à existência*. O homem desse sistema social é j) *um tipo*, antes que uma pessoa, que mantém com os outros simples k) *relações de conveniência*, o que o torna um ser l) *isolado*, embora de m) *ambições ilimitadas* pela sua fé na tecnologia e no desenvolvimento. Essa crença do homem comum está baseada no fato de haver encontrado "uma paisagem cheia de possibilidades e além disso segura, e tudo isto posto à disposição sem depender de seu prévio esforço", considerando-a não "como organização mas como natureza" (Ortega). Assim, não se preocupa senão com o próprio bem-estar, estado de espírito que o conduz à n) *indiferença* para com o outro, à o) *alienação* dos problemas e situações da comunidade e, não raro, à p) *frustração* diante de metas inatingidas. Impossibilitado de informar-se por si mesmo de tudo quando lhe é necessário saber para conduzir-se, deixa-se guiar pela q) *comunicação massiva* (indireta, impessoal e abrangente), mergulhando num estado de r) *vacuidade moral e intelectual*, que se manifesta na s) *expressão uniforme e no automatismo de suas reações*. Já não tem líderes mas t) *ídolos*, tornando-se, assim, u) *disponível para o ativismo*, no sentido ditado e no momento escolhido pelas minorias elitistas do poder, que o conduzem, como a marionetes, das sombras.

Embora seja esta a "face negra" da sociedade de massa, o exame detido dos seus elementos e fatores construtivos nos fornece a convicção de que a nova estrutura social é a primeira oportunidade, em toda a história humana, de realização do velho sonho de filósofos e antropólogos: a abertura de acesso à cultura de um número cada vez maior de indivíduos, graças às vantagens materiais do progresso que forja e à disponibilidade a cada passo mais ampla dos meios de comunicação. Desse modo, o homem, que parece esmagado pelo sistema, é o mesmo que, através dos séculos, obedece à sua vocação de projetar-se, isto é, lançar-se fora, além do tempo e do espaço. Ele saberá aproveitar as brechas para quebrar a aparente solidez e indevassabilidade da sociedade de massa.

Como o adverte Millas (15), "o problema da sociedade de massa não é... o problema político da sociedade legal, nem sequer o problema cultural da autoridade normativa. A verdadeira questão para a sociedade de massas, sociedade em transe de emergência e desenvolvimento, radica em não haver encontrado ainda os valores e princípios normativos de atualidade e força adequados a suas peculiares condições, esses valores e princípios que, como expressão do espírito, hão de restabelecer ou reforçar os que tão eficazmente deram forma ao poder espiritual em outras épocas. A sociedade de massa representa, nesse sentido, um desafio ao espírito, por sua magnitude o mais sério com que este já se confrontou, ainda que parecido, talvez, ao que as emergentes sociedades bárbaras apresentaram ao cristianismo dos primeiros séculos. O problema reside, como então, em encontrar para a nova situação sua correspondente forma espiritual, mediante um regime de valores, normas de contenção e de incentivo, hierarquia de bens e eleição crítica de rumos".

É certo que, na busca dessa nova situação filosófica, como "fio e laço" das relações humanas, cabe papel relevante e indispensável à comunicação, na difusão de informações, na crítica, na orientação e no apoio às iniciativas que já são detectadas na atualidade, em movimentos saídos da Igreja e da área científica, por um lado, da Juventude, por outro, e ainda mesmo do Poder Político, a cujos detentores os sucessos do pós-guerra estão conscientizando, como vemos ocorrer, embora incipientemente, na América Latina e entre os povos africanos.

Como será a sociedade pós-industrial?

A expressão "sociedade pós-industrial" foi cunhada no começo dos anos 60 por Daniel Bell, presidente da "Comissão para o ano

2000", da Academia Americana de Artes e Ciências. A indagação acerca do futuro sempre preocupou os espíritos mais lúcidos de todos os tempos. Contudo, nessa época em que se lançou ao cosmos o primeiro satélite, quando os antigos "cérebros eletrônicos" cederam lugar aos computadores menores e mais eficientes, quando o ecumenismo estava no ar, debatido e vitalizado pelo Concílio Vaticano II, aquela vaga inquietação que já estava presente em Aldous Huxley e Spengler tomou corpo e vigor em face do que poderia efetivamente acontecer ao final do século.

A razão dessa inquietação, provavelmente estaria ligada à conotação mística do ano 2000, advento da Era de Aquário, sobre o qual muitas profecias escatológicas, encabeçadas pelas de Nostradamus, teciam um quadro sombrio. Poderíamos encontrá-la, também, no anseio, muito humano, de escolher o nosso futuro, o futuro da Humanidade, força impulsionadora dos pesquisadores nos assuntos de planejamento total, em direção à tentativa de controle da mudança social. A ficção científica perdia terreno para os fatos científicos, rigorosamente selecionados, analisados e computados. Nos Estados Unidos, na França, na Inglaterra, instituições de renome ocuparam-se a fundo dos problemas do futuro. Apenas entre as norte-americanas podemos apontar: "Recursos para o Futuro" subvencionada pela Fundação Ford; a Rand Corporation, com as pesquisas que patrocinou; a Academia Americana de Artes e Ciências, que criou a "Comissão para o Ano 2000"; o Instituto Hudson, dirigido por Herman Kahn (16).

Indagar como será a sociedade pós-industrial implica em conjecturar, em termos de sociedade mundial, global, como se relacionarão o poder e a decisão afetando os grandes grupos. É inseparável a análise política do estudo social e econômico da sociedade do futuro, uma vez que os governos terão necessidade de optar, pelo menos, por três diferentes soluções pragmáticas, as quais deverão ser acatadas e cumpridas obrigatoriamente por todos os governados e, muitas vezes, contra a vontade da coletividade. Sindicatos e partidos políticos terão, em regimes democráticos, cada vez mais peso nas decisões coletivas. Tal como a fase da maturidade, a era pós-industrial também será a resultante da diferenciação e integração daquelas variáveis ou mecanismos que possibilitaram as condições prévias para o arranque de que nos fala Rostow. Atingida a primeira, seus construtores, participantes ou beneficiários serão levados a "reconsiderar os fins a que poderão devotar essa economia amadurecida" (17). Para esse autor os povos da pós-maturidade irão preocupar-se, basicamente, em voltar-se para fora ou para dentro de si mesmos. No primeiro caso, visarão a uma forma de hegemonia que tanto poderá ser concebida no plano global, continental ou regional; no segundo caso, seguirão suas tendências culturais, sejam elas mais filantrópicas ou mais materialistas. Essas opções, que seus respectivos governos haverão de propor para a ampliação do bem-estar, no sentido mais lato, podem ser resumidas em primeiro lugar na busca de uma maior afirmação no concerto das nações, implicando isso em alocação de maiores recursos econômicos e financeiros à política externa e militar.

Por outro lado, poderá surgir, também, a vontade de orientar os poderes do Estado em direção a planos mais humanistas, com o intuito de premiar os esforços do trabalho, aperfeiçoar a justa aposentadoria, ou enriquecer o período de lazer. Finalmente, uma terceira direção que poderá ser tomada pelas políticas governamentais, no limiar da era pós-industrial, será a consolidação do bem-estar material, expandindo os níveis de consumo para além das necessidades fundamentais. As democracias anglo-saxônicas e escandinavas, de acordo com Salvador de Madariaga, citado por Rostow, parecem ter escolhido esse rumo. E aqui surge uma observação que vale a pena ser transcrita: "Paz interna e prosperidade são benefícios tão patentes que os outros povos, ao contemplá-los, poderão arrastar-se pela inveja e pela admiração, ao ponto de não observarem certos aspectos que contrabalançam essa vida. O mais impressionante de todos eles é o tédio. Os povos bem governados e bem administrados morrem de tédio" (18).

Mas às variáveis políticas, sociais e econômicas ainda poderão ser acrescentadas outras mais refinadas e mais sutis tais como a arte e a religião, a fim de permitir um quadro de análise mais abrangente e praticamente global de toda a sociedade. A esse quadro pode ser aplicada a mais recente metodologia, na qual se inclui a elaboração e o estudo do desempenho de séries cronológicas e de outros dados estatísticos, mediante os quais se pode chegar a diferentes projeções e modelos de opções ou alternativas possíveis. Os governos que escolhem o caminho da ênfase à política externa e ao seu poderio militar, menos talvez por uma questão ideológica do que pela necessidade de manterem as posições já alcançadas, no âmbito mundial, põem em ação todos os recursos disponíveis de ordem intelectual ou financeira a fim de lograrem visualizar mais rapidamente a sua própria e a estratégia do adversário. Estão nestas condições os Estados Unidos e a União Soviética.

A avaliação da eficiência dos modelos adotados por essas superpotências não é fácil. Salienta Fritz Baade (19) que, ao lado soviético, as metas setenais deverão ser atingidas, se necessário pela força, por meio de uma economia totalmente dirigida pelo Estado. "Chineses, russos e demais componentes do bloco soviético constituirão mais da metade da população do mundo no ano 2000". Essa superioridade não será apenas demográfica mas também econômica, pois suas possibilidades de energia, motores e máquinas operatrizes, além da produção do ferro e do aço, suplantarão as correspondentes do bloco ocidental. Suas decisões políticas serão prontas e rápidas pois envolverão a consulta a uma dezena apenas de pessoas com capacidade para deliberar acerca dos destinos de milhões de seres sob seu mando. Contudo, se a decisão democrática, à primeira vista pode ser considerada como menos aceitável, a curto e médio prazo, pela multiplicidade de opções que demandarão forçosamente discussões paralelas em torno de cada tema ou subtema, ganhará, certamente, pela total adesão social que conscientizará e robustecerá a execução futura. A qualidade deverá suprir as deficiências da quantidade e, ao final, a consciência ética ocidental terá mais segurança — uma vez que esta, mais e mais deixará de se apoiar na ponta das baionetas para se firmar definitivamente num estado de espírito. Se nos próximos decênios conseguirmos evitar a destruição mundial total pelo uso do arsenal atômico, chegaremos à conclusão de que Baade está com a razão quando afirma que a corrida para o ano 2000 terá de ser uma corrida pacífica.

O aspecto populacional é imprescindível a uma análise acurada da sociedade pós-industrial do futuro, mesmo que, por hipótese, seja possível fazer abstração de todos os outros que com ele se apresentam na mais estreita interdependência.

Crescite et multiplicamini! — O mandamento bíblico ainda ecoa, inelutável, aos ouvidos de todos os mortais, quaisquer que sejam as suas convicções religiosas. É que resistem a toda e qualquer decisão política em contrário, ainda que sublimados: 1) o desejo de perpetuação da própria individualidade (paternidade ou maternidade); 2) a necessidade da satisfação sexual, tão viva e tão primária como no começo da Humanidade; 3) o desejo da perenidade da gerência do patrimônio consangüíneo, a continuação do nome de família e outras razões que se lhe possam filiar. A prova está num dos mais populosos países do mundo, a Índia, cuja primeira-ministra logrou implantar, há cerca de dez anos, temporariamente, um programa estimulador de controle da natalidade e que terminou com seu fracasso administrativo e político-partidário.

Depois que Malthus, em 1798, lançou as bases da moderna Demografia, jamais cessaram as querelas intermináveis a dividir, em campos opostos, "otimistas" e "pessimistas", "estóicos" e "epicuristas". Entre os que advogam, como Malthus, a necessidade de racionalização no crescimento demográfico está o "Clube de Roma", instituição fundada em 1968 por Aurélio Peccei, dirigida por uma comissão executiva de seis membros e que congrega cem especialistas oriundos dos países ocidentais, do bloco soviético e do terceiro mundo. Enquanto o famoso pastor protestante fazia seus cálculos de maneira elementar e levava em consideração duas variáveis apenas (crescimento demográfico e crescimento dos meios de subsistência) a previsão desses especialistas está alicerçada em mais de cinco diferentes fatores cujas tendências são rigorosamente calculadas por meio dos mais modernos computadores. Seu primeiro relatório, publicado em 1972 ("Os Limites do Crescimento") foi um brado de alerta contra o progresso exagerado dos países "ricos", em confronto com os países "pobres" e a antevisão de uma projeção pessimista, para meados do ano 2100, além do qual haveria um colapso total do sistema mundial, global. Em 1975, "A Estratégia para Amanhã", do mesmo grupo, preconizava a adoção de medidas rápidas e eficazes no sentido de conter o fantasma da fome e lograr a sobrevivência. O mais recente estudo da instituição, o relatório "RIO" (Reshaping the International Order), levanta a necessidade da formulação de uma nova ordem econômica, possível e desejável, bem antes do ano 2080, quando a população do planeta estará estimada em 80 bilhões de habitantes, no mais completo caos, se não for dada a necessária prioridade à política demográfica. Seguindo a mesma linha de raciocínio Herman Kahn (20) diz que "seria de todo errado comparar o homem ao *lemingue* (*); mas é certo que toda espécie animal conhecida, com a qual se tenha feito a experiência, ficou funcionalmente desorganizada por causa do superpovoamento".

Para contrabalançar essas conclusões, em obra recente (21) o economista Alfred Sauvy declara que é inapreciável o valor da vida humana; destituído de sentido, senão totalmente impossível será o trabalho de calcular-lhe o valor cientificamente, em termos monetários. Longe de suprimir empregos, o progresso técnico cria grande quantidade deles: em dois séculos multiplicou-se por cinco o número de empregos na Bélgica e na Holanda; por quatro, na Inglaterra e por três na Alemanha Ocidental. Tudo isso no período em que o salário real e o consumo de cada trabalhador se multiplicava por seis ou sete. Por outro lado, nas regiões menos industrializadas, verificou-se a estagnação do número de empregos e a queda do salário real. A quantidade de trabalho ao alcance de um grupo aumenta na mesma proporção do trabalho realizado. Em abono de sua tese, um dos argumentos apresentados é a famosa "revolução verde" da década de 60. A esse tempo obtiveram-se sementes de trigo e de arroz, com a utilização de processos genéticos, com elevada taxa de rendimento. Os países "ricos" que conseguiram obtê-las lograram boas

---

* *Lemingue* — gênero de mamíferos roedores, existente no norte da Europa, notável por suas migrações de milhares e milhares de indivíduos de uma só vez. Caminham em linha reta em direção ao mar, guiados pelo instinto ensejando grandes suicídios coletivos. (N.A.)

colheitas; contudo, não foram capazes de consumi-las totalmente e tiveram de guardá-las. Foi esse estoque armazenado que salvou da fome populações inteiras da Índia e de outras regiões subdesenvolvidas. Assim, pois, de acordo com Sauvy, "as verdadeiras riquezas do mundo, as únicas a serem consideradas inalienáveis e intocáveis são os homens e o seu desejo de transmitir a vida". Considera ele "civilizações suicidas" as que optam pela drástica redução da natalidade, pois, dessa forma, decidem-se por uma sociedade de velhos, cada vez maior e cada vez mais difícil de manter (como aposentados), por uma população ativa cada vez mais restrita.

Certos autores, se bem que não desprezem outros enfoques, preocupam-se mais em suas projeções para a sociedade pós-industrial, com seus aspectos humanísticos. Preferem indagar a causa das causas de nossas experiências, desejos, conhecimentos, atos e sofrimentos. Nessa visão filosófica têm qualquer coisa de comum: a idéia da transformação e da mudança social; o condicionamento da coletividade não mais a modelos rígidos e dogmáticos, inspirados numa concepção imobilista, mas, ao contrário, a imperiosidade da "modelagem dos modelos" uma vez que é, precisamente, este fator que nos dá a condição de modernos, em contraposição aos "eternos" e que chegavam a ultrapassar a existência de várias gerações. Tal é a visão de Vilem Flusser (22) para o qual "teoria" não é contemplação mas sim a construção ou a adequação de modelos, de acordo com as novas condições da sociedade futura. A Revolução Industrial trouxe em conseqüência o Capitalismo Industrial e este, por sua vez, o gigantismo das instituições, na política, na economia e no campo militar. Àquele tempo, as mudanças eram mais lentas e afetavam a apenas um ou poucos setores da sociedade: na era pós-industrial que se avizinha, segundo o citado autor, as mudanças serão gerais e afetarão a todos os setores simultaneamente. Ao gigantismo das instituições sucederá, em contraposição, o nanismo, isto é, o "encolhimento" geral de todos os modelos. A Medicina trará especializações em campos cada vez mais restritos; a Física continuará a pesquisar mais e mais as partículas subatômicas; a Eletrônica permitirá a miniaturização cada vez maior de computadores; as religiões e a filosofia, em lugar das grandes sínteses, tenderão à elaboração de minissistemas ou de minisseitas. Ao final de tudo isso o Homem será levado à indiferença total diante dos valores "antigos".

O pensamento de Teilhard de Chardin igualmente não segue a corrente imobilista e prevê a transformação da sociedade futura. Entretanto, espera mais que transformação; sua cosmovisão antevê a era transcendentalista pois nesse sentido será conduzida a vida humana, individual ou coletiva. Vivendo só ou em grupo, a existência do homem tem apenas o sentido de uma passagem, como já vem ocorrendo desde os tempos primitivos. À hominização do indivíduo seguiu-se a hominização da espécie; o terceiro passo evolutivo será o terrestre-planetário. Neste último, advirá a fase da *noosfera*, a esfera espiritual, que se situa fora e acima da biosfera onde se debate há milênios a Humanidade. Contrariamente a Vilem Flusser, o homem *acreditará*, a partir da tomada de consciência, real e efetiva, que faz parte de uma só coletividade, a Espécie Humana.

Também acreditamos numa era melhor e, quiçá, antevejamos a possibilidade de o Homem comunicar-se com seres inteligentes, habitantes de outros mundos, fora do sistema solar. Também acreditamos numa transformação geral, numa revolução necessária: apenas assinalamos que o curso desta deverá ser *de dentro para fora* e não, como todas as outras de natureza exclusivamente política, de fora para dentro.

A sociedade pós-industrial que se espera para o final do milênio, ou no máximo para o primeiro século do milênio futuro, com as exceções naturais a cada cultura, deverá comportar-se dentro de um quadro de referências: a) a superpopulação deverá estar submetida a controles e obediente a uma forma de governo mundial, do tipo centralizado mas confederativo, dotado de meios efetivos, que respeite determinadas peculiaridades nacionais e, bem assim, seu desejo de autodeterminação embora condicionado ao bom funcionamento do sistema; b) o lazer será uma fatalidade e decorrerá da diminuição de horas de trabalho de modo a possibilitar a todos o seu tempo de laborterapia. Os bens de consumo tenderão para uma forma socializada de produção e distribuição em grande escala, mesmo porque a cibernética e a computação haverão de facilitar enormemente as tarefas que hoje são desempenhadas com o esforço individual; c) as normas de convivência pacífica deverão ser respeitadas porque já estará registrado indelevelmente na consciência de todos que não faz mais sentido o apelo à força e à violência como recurso para resolver questões particulares; d) os caminhos espirituais da era pós-industrial serão uma incógnita cujo valor não será fácil de ser encontrado. Os próprios materialistas já se inclinam pela humanização da vida. Os espiritualistas tendem para o transcendentalismo. De qualquer sorte, estabelecido o consenso de que só a convivência pacífica e a cooperação universal será a fórmula para a viabilidade da Espécie nas eras do futuro, é lícito esperar que esta dará um passo à frente no caminho da Civilização cujos traços se vêm sedimentando, paulatinamente, século após século, para possibilitar um estágio mais avançado física, intelectual e moralmente.

Tal como sempre ocorreu, aperfeiçoando cada vez mais os meios e inovando métodos e técnicas de sua utilização, com a superação de obstáculos menos temporais e espaciais do que políticos, a Comunicação marcará indispensavelmente sua presença na evolução da humanidade para o mundo do Terceiro Milênio.

NOTAS BIBLIOGRÁFICAS

1. Para fundamentação dos estudos sobre a formação, atuação e evolução da sociedade humana, v. *Homem, Cultura e Sociedade*, coletânea de ensaios de diversos autores, organizada por Harry L. Shapiro, Rio, Fundo de Cultura, 1966.
2. Mandelbaum, David G. "Agrupamentos Humanos", *in Homem, Cultura e Sociedade*. Rio, Fundo de Cultura, 1966.
3. Sapir, Edward. "Comunicação e Contato Social", *in Homem e Sociedade*. São Paulo, Cia. Editora Nacional, 1973 (8.ª ed.).
4. Resultado de pesquisa que reuniu dos documentos que assinalaram épocas da evolução humana, desde a antigüidade, até os nossos dias, é a obra de Paul Frischauer. *Está Escrito*. São Paulo, Melhoramentos, 1973 (2.ª ed.).
5. Melo, José Marques de. *Subdesenvolvimento, Urbanização e Comunicação*. Petrópolis, Vozes, 1976. Para o conhecimento do ideário de McLuhan, leiam-se *Os Meios de Comunicação como Extensões do Homem*. São Paulo, Cultrix, 1969. *Revolução na Comunicação*. Rio, Zahar, 1968. *Os Meios são as Massa/Gens e Guerra e Paz na Aldeia Global*. Rio, Record, 1971, além do hoje clássico *A Galáxia de Gutenberg*. São Paulo, Cia. Editora Nacional, 1977.
6. Mills, C. Wright. *A Elite do Poder*. Rio, Zahar, 1968 (2.ª ed.).
7. Ortega Y Gasset, José. *A Rebelião das Massas*. Rio, Livro Ibero-Americano, 1949.
8. Beltrão, Luiz. *Sociedade de Massa, Comunicação e Literatura*. Petrópolis, Vozes, 1972, em que o tema deste capítulo é tratado ampla e metodicamente.
9. Kornhauser, William. *Aspectos Políticos de la Sociedad de Massas*. Buenos Aires, Amorrortu, 1969.
10. Graciarena, Jorge P. "Rasgos Generales de la Sociedad Massificada", *in Vida y Cultura en la Sociedad de Masas*. Montevidéu, Biblioteca de Cultura Universitária, 1968.
11. Fernandes, Florestan. *Ensaios de Sociologia Geral e Aplicada*. São Paulo, Pioneira, 1960.
12. Sobre a emergência e evolução do especialista — técnico — como elemento principal na sociedade contemporânea, v. Pereira, L. C. Bresser, *Tecnocracia e Contestação*. Petrópolis, Vozes, 1972.
13. Djillas, Milovan. *La Nueva Clase*. Buenos Aires, Editorial Sudamericana, 1958 (4.ª ed.). Sobre a burocracia, v. ainda Blaum, P. M. *La Burocracia en la Sociedad Moderna*. Buenos Aires, Paidós, 1962, e La Palombara, J. e outros. *Burocracia y Desarrollo Político*. Buenos Aires, Paidós, 1970.
14. Hunt, R. N. Carew. *O Jargão Comunista*. São Paulo, Dominus, 1964.
15. Millas, Jorge. *El Desafio Espiritual de la Sociedad de Masas*. Santiago, Ediciones de la Universidad de Chile, 1962.
16. Kahn, Herman. *O Ano 2000*. São Paulo, Melhoramentos, 1968.
17. Rostow, W. W. *Etapas do Desenvolvimento Econômico*. Rio, Zahar, 1974.
18. Rostow, W. W. *Op. cit.*
19. Baade, Fritz. *A Corrida para o Ano 2000*. Rio, Nova Fronteira, 1966.
20. Kahn, Herman. *Op. cit.*
21. Sauvy, Alfred. "Cout et Valeur de la Vie Humine". Comentários de Gilles Lapouge, *in O Estado de S. Paulo*, 27/11/77.
22. Flusser, Vilem. "A Sociedade Pós-Industrial". Artigo *in* Suplemento Cultura de *O Estado de S. Paulo*, 20/1/80.

2.

VIDA SOCIAL E COMUNICAÇÃO

Realidade é uma das palavras mais desgastadas em todos os idiomas, assim como democracia, liberdade, parâmetros, conjuntura e uma dezena de outras que andam em boca. Poucos, no entanto, conseguem meditar mais acuradamente acerca de seu significado e, menos ainda, sobre a sua relação com o processo da comunicação.
Muito longe estamos, no tempo, da velha Sorbona em que Pedro Abelardo e Guilherme de Champeaux terçavam as armas da dialética em torno à querela dos *universais*. Separam-nos, igualmente, de Duns Scott — aquele irrequieto franciscano da Oxford do século XVI — a poeira dos séculos e a traça dos livros amarelecidos. Uma noção, todavia, moldada por esse *doctor subtilis*, ficou para a posteridade, para a filosofia de todas as épocas: o conceito de realidade. Realidade é "o modo de ser das coisas enquanto existem fora da mente humana ou independentemente dela". Constituiria a "realitas" a "última realidade do ente, que determina e contrai a natureza comum *ad hanc rem*, à coisa singular" (1). Pode significar algo que se opõe à "aparência" ou "ilusão", ou, ainda, que se situa na existência do reverso de mera "possibilidade", "potencialidade" ou "necessidade". Em se tratando da realidade do homem impõe-se à nossa consideração a multiplicidade de modos de ser, ou outros tantos aspectos materiais ou imateriais segundo os quais ele pode tornar-se objeto de nosso conhecimento. Dificultou, e muito, até agora, a solução desse problema, a diversidade de pontos de vista de todos quantos se abalançaram a pensar sobre ele. É que jamais coincidiram as suas particulares maneiras de encarar o mundo (*Weltanschauung*) e, dessa forma, o homem foi sempre um objeto de conhecimento diferente, parcial mas supostamente total, para o teólogo, para o biólogo, para o paleontólogo, para o psicólogo ou etnólogo. A realidade humana, para nós, deve ser entendida como uma visão globalizante e integradora do homem em todos os seus aspectos, a explicação de toda a história da Cultura e da Civilização.

A miragem do conhecimento humano também é outro dado a ser pesquisado. O homem na totalidade dos seus atributos de ser cognoscente defronta-se com a realidade que o rodeia e que deve ser conhecida. Há dificuldades para isso. É que o *animal symbolicum*, não vive num universo puramente físico mas num universo de representações. "A linguagem, o mito, a arte, a religião, são partes desse universo. São os vários fios que tecem a rede simbólica, a teia emaranhada da experiência humana. Todo o progresso humano no pensamento e na experiência aperfeiçoa e fortalece essa rede. Já não é dado ao homem enfrentar imediatamente a realidade; não pode vê-la, por assim dizer, face a face. A realidade física parece retroceder proporcionalmente à medida que avança a atividade simbólica do homem. Em lugar de lidar com as próprias coisas, o homem, em certo sentido, está constantemente conversando consigo mesmo. Envolveu-se de tal maneira em formas lingüísticas, em símbolos míticos ou em ritos religiosos, que não pode ver nem conhecer coisa alguma senão pela interposição desse meio artificial" (2).

Os signos e as relações humanas

Sobre a base biológica do ente comunicador, que milhares de séculos sedimentaram e aperfeiçoaram num processo evolutivo constante e permanente, se sobrepôs uma nova maneira de ser, oriunda do relacionamento com seus semelhantes e com tudo o mais que o rodeia. Tirem-lhe a possibilidade de comunicar-se, por qualquer das formas conhecidas e ele não passará de um antropóide fraco e desprotegido, inferior ao mais fraco dos irracionais. À diferença destes últimos, raciocina por meio de idéias, mas a elas, pelo menos no grau maior de complexidade e abstração, só chega depois de um período mais ou menos longo de aprendizado, institucionalizado ou não, acerca de coisas, fatos e situações, a começar pela própria língua materna. A Comunicação pressupõe o signo; e o signo nos remete permanentemente à faculdade intelectiva.

A criação do signo lingüístico e da própria linguagem articulada decorreu, muito provavelmente, de uma indução primária. Observando as similitudes do seu meio ambiente o *Homo Loquens* conseguiu dominá-lo não apenas com o uso do seu machado rudimentar mas também com o reconhecimento e a nominação de classes de seres, coisas, objetos e monumentos com os quais tomava contato. Para cada classe fazia corresponder, cada vez mais limpidamente um conceito e, com este, consolidava a sua soberania paulatina sobre o caos desordenado e confuso de seu pensamento primitivo (3).

Defrontamo-nos assim, logo no início da Espécie, com essa modalidade de raciocínio que sempre constituiu "o primeiro e o mais grave de todos os problemas filosóficos", se nos abalançarmos a perquirir sua legitimidade e validade (4).

Aquelas similitudes observadas pelo homem primitivo levaram-no a raciocinar sobre elas e a colecionar as sensações que lhe traziam os sentidos: é que as palavras primitivas, embora grosseiras e pouco diferenciáveis da fonação zoopsicológica, passavam a significar idéias e a evocar imagens; possuíam, desde o seu nascedouro, o caráter de *universais*, assim entendida a qualidade daquilo que se encontra sempre idêntico em uma multidão de indivíduos.

Se a dedução correta, segundo as normas da Lógica Formal, consiste em fazer com que a extensão dos termos da conclusão não seja maior do que a das respectivas premissas, a conclusão da indução, por outro lado, ultrapassa a extensão dos casos enumerados no termo antecedente. Há, portanto, um "salto"; verifica-se a generalização de um enunciado quando, numa pesquisa, apenas alguns casos foram observados, embora com todo o rigor científico e com a utilização de todas as regras da amostragem (5).

O pesquisador da Comunicação defronta-se, no dia-a-dia dos fatos submetidos à sua análise, com uma enorme variedade de dados cognitivos que lhe chegam por via da experiência empírica. Como bem assinalou Stone (6) "palavras e frases são artefatos humanos importantes; como produtos da experiência social, servem como veículos quotidianos para muito pensamento e comunicação".

É o processo da *inferência*, passando pela *simbolização*, que leva o pesquisador a conclusões válidas. Aquele "salto" do raciocínio, partindo de dados empíricos para chegar a conclusões gerais, nem sempre é considerado da mesma forma pelos mais diversos autores. Contudo, apoiando-nos em um dos maiores tratadistas da Lógica contemporânea, podemos dizer que, apesar das controvérsias, existe um razoável acordo em torno da correção de alguns tipos de argumentos indutivos.

Por outro lado, qualquer que seja a posição que adotemos para o exame crítico do signo idiomático como "universal" não é possível olvidar que é exatamente nele, ou seja, em sua *sintaxe*, ou *linguagem proposicional*, que reside o ponto crucial do problema da diferença entre o mundo animal e o humano (7). Essa expressão seria devida ao neurologista inglês Jackson, quando estudou problemas de afasia. Notou este que inúmeros pacientes por ele tratados não tinham realmente perdido o uso da fala mas não podiam empregar suas palavras em sentido proposicional. Lesões cerebrais tinham produzido certa forma de bloqueio da capacidade intelectiva e, por essa razão, sua linguagem era exclusivamente a dos fatos imediatos e situações concretas que não exigissem atividade técnica ou reflexiva.

A *linguagem proposicional* e, portanto, idiomática e simbólica é, sem dúvida, o nosso maior instrumento de Comunicação e, em decorrência, de aquisição do conhecimento. Os experimentos de Singh e Zingg puseram em evidência o fator social na formação do pensamento humano e nos processos de hominização e socialização. Ficou provado que crianças encontradas longe de qualquer contato com outros seres humanos procediam de maneira animalesca e *não falavam*: simplesmente emitiam grunhidos reveladores de suas emoções ou instintos. Por sua vez, investigando a natureza do pensamento do homem primitivo, os antropólogos mais antigos já tinham fixado o entendimento acerca do reduzido universo de suas idéias e, correspondentemente, das palavras que as pudessem traduzir (8). O que é certo é que língua e pensamento influenciam-se reciprocamente e provavelmente nunca poderemos decidir qual dos dois veio primeiro. "Provavelmente nunca viremos a saber como e quando surgiu a primeira frase em lábios humanos." (9) As palavras que empregamos no nosso dia-a-dia, ou seja, nos nossos signos idiomáticos, têm papel importante nas relações interpessoais em todos os níveis de sua complexidade: padrões de comportamento, atitudes, preconceitos, solidariedade grupal (10). Pesquisas têm indicado que esta última pode variar, revelando maior ou menor coesão interna, na medida em que todos os seus membros utilizam-se de um mesmo código idiomático. Meditando a respeito disto, o Prof. Zamenhoff, criador do Esperanto, em seu idealismo, chocava-se com a agressividade existente na pequena Bialystok, então na Rússia, onde nasceu em 1859: grupos étnicos e culturais, falando cada qual um idioma diferente, ou seja, o russo, o polonês, o alemão e o *iídiche*, digladiavam-se em disputas intermináveis, que não raro atingiam proporções violentas. Sua esperança (e a de todos os esperantistas de hoje) residia na possibilidade de um mundo melhor, onde houvesse paz e entendimento entre todos os seres humanos, com a utilização de uma só linguagem.

As relações humanas, sejam elas quais forem, expressam-se pelos signos e símbolos. Neste trabalho, adotamos a terminologia proposta por Charles William Morris: entendemos o *símbolo* como o signo, isto é, o próprio signo, ou *representamen*, quando representado por um outro signo, não necessariamente idiomático. Assim por exemplo, o signo "paz" pode ter a mesma idéia evocada entre os civilizados por uma pomba; entre os índios norte-americanos, pela cerimônia de fumar cachimbo; entre os nossos índios, segundo relatos dos escritores indianistas, pelo ato de quebrar a flecha. Desta forma, as relações humanas emanadas da religião, da magia, da arte, da recreação encontrarão sempre uma forma adequada de expressão; permitirão, de futuro, a sua sistematização em ramos especializados das ciências da linguagem.

Poderemos, portanto, concluir que: 1) Refletimos fortemente condicionados pelos signos, que constituem o cerne da Comunicação Cultural. Estes, por sua vez, são influenciados e modificados pelas livres criações de nossa mente. 2) A herança cultural se transmite, se perpetua e se engrandece através da Comunicação. A importância deste assunto reside no fato de que o estudo sistemático do signo e do processo comunicacional contribui e muito contribuirá para ampliar o nosso conhecimento do Homem e da Sociedade. 3) Sem o processo da simbolização, o Homem ficaria eternamente encerrado dentro do quadro das suas necessidades biológicas. Foi a Comunicação que lhe descortinou o mundo da Religião, da Arte, da Filosofia e da Ciência. 4) A Cultura, à qual estão vinculados os signos, pode influenciar a nossa própria escala de valores, sem os quais a existência humana não teria sentido.

Lingüística, Semiologia e Comunicação

A descoberta do sânscrito, entre 1786 e 1816 e a revelação de seu parentesco com as línguas européias, fossem do ramo germânico ou do ramo latino, despertou uma intensa curiosidade e muitas pesquisas de estudiosos a respeito da origem desses idiomas. Assim, até o final do século passado, a orientação desses estudos era a do método histórico. No campo das "ciências humanas", muitas vezes denominadas ciências "morais", ou ciências "do espírito", a Glotologia, também chamada Glossologia, e, ainda, a Filologia e, mais recentemente, a Lingüística, empolgavam-se com o aspecto *diacrônico* das mudanças lingüísticas. Havia um interesse muito grande em remontar "às origens" de um determinado idioma e sua respectiva evolução através dos tempos a fim de explicar, pela sua afinidade com outros semelhantes, os caracteres comuns de seu tronco original. Afirmava Herman Paul que "a Lingüística não pertence às ciências naturais, mas como os outros produtos da civilização humana, é uma ciência histórica" (11).

Coube a Ferdinand de Saussure, lingüista suíço, natural de Genebra, em 1916, em sua obra *Cours de Linguistique Générale*, traçar novos rumos no estudo do signo e da significação. Além do enfoque diacrônico da língua, recomendava o *sincrônico*, o seu estudo descritivo, uma vez que seria falso conhecer o fenômeno lingüístico começando, por exemplo, pela análise da linguagem da criança. "É uma idéia bastante falsa crer que em matéria de linguagem o problema das origens difira do das condições permanentes." (12) Também Jespersen, alguns anos após, desaconselhava conhecer a Lingüística a partir do *Sânscrito*; seria o mesmo que pretender conhecer a zoologia começando seu estudo pela Paleontologia.

Desenvolvendo os fundamentos já fornecidos pela Lingüística, pretendia Saussure a concepção de uma futura ciência, a *Semiologia*, que seria a sistematização geral de todos os estudos relacionados com o signo, qualquer que fosse a sua natureza ou capacidade de transmitir o significado lógico ou estético. A obra de Saussure foi, sem dúvida, um marco nesse campo especializado do conhecimento científico. Sem desprezar a coleta e a interpretação dos dados históricos da língua, voltava-se agora para a sua descrição e para a análise das suas menores unidades dotadas de significação, "no seio da vida social". Com isso reconhecia a importância do aspecto social na elaboração do código idiomático e sua respectiva utilização pelos usuários de uma mesma língua. Para ele, a Lingüística tradicional não seria senão uma parte dessa futura ciência, mais abrangente, cujas leis poderiam ser aplicáveis ao campo restrito das linguagens idiomáticas.

Quase simultaneamente com o aparecimento da obra de Saussure, do outro lado do Atlântico, o norte-americano Charles Sanders Peirce, contemporâneo de William James na difusão do Pragmatismo, preocupava-se com os aspectos lógicos da linguagem e idealizava, igualmente, uma nova ciência dos signos que seria chamada *Semiótica*.

Suas obras foram quase todas divulgadas em revistas filosóficas e outras publicações especializadas e esta foi a razão pela qual só em época recente tiveram reconhecidas sua importância e influência no campo das ciências da linguagem. Seu artigo "Como tornar claras as nossas idéias" (*How to Make our Ideas Clear*) publicado no *Popular Science Monthly* foi o início do entendimento, mais tarde reelaborado, que se deveria ter do Pragmatismo ou, segundo ele, do Pragmaticismo. Suas proposições originais a respeito do signo se deslocaram posteriormente para abranger sentenças, idéias e conceitos e, desse modo, as questões de ordem lingüística, possibilitando a elaboração de toda uma teoria sobre a maneira de pensar, de acordo com a Lógica. Daí sua célebre afirmação: "A Lógica, em sentido geral, é como entendo haver demonstrado, apenas uma denominação da Semiótica, a quase necessária ou formal doutrina dos signos." Esclarecendo a expressão "quase necessária" diz que a observação dos caracteres dos signos, pelo processo da abstração, leva a enunciados falíveis e, portanto, em certo sentido, não necessários ao que devem ser "os caracteres de todos os signos empregados por uma inteligência capaz de aprender com base na experiência", em outras palavras, empregadas por um espírito científico (13). Todo signo ou *representamen*, segundo Peirce, está ligado a três coisas: o objeto, o fundamento e o interpretante. Em conseqüência disso a Semiótica "abre-se em três ramos": *gramática pura*, ensinando o emprego do *representamen* pela inteligência científica para que possa incorporar um significado; a *lógica* propriamente dita, que teria por finalidade esclarecer a inteligência científica sobre a verdade acerca de qualquer objeto; a *retórica pura* que ensina a inteligência científica a determinar as leis segundo as quais um signo (ou pensamento) dá surgimento a outro.

Em época mais recente, por volta de 1943, quando surgiu o seu livro *Signos, Linguagem e Comportamento* (*Signs, Language and Behaviour*), Charles William Morris ainda tinha em mente a nova ciência em elaboração. Seu modo de concebê-la, apesar das convicções pragmaticistas-behavioristas semelhantes às de seu compatriota, diferia porém do de Peirce, pois agora sua idéia central passava a ser a *semiose,* entendida como "processo psicológico pelo qual algo se torna signo para um organismo e passa a controlá-lo". Signo, assim, é entendido de maneira mais ampla, ou seja, uma palavra, um som, uma cor, uma expressão corporal. O estudo da *semiose* seria precisamente o objeto da Semiótica, dividido, de igual maneira, em três direções: as relações do signo com seus usuários — a Pragmática; as relações do signo com os objetos a que poderiam aplicar-se — a Semântica; as relações formais dos signos entre si — a Sintaxe.

Uma análise interessante de suas idéias é feita pelo Prof. Augusto Cecchini, livre-docente de Filosofia da Universidade de Pisa:

"Charles Morris dá uma interpretação pragmática e comportamentista da mente e da atividade simbólica que tem sua explicação na linguagem. A análise lingüística, ou como ele diz, a Semiótica, deve por isso ter contato não só com os valores semânticos e sintáticos da linguagem, mas também com aquele pragmático, ou seja, relação da linguagem com o sujeito que a usa. Polemiza ele contra as tentativas de colocar o problema do significado e do valor da linguagem em termos meramente formalísticos. O símbolo lingüístico de fato se valoriza em três dimensões: pragmática, semântica e sintática. A importância de Charles Morris não está no fato de ter ele superado o formalismo abstrato do neopositivismo (que pretende a análise lingüística em sentido meramente formalístico), mas também em ter reconhecido a possibilidade e a necessidade de uma indagação metodológica dos valores estéticos, éticos, políticos etc., além daqueles que são meramente científicos. Nesse sentido, o seu pensamento constitui uma tentativa interessante de aprofundar a indagação fenomenológica e metodológica de todas as formas de comportamento humano, sem restringi-la prejudicial e dogmaticamente à simples atividade do homem que faz ciência. Os limites do seu pensamento são aqueles de uma concepção que interessa a *praxis* humana em sentido meramente biológico e psicológico, sem entendê-la na sua dimensão historicista." (14)

Contemporâneo de Charles William Morris foi o lingüista belga Eric Buyssens, autor de *As Linguagens e os Discursos* (1943), obra ampliada e reformulada recentemente sob o título de *A Comunicação e a Articulação Lingüística*. Nela manifesta o desejo do estabelecimento de uma linguagem adequada à comunicação científica e lamenta que esse papel, atribuído outrora ao Latim, a partir da Renascença não tenha sido desempenhado por outro idioma que o pudesse substituir.

O objeto da Semiologia, para Saussure, estendia-se ao conjunto de todos os outros signos não-lingüísticos no seio da vida social. Aqui, Buyssens torna mais claro esse pensamento e explica que somente e tão-somente enquanto "meios" convencionais de comunicação é que tais signos devam ser levados em consideração pela Lingüística e pela Semiologia, uma vez que esta, na visão saussuriana, é a ampliação da primeira. A palavra proferida involuntariamente, o monólogo, o aprendizado individual do monge trapista na linguagem de gestos de seus irmãos de ordem, são coisas que não interessam à nova disciplina: apenas os "meios" enquanto reconhecidos como "meios" (15).

O ponto de vista semiológico faz voltar as linguagens à sua função primordial: agir sobre os outros. Dessa forma, excluem-se também do interesse do semiólogo o estudo dos "índices", isto é, coisas, objetos ou situações que possam "indicar" alguma idéia mas que, apenas por si mesmos, não estabelecem comunicação. São, por exemplo, o sotaque do estrangeiro, o comportamento do epilético: fatos involuntários, da parte de quem lhes dá origem, sem qualquer intenção de afetar a pessoa com que se defrontam.

Buyssens pretende que a Semiologia, por suas numerosas pesquisas, tornou-se um acervo de conhecimentos considerável que pode ser útil à Lingüística. É por essa razão que divide sua obra em duas partes, começando pelas considerações de ordem semiológica, como introdução aos fatos propriamente lingüísticos.

Umberto Eco, filósofo italiano contemporâneo, da chamada "Escola de Turim", com a sua *Obra Aberta*, editada pela primeira vez em 1958, é outro nome que não deve ser esquecido por todos quantos se interessam pelos estudos semiológicos, na medida em que estes constituem um instrumento para pensar o nosso mundo de representações. Sua originalidade está no fato de, partindo das noções propostas por Saussure, elucidar-lhes certos aspectos que lhe pareceram indispensáveis à edificação da ciência dos signos: "... no momento em que se dispõe a definir o significado, ela se arrisca a deixar de ser Semiologia, para tornar-se Lógica, Psicologia ou Metafísica." (16) Sua opção é pesquisar quantitativamente a mensagem artística, à luz da Teoria da Informação e, desse modo, chegar à noção de *forma* como "campo de possibilidades" e ao conceito de *obra aberta*. A Semiologia então se enriquece com suas aplicações ao estudo das manifestações estéticas, como por exemplo as obras poéticas ou o discurso musical, no mesmo sentido a que Abraham Moles já se referira em *Teoria da Informação e Percepção Estética*; ou Susane Langer, em *Filosofia em Nova Chave*.

Na história das contribuições teóricas e pesquisas que pouco a pouco vieram delineando o quadro da Semiologia contemporânea não pode deixar de haver referência à obra de Roland Barthes. Professor de letras em sua juventude, apreciador da literatura, consultor assíduo de textos clássicos e modernos, lançaria em seus trabalhos indelevelmente a necessidade da análise da *écriture*. Mais tarde membro do antigo CECMAS (Centre d'Études des Communications de Masse), hoje CETSAS (Centre d'Études Transdiciplinaires Sociologie, Antropologie, Semiologie) da École Practique des Hautes Études de Paris, voltaria toda a sua atenção para aqueles aspectos mais profundos que não poderiam encerrar-se dentro da menor unidade dotada de significação, segundo a proposta de Saussure. Para ele a importância maior residiria no contexto, ou melhor, no aspecto conotativo da escrita do escritor, em seu estilo, em sua exegese literária. *Écriture*, como o próprio Barthes definiu é "todo o discurso em que as palavras não são usadas como instrumentos mas encenadas, teatralizadas como significantes" (17). Em seu livro *Elementos de Semiologia* firma-se, como já fizera Saussure, no enfoque sincrônico dos estudos lingüísticos; mas à diferença do mestre suíço, propõe a inversão dos campos, passando a conferir a primazia à Lingüística, da qual a Semiologia seria apenas uma parte. A parte que seria "responsável pelas grandes unidades significantes do discurso". O seu conceito de signo abrange os não-lingüísticos: "... a Semiologia tem por objeto todos os sistemas de signos, qualquer que seja o fundamento e os limites destes sistemas: as imagens, os gestos, os sons melódicos, os objetos — que podem encontrar-se em ritos, protocolos ou espetáculos — constituem se não linguagens, pelo menos sistemas de significação." (18) Barthes reconhece o papel avassalador dos meios de comunicação de massa, especialmente os que se utilizam da linguagem icônica, como o cinema e a televisão; apesar disso conclui que "mais do que nunca, nossa civilização é a da *écriture*" uma vez que somente a linguagem verbal poderá "traduzir" a significação da imagem. Tal afirmação tem como que um caráter dogmático e definitivo e não pode ser estendida à expressão artística em geral. Nisso, como o demonstra Miguel de Moragas Spa (19), no que concorda com as conclusões de Susane Langer, reside um dos pontos fracos das idéias de Barthes, pois apesar da "tendência para tratar a arte como um fenômeno *significativo*", toda a arte "é formal e essencialmente intraduzível" (20).

Conceitos fundamentais das ciências da linguagem

A incomunicação entre os especialistas da própria Comunicação já é um fato demonstrado haja vista, só para exemplificar, a delimitação do campo atribuído à Semiologia. Também no que se refere ao problema da significação lingüística a dificuldade continua e, em decorrência, permanece no que se deve entender pelos seus cognatos signos, significado e significante. Alston aponta nada menos que três teorias, que são outras tantas concepções ou diferentes óticas para o exame do mesmo assunto: a teoria referencial, que identifica a relação da significação com aquilo a que se refere; a teoria ideacional, com as idéias a que se associa; a teoria comportamental, com os estímulos que suscitam a sua elocução.

Deixamos entrever, neste capítulo, a ânsia de espíritos mais lúcidos em apontar soluções para a imprecisão da linguagem, especialmente aquela destinada ao trato dos assuntos científicos: Leibnitz, Peirce, Frege, Buyssens e muitos outros lamentaram a falta de um instrumento adequado à exposição de conceitos, com todo o rigor da lógica, na pertinência de assuntos que, se não forem exatamente os do tipo geométrico, pelo menos — como os fenômenos imprecisos que foram a grande contribuição das ciências humanas às ciências exatas — admitem certamente um limite.

De qualquer forma, ao estudioso do processo da Comunicação não deve faltar um quadro de referências lingüísticas e semiológicas compondo um glossário por mínimo que seja. O critério mais adequado para a sua elaboração foi o pragmático, ou o de uso mais comum no campo das ciências da linguagem.

Empregamos o termo *signo* no sentido proposto por Saussure: a menor unidade dotada de significação, constante de duas faces distintas, como as duas páginas de uma mesma folha, ou os dois lados de uma medalha. Uma dessas faces seria o *significante*; a outra, o *significado*. O primeiro nada mais é do que a impressão psíquica de um som (a sua "imagem acústica") de que se constituem as palavras; o segundo, é o conceito ou a idéia "universal" que reúne sob a mesma classe as coisas semelhantes. O *signo* não une uma coisa a um nome mas *significante* e *significado*. A coisa a que se refere o *signo* chama-se *referente*. Os lingüistas distinguem *significado* de *sentido*, reservando esta última palavra para designar a significação dentro de um contexto.

Uma reunião, coleção ou rol de *signos* denomina-se *repertório* ou, ainda, vocabulário ou léxico. A reunião do conjunto de signos com as regras de sua respectiva utilização entende-se por *código*. *Código*, assim, constitui uma noção mais ampla e cuja utilização não é limitada à Lingüística: é, por assim dizer um conjunto ou sistema de signos, obedecendo a normas sintáticas mais ou menos flexíveis e que possibilitam o seu emprego pelo usuário; a objetivação deste emprego denomina-se *discurso*. Referindo-se à língua, enquanto sistema de normas, Saussure dava-lhe o nome de *la langue*; ao seu uso, pelo falante, o termo *la parole*. O lingüista Joaquim Mattoso Câmara Jr. preferiu traduzir este último termo por *discurso*, a fim de evitar a anfibologia que poderia acarretar o vocábulo, "a palavra" com sua forma falada, excluindo a forma escrita.

A fim de possibilitar o estudo sistemático de outros signos que não os puramente lingüísticos, Pierre Guiraud idealizou a classificação dos códigos semiológicos em códigos *lógicos, estéticos* e *sociais*. Os primeiros seriam baseados na experiência lingüística, científica ou semântica; os segundos seriam voltados para as artes e literatura. Quanto aos códigos sociais, permitiriam a sistematização das normas, usos, padrões de comportamento ou regras de etiqueta solicitadas pela sociedade (21).

O império dos códigos

Parece evidente que toda atividade humana, individual ou coletiva, constitui um esforço de comunicação, uma constante busca de cooperação sem a qual nem o homem nem o grupo a que pertence poderiam evoluir e alcançar suas metas. Sem a ajuda de outro ser, o indivíduo da espécie sucumbiria ou teria sua ação restrita a funções puramente biológicas. Também as comunidades restariam em estágios civilizatórios primitivos, muito aproximados da condição animal, se não mantivessem contato com outros grupos, intercambiando experiências.

Nesse sentido, os *códigos sociais* são os primeiros que se afirmam como indicadores do mundo de representações, do universo simbólico construído pelo ajuntamento humano. Um velho filme de Hollywood nos apresentava uma tribo primitiva à qual chega um desgarrado guerreiro de outras plagas. Ferido, é tratado pelos seus captores e, ao ser levado à primeira refeição, mal vê o quarto da caça que vai alimentar a todos, ser retirados do fogo, precipita-se e apodera-se de toda a carne, afastando-se para um canto a fim de devorá-la sozinho. Tem então a surpresa de ver a tribo não apresentar outra reação senão a da providenciar outra porção do alimento e reparti-la entre todos, a começar pelos mais velhos e pelas crianças que não poderiam disputá-la dos mais fortes. Essa conduta coletiva lhe transmite mais informações do que as palavras que fossem proferidas, ainda que conhecesse o *código lógico* que seus hospedeiros adotavam.

Cada grupo humano, a partir da célula familiar, elabora seu código particular, utilizando um repertório de signos (vocabulário) e uma sintaxe própria. O resultado dessa combinação constitui o discurso que o receptor deve esforçar-se por decodificar, a partir dos universais a que os signos se referem. Sem essa preocupação de interpretar corretamente o discurso, valendo-se dos métodos de pesquisa semiológica, a comunicação se torna difícil, senão impossível. É para evitar tal diálogo de surdos que, reconhecendo a impossibilidade de limitar o estudo da significação ao sistema de signos lingüísticos, já por si difícil diante da babel de línguas e dialetos, os estudiosos da comunicação ampliaram, como vimos, a área de investigação a tão diversificados códigos.

Desse modo, enquanto disciplinas como a lingüística, a lógica formal, a antropologia estrutural e a teoria da informação estão fornecendo recursos interpretativos à análise semântica, os sistemas de signos não idiomáticos, quaisquer que sejam sua substância e limites — puramente visuais ou icônicos, auditivos ou olfativos e, ainda, aqueles que se combinam em complexos significativos, como os espetáculos ou os rituais, reclamaram também a sistematização de princípios e normas para a sua compreensão.

O surgimento da semiologia como disciplina específica, exigida pelo momento histórico, coincidiu com a crescente importância assumida pelos códigos como fatores de construção e aperfeiçoamento da vida social. À proporção que o homem amplia o seu universo simbólico criando novos vocábulos, estabelecendo outras regras de conduta, fixando novos padrões, fabricando objetos que "falam" por suas formas e enquadramento no conjunto ou ordenando outros modos de combinar os signos, como que implanta na sociedade o império dos códigos.

Essa cavalgada do simbólico para o disciplinamento da vida social não se verificou apenas nos códigos lógicos mas, sobretudo, nos códigos estéticos e sociais, em que o espírito criador e renovador dos grupos humanos oferece, a cada passo, configurações diferentes que, por sua vez, geram contextos mais complexos, indecifráveis mesmo à primeira aproximação. Foi o que se verificou no domínio da pintura, por exemplo, após a vulgarização da fotografia e os experimentos artísticos dos seus praticantes. E foi o que adveio para a civilização contemporânea da irrupção da vida humana da ciência aplicada, da tecnologia e da utilização de adormecidas fontes energéticas, de que resultaram os modernos meios de comunicação.

Substituindo a palavra e a escrita pela imagem, pelos objetos, pelos comportamentos, os meios de massa, com destaque para o cinema e a televisão, passaram a exercer forte influência sobre a mentalidade e a conduta do homem e dos grupos. Substancialmente manipulados e controlados por forças econômicas e políticas hegemônicas, os discursos da nossa sociedade são eminentemente equívocos, tornam-se de tal modo polivalentes que sua profunda significação permanece inacessível à massa consumidora.

A situação criada pela tecnologia da comunicação, da qual emerge um tipo de cultura compartilhada por sábios e ignorantes, a chamada cultura de massa, mobiliza, no seu exame e na sua crítica, filósofos, educadores, filólogos, antropólogos, sociólogos, psicanalistas, cientistas sociais de todos os matizes. Divididos em *apocalípticos* (os que consideram a nova cultura como "anticultura", como o "sinal de uma queda irrecuperável, ante a qual só é possível dar testemunho "em termos de Apocalipse") e *integrados* (os que aceitam com entusiasmo a colocação dos bens culturais ao alcance de todos, mediante o jornal, o rádio, o cinema, a televisão, os quadrinhos, os *best-sellers*, as revistas de condensação), conforme a classificação de Eco (22), esforçam-se esses estudiosos para decifrar corretamente o enigma dessa esfinge contemporânea que é a comunicação de massa.

Esses esforços correspondem às responsabilidades que cabem ao intelectual, ao agente cultural da comunicação diante do quadro de uma sociedade em que se criaram condições de convivência universal pela possibilidade de ampliação do horizonte do diálogo. Agora, o círculo de sua audiência não está limitado a uma cidade, a um país, teoricamente, partícipes de suas idéias e inquietações. Não é ele, o escritor, o jornalista, o criador de mensagens, que procura a audiência, mas esta que seleciona o produto cultural, fazendo-o em função de sua ânsia de consumidora, seja em conteúdo, linguagem ou interpretação, desde que sirva aos seus propósitos de desmistificações, derrubada de ídolos e renovação de confiança em si mesmo e na humanidade.

Por isso, cabe ao intelectual descobrir o homem, confundido na massa, sob a pressão da massa, e que, sufocado pelo contexto esmagador da sociedade industrial, aspira à libertação. Como fazê-lo é a questão, para a qual Eduardo Portella (23), dirigindo-se ao escritor, recomenda uma pesquisa séria sobre o valor ou desvalor desse contexto, mediante "uma análise crítica dirigida ao contestado (literatura) e ao contestante (situação)". Não, porém, uma pesquisa visando a "uma mera reimpressão do passado, uma aplicação de modelos pretéritos", uma "repetição de parâmetros ou ideais artísticos do passado" mas um "retorno crítico... com o propósito definido de ultrapassar o passado".

O agente da comunicação terá de encontrar o *homem* do seu tempo como "núcleo irradiador de valores" pois, segundo adverte, "o ponto de partida de qualquer investigação é o homem; temos de começar por discutir a procedência da realização cultural a partir do homem. Porque o homem é o sujeito de tudo: da literatura e da ciência".

Nessa procura do homem, para o qual deve exercer o seu ofício e que dele espera incentivo para a sua liberação, o agente cultural da comunicação terá, antes de mais nada, de compreender a comunicação de massa, e não apenas utilizá-la. Esta a razão de ser das considerações que se seguem, com vistas a uma identificação do fenômeno e ao levantamento das pistas que se abrem à sua manipulação legítima no interesse maior do seu destinatário — a audiência.

NOTAS BIBLIOGRÁFICAS

1. Abbagnano, Nicola. *Dicionário de Filosofia*. São Paulo, Mestre Jou, 1970.
2. Cassirer, Ernst. *Antropologia Filosófica*. São Paulo, Mestre Jou, 1977.
3. Quirino, Newton de Oliveira. "O Código e a Redundância" (Aspectos da incomunicação). *In Universitas*, n.º 4. Brasília, CEUB, 1983.
4. Maritain, Jacques. *Introdução Geral à Filosofia*. Rio, Agir, 1972.
5. Quirino, Newton de Oliveira. *Op. cit.*
6. Stone, Philip J. "Análise de Conteúdo da Mensagem". *In* Cohn, Gabriel. *Comunicação e Indústria Cultural*. São Paulo, Cia. Editora Nacional, 1975.
7. Cassirer, Ernst. *Op. cit.*
8. Boas, Franz. *The Mind of Primitive Man*. Nova York, Macmillan Co., 1958.
9. Rónai, Paulo. *In* Fry, Deniz. *Homo Loquens*. Rio, Zahar, 1978.
10. Klineberg, Oto. *Psicologia Social*. Rio, Fundo de Cultura, 1.º vol., 1972.
11. Mounin, Georges. *Introdução à Lingüística*. Lisboa, Iniciativas Editoriais, 1968.
12. Saussure, Ferdinand. *Curso de Lingüística Geral*. São Paulo, Cultrix, 1975.
13. Pierce, Charles Sanders. *Semiótica e Filosofia*. São Paulo, Cultrix, 1975.
14. *Grande Dizionario Enciclopedico UTET*. Torino, Editrice Torinese, vol. XII, 1970.
15. Buyssens, Eric. *La Communication et l'Articulation Linguistique*. Bruxelas, PUB/PUF, 1967.
16. Eco, Umberto. *Obra Aberta*. São Paulo, Perspectiva, 1971.
17. Perrone, Moysés, Leyla. *Comentários à Aula de Roland Barthes*. São Paulo, Cultrix, 1980.
18. Barthes, Roland. *La Semiologia*. B. Aires, Editorial Tiempo Contemporáneo, 1970.
19. Moragas Spa, Miguel. *Semiotica y Comunicacion de Masas*. Barcelona, Ediciones Peninsula, 1976.
20. Langer, Susane K. *Filosofia em Nova Chave*. São Paulo, Perspectiva, 1971.
21. Guiraud, Pierre. *La Semiologia*. Buenos Aires, Siglo XXI, 1972.
22. Eco, Umberto. *Apocalípticos e Integrados*. São Paulo, Perspectiva, 1970.
23. Portela, Eduardo. *Teoria da Comunicação Literária*. Rio, Tempo Brasileiro, 1970.

3.
A COMUNICAÇÃO DE MASSA

A Revolução Tecnológica do século XX, à medida em que conseguia dominar e/ou controlar as forças cósmicas, impunha mudanças na própria natureza humana e na vida social. Nesta, criava-se um mercado consumidor, favorecido pela elevação do poder aquisitivo do homem médio e de suas aspirações ao gozo de bens, materiais e culturais, de que se encontrava privado quase inteiramente no passado (1). Na nova sociedade, valores e instituições trocam as posições que ocupavam, e as relações primárias de família e de pequenos grupos são tragadas pelas relações impessoais e à distância, exigidas agora para a sobrevivência e aperfeiçoamento da espécie. Nesse "admirável mundo novo", a principal trama da vida social, como o advertiu Wirth, é a comunicação de massa. É ela a força que, fornecendo idéias e informações de acordo com a identidade de valores dos grupos diferenciados e dispersos que constituem a sociedade, e dando curso a diferentes pontos de vista, fomenta os interesses comuns, ora criando, ora desintegrando solidariedades sociais.

Natureza, conceito e evolução

Mas a comunicação jamais poderia assumir essa posição central no processo civilizatório contemporâneo se igualmente não evoluísse em sua natureza artesanal e horizontal, característica e satisfatória desde tempos imemoriais, para assumir o caráter industrial e vertical (2) que a nova sociedade reclamava: o artesanato (3) teria de ceder o primeiro posto à indústria.

Com efeito, *enquanto a natureza do processo comunicacional* (intercâmbio de elementos simbólicos mediante o qual os seres humanos exprimem idéias, sentimentos e informações, visando a estabelecer relações e somar experiências) *era artesanal, sua operação resultava da criatividade e do esforço intelectual de indivíduos e/ou grupos bilateralmente nela empenhados com a utilização de meios (naturais ou artificiais) de manejo simples.* Como emissor e receptor eram determinados e se conheciam entre si, *o diálogo se estabelecia em toda sua plenitude*, pois, pela possibilidade de operar ele próprio a mensagem de retorno, o receptor tinha despertada a sua percepção crítica, discutia e decidia, enfim, *ambas as partes alcançando uma participação consciente e efetiva na atividade social acertada em comum.*

Ao transmudar-se a natureza do processo para industrial, a verticalidade se impôs: trata-se, agora, de um conjunto de operações eminentemente técnicas, produzidas unilateralmente pelo comunicador, que é sempre grupal e sempre utiliza meios artificiais e de manejo complexo. Ele tem de dirigir-se a um receptor massivo, denominado audiência, que é anônimo e disperso, o que conduz a uma relação dialogal *sui generis*. Nesta, o receptor, como um todo, jamais pode operar a mensagem de retorno: a reação é individual ou grupal — em qualquer caso, parcial — e através de modalidades e canais diversos dos empregados pelo comunicador. Este, se quer (ou necessita) conhecer o *feedback* terá de valer-se da pesquisa científica de audiência, que lhe proporcionará uma avaliação e lhe servirá de subsídio para o prosseguimento de sua atividade incessante. Em razão dessas peculiaridades do processo, a *comunicação industrial apenas fornece à audiência elementos potencialmente capazes de levá-la à ação pessoal e grupal, o que irá implicar numa participação efetiva na atividade social objetivada do alto.*

A comunicação de massa (CM) é, por natureza, caracteristicamente industrial e vertical. Industrial porque se destina a elaborar e distribuir produtos, bens e serviços culturais, em forma de mensagens, mas padronizados e em série, o que exige não só grandes investimentos econômicos, técnicas e especialistas em diferentes campos profissionais e até mesmo mão-de-obra não-especializada como, sobretudo, organização. Esta deve preocupar-se com o planejamento e execução das medidas de ordem administrativa e econômica necessárias ao funcionamento regular e lucrativo da atividade comunicacional, que visa a atender as necessidades culturais de um público vasto, heterogêneo, inorganizado e disperso, *massa* ou *audiência*. (R^n)

Aqui nos deparamos com o elemento transformador da horizontalidade das outras modalidades de comunicação — interpessoal ou intergrupal, direta e reservada — na verticalidade essencial de um processo industrializado: o receptor massivo não é conhecido do produtor-distribuidor da mensagem (C2), não é determinado, não se lhe pode fixar o número nem a idade, nem o sexo, nem o grau de instrução — em uma palavra, é anônimo, um tipo-padrão idealizado e não uma pessoa ou grupo definido. Ademais, não se encontra reunido (como uma multidão que enche um estádio para assistir a uma competição desportiva ou o número estimado de indivíduos que se aglomera, ou simplesmente transita, por praça ou rua da cidade), mas está disperso, pessoas isoladas ou em grupos, em locais os mais diversos, recebendo simultânea ou em diferentes lapsos de tempo a mesma mensagem difundida. Por isso, a difusão é forçosamente feita através de meios (V) mecânicos e eletrônicos, capazes de alcançar esse público onipresente e erradio, que é a massa. Esta, sem dúvida, reage à mensagem, quer ignorando-a, quer rejeitando-a, quer acatando-a, mas, enquanto tal, não dá a conhecer as suas reações. E também por isso, o comunicador não pode identificá-la através das respostas comuns que lhe chegam de pessoas e grupos (como cartas de leitores, notas oficiais retificadoras de entidades, aplausos ou protestos de grupos, ingressos de bilheteria etc.). Assim, no processo da CM o *feedback* autêntico *é* apenas *avaliado*, e assim mesmo *mediante a pesquisa científica em comunicação.*

Faz-se necessário distinguir que *essa impossibilidade de conhecer a mensagem de retorno da audiência como um todo é que caracteriza a verticalidade da CM*, e não a utilização obrigatória dos meios mecânicos e eletrônicos. Na verdade, nem sempre aquilo que é impresso, difundido ou fixado em películas cinematográficas, discos ou fitas magnéticas constitui comunicação massiva, pois as mensagens podem ser operadas artesanal e privadamente com a mesma maquinaria e entre pessoas ou grupos determinados e conhecidos entre si (como no caso da fotografia ou do filme familiar), sendo os seus efeitos fácil, rápida e corretamente verificados. Os meios de comunicação não podem e não devem ser confundidos com a comunicação, pois não passam de instrumentos dela, embora de decisiva importância, a ponto de, por vezes, se confundirem com a mensagem, conforme a tese de McLuhan (4).

Expostos os aspectos introdutórios e fundamentais da atividade comunicacional que nos propomos a estudar, achamo-nos habilitados a propor um conceito, de natureza pragmática, pois se destina especialmente aos cientistas sociais, aos profissionais e estudantes de Comunicação, sem pretender um rigorismo filosófico. Para tal fim *entendemos como comunicação de massa, o processo industrializado de produção e distribuição oportuna de mensagens culturais em códigos de acesso e domínio coletivo, por meio de veículos mecânicos (elétricos/eletrônicos), aos vastos públicos que constituem a massa social, visando a informá-la, educá-la, entretê-la ou persuadi-la, desse modo promovendo a integração individual e coletiva na realização do bem-estar da comunidade.*

Assim considerada, a CM começa antes do advento da sociedade de massa, como o registra J. A. C. Brown (5). Começa no século XVIII, na Inglaterra, com a ascensão ao poder da classe média, quando o escritor, pela primeira vez, ficou dependente, para o seu apoio financeiro, do público em lugar do patrocinador aristocrático. O leitor passou a ser a população em geral, e não mais o círculo limitado de eruditos e membros das classes privilegiadas, e o autor se tornou um profissional, escrevendo por encomenda para o comércio de livros em rápida expansão.

Graças ao índice de alfabetização das nações desenvolvidas da época, enriquecidas e ilustradas em conseqüência da Revolução Comercial, havia um público ávido de conhecimentos culturais e artísticos. As novelas, as antologias, as condensações, as versões dos clássicos, as memórias de viagens e, logo, os jornais, as revistas, os folhetins ilustrados, a crítica literária, as obras filosóficas — todas essas mensagens impressas de comunicação coletiva faziam o editor procurar os escritores mais populares, traduzir livros famosos e mesmo apresentar os volumes em formato de bolso, com gravuras e em tipagem atraente. Brown ajunta que o editor, unido ao livreiro, "dava-se a grandes trabalhos para assegurar a venda dos seus artigos: os elogios exagerados a livros respondiam pelo menos pela metade dos anúncios das revistas. Títulos eloqüentes, recomendações da obra por figuras destacadas e até suborno dos críticos de livros, em revistas muitas vezes de propriedade do mesmo livreiro ou por este controladas, eram alguns dos processos pouco escrupulosos empregados".

Além disso, as bibliotecas se foram disseminando e criavam-se bibliotecas circulantes. A primeira destas foi inaugurada em 1740 e, no fim do século, pelo menos mil delas existiam em Londres e nas províncias inglesas. Amiúde, eram controladas pelos livreiros que, além do mais, estimulavam os muitos clubes de livros e sociedades literárias que haviam brotado pelo país afora. A maior dessas bibliotecas foi criada por um livreiro chamado Charles Edward Mudie: no apogeu, sua firma tinha três milhões e meio de livros em circulação e, para os clientes impossibilitados de ir pessoalmente escolher os livros, mantinha um "serviço de porta a porta", empregando diariamente oito viaturas.

Quando da explosão da sociedade de massa, pela metade do século XIX, já os veículos impressos se tinham adequado à demanda do homem-médio, que agora dominava a estrutura social. A literatura popular sufocava a obra de artistas criadores, dos que insistiam em escrever para a elite, fazendo arte-por-amor-à-arte, doutrina que proclamavam em defesa própria, despertando o esnobismo das classes privilegiadas, buscando manter nas altas rodas das finanças, da sociedade, da nobreza, aquele espírito de Mecenas da fase renascentista.

Um Stendhal, na França, e um Wordsworth, na Inglaterra, escreviam contra as novelas baratas, que classificavam de "piegas e idiotas"; e as estórias em versos consideravam "frívolas e extravagantes", capazes de reduzir a mente "a um estado de torpor furioso".

Mas outros escritores tomavam o partido da literatura popular, como Dickens, produzindo os seus *Sketches by Boz*, em folhetim de jornal, e Walter Scott, que afirmava: "Não me interessa quem saiba mais disso — eu escrevo para o divertimento geral... Tem acontecido muitas vezes que os que foram melhor recebidos em seu tempo também continuaram a ser aceitos pela posteridade. Não penso tão mal da geração atual para supor que sua aprovação no presente obrigatoriamente represente uma condenação futura" (6).

A tal ponto cresce o interesse pela informação e pela cultura que também os periódicos assumem nova feição. Na imprensa britânica, desde as primeiras décadas do século XIX, registrava-se uma diversificação semelhante: ao lado do *Times* e do *Morning Post*, com sua seriedade e inconcessão ao gosto do leitor menos culto, surgem os *pennypapers* e os *digest* semanais, como o *Penny Magazine*, de Charles Knight, vendendo 200.000 exemplares em 1832, e mais tarde o *TitBits*, de George Newnes, chegando à cifra então astronômica de 900 mil exemplares. Distinguidos jornalistas e editores, como Emile de Girardin, na França, com o seu *Le Monde*; James Gordon Bennet, nos Estados Unidos, com o seu *New York Herald*, e Lord Northcliffe, na Inglaterra, com o seu *Daily Mail*, tornam os jornais diários mais vivos, mais informativos, mais variados, com o evidente intuito de atingir as massas. As folhas inserem notícias nacionais e estrangeiras, contratando para isso agências de informações, que, como a de Charles Havas, tinham sido organizadas para servir a diplomatas e homens de negócios; dividem o conteúdo em seções — esporte, política, teatro, artes etc. — divulgam folhetins, cotações da bolsa, revistas de livros e várias atrações para o público feminino. Passava a época que Daudet iria recordar nos seus *Contos de Segunda-Feira* (7), cenas de sua adolescência:

> "Ao regressar à minha casa, pela noite, encontrava a oficina cheia de gente; os amigos do meu pai falavam de política em torno da banca de trabalho, e os vizinhos traziam o jornal *porque então não havia, como agora, folhas que se vendiam a cinco cêntimos*. Se se queria ler o jornal, cotizavam-se vários da mesma casa e a folha circulava de andar em andar."

Esse interesse generalizado pela leitura dos periódicos e dos livros e o fenômeno econômico e social do surgimento da publicidade, como principal suporte da imprensa de atualidade, são responsáveis pelo barateamento do produto da mensagem impressa, que encontrava consumidores suficientes para mantê-lo e desenvolvê-lo.

A Revolução Industrial, porém, modifica a situação quando traz para os grandes centros fabris levas e levas de analfabetos, recrutados nos países em que a sociedade permanecia em estágio cultural primitivo e na qual a educação popular se fazia principalmente por transmissão oral. Essa massa, não raro, desconhecia a própria língua da região para onde emigrara. Eis o que sobre tal situação escreve William Miller, historiador norte-americano, referindo-se aos imigrantes (8) da época, que viviam nos bairros pobres de Nova Iorque e outras cidades industriais.

"... a maioria da população veio a ser constituída dos 'novos' imigrantes — os *desenraizados* — arrastados da Europa pelas brilhantes promessas e implacáveis artifícios dos agentes das indústrias americanas, das estradas de ferro concessionárias de terras e das companhias de navegação. A chamada 'antiga' imigração da Grã-Bretanha e da Europa Ocidental atingira o seu auge de quase 640.000 almas em 1882. A partir de então, decresceu incessantemente até chegar a 220.000 imigrantes em 1898, mínimo referente a um período de vinte anos. Quando tornou a revigorar-se, com o ressurgimento da prosperidade dos Estados Unidos, a maior parte dos recém-vindos era recrutada de países empobrecidos da Europa Central e Sul-oriental. Em 1910, esses imigrantes, ao lado de negros provindos do sul, constituíam cerca de dois terços do operariado total de vinte das principais indústrias americanas. *Totalmente ignorantes da língua inglesa e sem saber ler e escrever a sua própria*, esses imigrantes tendiam a ligar-se aos compatriotas, nas cidades portuárias onde desembarcavam, ou nas cidades fabris para as quais eram tangidos por representantes das empresas, ao chegarem ao país. Todas as circunstâncias conspiravam no sentido de torná-los hostis às instituições americanas, as quais, efetivamente, não lhes ofereciam a menor defesa contra a exploração e nenhuma alternativa fora dela. Essa hostilidade foi-lhes retribuída de maneira cada vez mais intensa pelos americanos, sobre os quais desabou essa onda de estrangeiros."

Fatores e atributos

A nova sociedade iria, necessariamente, reclamar outros meios de produção e trânsito da comunicação. As aplicações da energia elétrica e, depois, da eletrônica e o invento e aperfeiçoamento de máquinas e instrumentos cada dia de maior precisão, velocidade de operação e mais longo alcance — a tecnologia avançada do século XX, enfim, possibilitaria o desenvolvimento de condições novas e favoráveis ao sucessivo aparecimento e vulgarização da fotografia, da cinematografia, da fonografia, da radiotelefonia, da telerradiofusão e da gravação magnética do som e da imagem, com as quais se completaria o sistema de fornecimento dos produtos, bens e serviços culturais ao homem-massa, àquele "homem ocupado" (e também a esse mesmo homem em suas horas de lazer), a que se referira o jornal do meio *penny* de Lord Northcliffe.

A implantação dos *mass media* (gráficos, sonoros, icônicos ou audiovisuais) torna por demais complexo o trabalho de produção das mensagens culturais diversificadas e exigidas pela audiência sobretudo para que se processem as transformações sociais, econômicas e políticas que marcam a vitalidade de nações e Estados contemporâneos, com vistas a proporcionar-lhes, e a cada um dos seus componentes, uma situação de bem-estar, segurança e harmonia. Menos complexo também não é o trabalho de distribuição (difusão) dessas utilidades que, como o pão, são imprescindíveis ao ser humano, como alimento do espírito.

Por isso, o produtor não é mais o homem de conhecimentos e habilidades enciclopédicas (autor-editor-distribuidor) e de atividades pessoais múltiplas (captação e redação, composição tipográfica, edição, financiamento, gerência e expedição) como o tinham sido, na área jornalística, Renaudot, na França, e, em certa medida, Hipólito José da Costa, com o seu *Correio Braziliense*. Os produtores intelectuais não seriam mais livre-atiradores, oficiais ou artistas criadores liberais; seriam peças de uma engrenagem industrial, profissionais da criação de mensagens e bens culturais. A outros caberiam encargos diversos no tratamento, arte final e distribuição do produto. E se na editoração de livros e jornais, como a mais antiga atividade da comunicação, tal complexidade levara à organização industrial, mais ainda a solução se impusera quando, desvinculando-se dos meios tradicionais, as mensagens foram produzidas através de fotos e gravuras, filmes cinematográficos, discos, emissões de rádio e televisão e fitas áudio e videomagnéticas.

Defrontamo-nos, agora, com atividades de tal magnitude e de uma tão estreita interdependência com outras de natureza e finalidades as mais distintas, que a situação criada "exige o uso de recursos de capital e, por conseguinte, gestão financeira: demanda grande quantidade de pessoal e corpo diretivo altamente especializado, e supõe a aceitação e aplicação de controles normativos e, em conseqüência, de um mecanismo de prestação de contas, tanto ante a autoridade exterior como ante o público. Deve haver uma estrutura hierárquica interna que assegure continuidade e cooperação. Estes requisitos só podem cumprir-se se há uma organização formal"(9).

Estamos diante do fator básico da CM, que a distingue da comunicação interpessoal ou entre grupos determinados: *a organização empresarial*, sem a qual a atividade não passará de uma aventura fadada ao fracasso. A CM, em qualquer de suas manifestações, *é indústria e, como toda a indústria, se organiza em empresa*, ou seja, em *um conjunto estruturado e planejado de atividades pessoais: meios econômicos e técnicos e relações comerciais para a preparação, trânsito e venda do seu produto* — a mensagem cultural, ao mesmo tempo bem e serviço prestado à coletividade.

A organização formal complexa da empresa de comunicação resultou dos atributos (propriedades inerentes) da CM, mediante procedimentos que se foram inserindo no processo de sua produção e distribuição e definiram, afinal, as características abaixo enumeradas:

1. *Industrialização* diz respeito à organização e adoção de métodos e técnicas operacionais de qualquer atividade de produção maciça e econômica de utilidades, tais como: largos investimentos de capitais e recursos financeiros; concentração técnica e burocrática de pessoal; máquinas e instrumentos do maior rendimento; disponibilidade de matéria-prima; divisão do trabalho; padronização do produto e sua periódica renovação; existência de um mercado consumidor capaz de absorver e compensar a produção; e manutenção de uma distribuição oportuna, rápida e de grande alcance.

2. *Intelectualização* diz respeito à essência puramente mental do produto — a mensagem — que, diversamente de outras utilidades adquiridas pelo homem para sua sobrevivência, bem-estar e aperfeiçoamento, é de natureza imaterial e, portanto, de consumo psíquico. Em conseqüência, a sua produção está sujeita a uma *linguagem vazada* em vocabulário e sintaxe do conhecimento e domínio dos receptores potenciais como um todo (audiência) e em codificação adequada aos canais emissor e receptor utilizados.

3. *Universalização* diz respeito à extensão presuntiva a tudo e a todos, pois destinada à recepção por um público indefinido em número; heterogêneo em idade, nível intelectual e *status* social, conseqüentemente não selecionado; disperso no espaço e no tempo; e inorganizado, ou seja, sem estrutura global visível, sem uniformidade de comportamento e sem representação legítima.

4. *Promoção* diz respeito ao estímulo à ação individual e coletiva, através de elementos informativos, educacionais, de persuasão e de entretenimento, para o exercício da atividade que, afetando a cada um em particular e a toda a comunidade, efetivem situações benéficas à ordem, à paz, à justiça e à liberdade responsável, que são os pilares do bem-estar social.

A indústria da comunicação: peculiaridades e tendências

Industrializando-se, a comunicação implanta uma nova cultura, ou seja "um corpo complexo de normas, símbolos, mitos e imagens que penetram o indivíduo em sua intimidade, estruturam os instintos, orientam as emoções... concernentes à vida prática e à vida imaginária, um sistema de identificações específicas", conforme Morin (10). Essa cultura — a cultura de massa — é também chamada "Terceira Cultura", pois se vem juntar, e não raro conflitar-se, com a cultura tradicional (nacional/religiosa), que envolve a personalidade de cada indivíduo e de cada povo, identificando-a com a pátria e com um deus, e com a cultura humanística, que desenvolve o saber, a sensibilidade e a conduta afetiva e intelectual através da teorização, da investigação e das realizações filosóficas, estéticas e científicas.

A nova cultura, como o demonstraram Horkheimer e Adorno, no ensaio em que cunharam a expressão *indústria cultural* para designá-la (11) *não surge "espontaneamente das próprias massas"*, não é como pretenderiam os seus corifeus, *"a forma contemporânea da arte popular"*. Na verdade, a indústria cultural, inclusive pela sua verticalidade essencial de que já nos ocupamos, *difere radicalmente, da arte popular, espontânea e na qual o homem é o sujeito*, o mais importante fator. Juntando elementos de há muito correntes, aos quais atribui nova qualidade, a *indústria cultural "fornece produtos adaptados ao consumo das massas e que em grande parte determinam esse consumo. Os diversos ramos assemelham-se por sua estrutura, ou pelo menos ajustam-se uns aos outros... somam-se quase sem lacunas para constituir um sistema. Isso graças tanto aos meios atuais da técnica quanto à concentração econômica e administrativa ... (que) força a união dos domínios, separados há milênios, da arte superior e da arte inferior... Na medida em que nesse processo a indústria cultural inegavelmente especula sobre o estado da consciência e inconsciência de milhões de pessoas às quais se dirige, as massas não são, então, o fator primeiro, mas um elemento secundário, um elemento de cálculo; acessório da maquinaria. O consumidor não é rei... não é o sujeito dessa indústria, mas seu objeto"*, com cuja mentalidade joga, considerando-a de nível determinado e imutável e objetivando reiterá-la, firmá-la e reforçá-la, pela exclusão de "tudo pelo que essa atitude poderia ser transformada. As massas não são a medida, mas a ideologia da indústria cultural, ainda que esta última não possa existir sem a elas se adaptar" (12).

Não é nosso propósito, aqui e agora, discutir a legitimidade, os benefícios ou malefícios que *a cultura de massa* pode trazer à formação individual e à ação do homem contemporâneo na construção do seu futuro e do futuro da civilização. Sobre o tema, já é extensa a bibliografia, resultante de apreciações críticas e investigações de cientistas sociais das mais diversas áreas (13). Cabe-nos apenas situá-la como *fenômeno real, gerado e desenvolvido pela indústria cultural, ao permitir, graças aos processos de fabricação e difusão maciça, a apropriação e o usufruto pelo homem comum de conhecimentos nos do-*

mínios da arte, da ciência, das técnicas e das práticas vivenciais até antes reservados a grupos privilegiados da sociedade.

Salientamos, antes, que a industrialização implica em organização empresarial. A indústria da comunicação não escapou a esse pré-requisito: a princípio, era a empresa privada, individual ou familiar; com o passar do tempo, sofre uma grande transformação do ponto de vista jurídico-econômico. Para realizar seus fins de produção em massa, necessita de fortes inversões e, para tanto, se constitui em sociedade anônima, atraindo capitais. E, embora atualmente, a propriedade das ações, nos países capitalistas, esteja ainda concentrada em poucas mãos, julga-se que até o fim do século se produza um fracionamento desses capitais, multiplicando-se consideravelmente os acionistas. Isso porque, como o assinalam diversos ensaístas (14), como as demais indústrias, a comunicação "não ficará à margem da trajetória de atomização de capitais, pela qual agora seguem as atividades econômicas".

A organização empresarial se afirma no recrutamento de pessoal e na aquisição de máquinas e instrumentos necessários ao funcionamento ótimo da indústria. Graças a ela é que se torna possível a substituição de homem por máquinas em determinadas tarefas que retardavam, encareciam e, em alguns casos, empobreciam o produto. A empresa de comunicação é um empreendimento tão vultoso que Toffler chega a cunhar para ela a designação de *Cultura SA* (15) e se torna responsável pelos inventos ou aperfeiçoamentos do cinema, do rádio, da televisão, da impressão e da gravação, técnicas que, dos fins curiosos e utilitários para que tinham sido postas em uso, são absorvidas "pelo espetáculo, o sonho e o lazer ... pelo jogo, a música e o divertimento. O vento que assim se arrasta em direção à cultura é o vento do lucro capitalista. É para e pelo lucro que se desenvolvem as novas artes técnicas. Não há dúvida de que, sem o impulso prodigioso do espírito capitalista, essas invenções não teriam conhecido um desenvolvimento tão radical e maciçamente orientado. Contudo, uma vez dado esse impulso, o movimento ultrapassa o capitalismo propriamente dito... A indústria cultural se desenvolve em todos os regimes, tanto no quadro do Estado quanto no da iniciativa privada" (16).

Aliás, os outros organismos do mundo dos negócios jamais se teriam interessado em investir na indústria cultural se ela não oferecesse lucro, se não fosse um sistema de negócio, cujo produto, "as mercadorias culturais... se orientam, como disseram Brecht e Suhrkamp há já trinta anos, segundo o princípio da comercialização, e não segundo seu próprio conteúdo e sua figuração adequada", assinala Adorno, acrescentando: "Toda a *praxis* da indústria cultural transfere, sem mais, a motivação do lucro às criações espirituais" (17). E nem o suporte dos investimentos privados, somente o Estado —

onde quer que houvesse homens de governo de visão larga ou de grandes ambições políticas — interviria (como intervieram no princípio, quando se estabelecia o monopólio estatal e, em certa medida continuam intervindo nos Estados autoritários) com propósitos nem sempre retos ou concordes com a importante e insubstituível função social a que se destina essa atividade humana.

A existência da indústria cultural se explica pelo fato de que, para satisfazer necessidades iguais em inúmeros locais, os centros de produção devem adotar mecanismos, processos e relações idênticos aos de outras organizações destinadas à fabricação econômica de utilidades, adaptados, porém, ao próprio caráter dos meios, assim definidos por Morin (18): *"Imprensa, rádio, televisão e cinema são indústrias ultraligeiras.* Ligeiras pelo aparelhamento produtor, são ultraligeiras *pela mercadoria produzida*: esta fica gravada sobre a folha do jornal, sobre a película cinematográfica, voa sobre as ondas e, *no momento do consumo, torna-se impalpável, uma vez que esse consumo é psíquico.* Entretanto, essa indústria está organizada segundo o modelo da indústria de maior concentração técnica e econômica. No quadro privado, alguns grupos de imprensa, algumas grandes cadeias de rádio e televisão, algumas sociedades cinematográficas concentram em seu poder o aparelhamento e dominam as comunicações de massa. No quadro político, é o Estado que assegura a concentração."

A indústria da comunicação, como qualquer outra, só tem existência assegurada onde há disponibilidade de matéria-prima e uma infra-estrutura que lhe permitam passar da fase artesanal à produção maciça. Por isso, adota a *divisão do trabalho,* destinada a atender à demanda sempre crescente de idéias, informações e entretenimentos (principais produtos fabricados nas editoras e estúdios) *com a especialização do agente.* Com efeito, o processo de produção da indústria cultural é por demais complexo para ser efetivado pelo não especialista, como podemos observar do exemplo da imprensa periódica. Voyenne, que a estudou amplamente (19), considera a imprensa como indústria "porque elabora o produto que vende... de duas maneiras. De um lado, suscita a partir do acontecimento a notícia e tudo o que a cerca ... de outro, transforma uma matéria-prima, o papel, em um produto acabado, o jornal". Donde a sua definição da *imprensa como uma indústria de síntese, tendo por objeto a coleta, elaboração, acondicionamento e venda da notícia e seus comentários.* Conceito e considerações aplicáveis, mediante a identificação dos seus componentes (objeto, matérias-primas, produtos acabados) a quaisquer outras manifestações e produtos da CM.

A especialização do agente produtor da comunicação é conseqüência, ainda, do *imperativo da produtividade,* motivado pela extrema redução do ciclo fabricação-venda, que está implícito em qualquer atividade comunicacional no atributo da *oportunidade*. Sem nos fixarmos no jornalismo, que é fundamentalmente periódico e, portanto, oportuno, poderíamos lembrar que uma mensagem irradiada ou teledifundida, por exemplo, somente produzirá efeito quando elaborada, realizada, emitida e "vendida" a tempo e a hora, ou seja, no momento preciso. A oportunidade é tão intrínseca à comunicação que é comum ouvirmos da audiência a expressão "milagre", com que manifesta a sua admiração pela rapidez do trânsito da mensagem desde o produtor até ela, consumidor. Tal "milagre" apenas ocorre porque *a indústria emprega*, nos diversos setores e misteres, para a execução de cada fase da produção e distribuição da mensagem, *pessoal altamente qualificado para apresentar rendimento ótimo.*

A produtividade não depende só da mão-de-obra especializada e qualificada, mas, igualmente, da *utilização de técnicas e de maquinaria as mais desenvolvidas*. E, ainda, do ambiente do trabalho (iluminação, limpeza, aeração, disposição de móveis, objetos e utensílios necessários à execução da tarefa de cada um), das facilidades de acesso a fontes de informações, da assistência permanente aos agentes como seres humanos, e não simples peças da engrenagem industrial.

A concentração técnico-econômica da indústria da comunicação é um fenômeno decorrente do próprio momento histórico, que vem extinguindo as fronteiras políticas, econômicas e até mesmo ideológicas, e impondo pactos, alianças, planejamento e organismos internacionais e multinacionais para o desenvolvimento e controle de todas as atividades sociais. Por que a comunicação escaparia a essa tendência universalizante, se exatamente é no seu campo, talvez, maior e mais espantosa evolução se registra? Aí estão os satélites de comunicação, a cibernética e a eletrônica contribuindo a cada momento com novos inventos e aplicações para que se extingam as ilusões dos que analisam a atualidade e planejam o futuro sob padrões e valores perdidos num passado que não terá cinquenta anos mas que vai tão longe como o século que viu Colombo e viu Gutenberg também...

Ora, a concentração técnica implica, ainda, conforme Morin, em *concentração burocrática*, decorrente da organização da empresa à base de postos, funções e procedimentos hierarquicamente normatizados. Então, "a organização burocrática filtra a idéia criadora, submete-a a exame, antes que ela chegue às mãos daquele que decide — o produtor... Este decide em função de considerações anônimas: rentabilidade eventual do assunto proposto (iniciativa privada, especialmente, com vistas à comercialização); e em seguida, remete o projeto para os técnicos que o submetem às suas próprias manipulações". Seja no sistema privado, seja no estatal, o "poder cultural, aquele do autor da canção, do artigo, do projeto de filme, da idéia radiofônica se encontra imprensado entre o poder burocrático e o poder técnico... *A concentração técnico-burocrática pesa universalmente sobre a produção cultural de massa*". Donde a tendência "à despersonalização da criação, à predominância da organização racional de produção (técnica, política, comercial) sobre a invenção" e, conseqüentemente, "à desintegração do poder cultural" (20).

O produto da comunicação de massa é, portanto, *padronizado*, o que se justifica pelo fato de visar a atingir um mercado maciço, não sendo possível à empresa levar em conta os desejos de uma minoria, em oposição frontal aos seus públicos largos, de níveis culturais diversos, de gostos diversos, de necessidades circunstanciais diversas. *A produção está subordinada ao mercado, cujas tendências deve conhecer por meio de pesquisa mas cujas necessidades, mesmo aquelas de que a massa não tem consciência, deverá atender.*

Na identificação dessas necessidades e em satisfazê-las é que estaria aquela elasticidade da arte e do artista, da comunicação e do comunicador social, a que se refere Toffler (21). E que Morin no ensaio tantas vezes citado aponta como contrapeso à padronização do produto e à própria desintegração do poder cultural, pois leva a empresa a atender "*uma exigência radicalmente contrária*, nascida da natureza *mesma do consumo cultural, que reclama um produto individualizado e sempre novo*". Exigência que levaria a indústria cultural a buscar um equilíbrio entre forças burocráticas e antiburocráticas, "um eletrodo negativo para funcionar positivamente", que seria "uma certa liberdade no seio de estruturas rígidas", em que "a criação tende a se tornar produção" (22).

Freqüentemente, pela incapacidade de oferecer mensagens renovadas, não apenas em sua forma mas em sua essência, as empresas de comunicação, como as demais indústrias, perdem força no mercado consumidor e se extinguem, como o provam a crise da imprensa diária e das revistas de informações gerais ou a do cinema, com o advento da televisão. Crises de que, ao contrário, emergem fortalecidas as organizações jornalísticas que se atualizam, oferecendo produtos em nova embalagem (renovação morfológica) e mais ricos em conteúdo (interpretação objetiva) (23) e as empresas cinematográficas formadas por produtores independentes, que se engajaram na pesquisa dos problemas e dos anseios da massa, neles buscando inspiração para a realização de mensagens, com a utilização concomitante de técnicas mais ousadas e de maior nível artístico.

A indústria da comunicação, ademais dessa atualização filosófica e técnica do produto, há de valer-se dos modernos métodos de propaganda e distribuição, a fim de *manter e aumentar um mercado consumidor, capaz de absorver e compensar os capitais e esforços empenhados na elaboração da utilidade cultural que oferece.* Como se verá a seguir, tanto a produção como a distribuição oportuna para o regular abastecimento do mercado consumidor dependem de uma infra-estrutura industrial e governamental-administrativa, sem cuja amplitude e eficiência é impossível a consecução das metas e dos programas culturais do desenvolvimento (24).

A infra-estrutura: interdependência das instituições sociais e econômicas

A implantação de uma indústria que se propõe a abastecer com seu produto determinada área territorial reclama condições elementares, tais como:

1. *Disponibilidade de matéria-prima*, tanto para a utilidade em si mesma como para a embalagem.

2. *Existência de um mercado consumidor*, capaz de absorver e compensar a produção do bem/serviço fornecido.

3. *Possibilidade de atrair capitais*, que são largamente investidos na organização e no desempenho da empresa.

4. *Infra-estrutura industrial*, isto é, um complexo de indústrias de base, ligadas ao fornecimento regular de energia e equipamentos técnicos e à manutenção de uma rede eficiente de comunicações e meios de transporte, além dos serviços fundamentais de formação e organização profissional, que asseguram mão-de-obra técnica e especializada na fabricação e venda do produto.

No caso da CM, a *disponibilidade de matéria-prima* compreende duas espécies diversas:

a) matérias-primas indispensáveis à preparação do *extrato material* da mensagem, ou seja, do canal (veículo) emissor, tais como papel e tinta para os produtos gráficos; celulóide para os produtos foto e cinematográficos; faixa e freqüência operacionável no espetro eletromagnético e aparelhamento transformador e transmissor para o produto telerradiodifundido; discos e fitas magnéticas virgens para os produtos sonoros e audiovisuais em conserva; substâncias diversas e sintéticos para os produtos plásticos.

b) matérias-primas destinadas à elaboração da *essência* da mensagem, ligadas ao homem e à sua ação social: o ambiente em que vive, os acontecimentos que o envolvem, as situações criadas por esses acontecimentos, suas idéias, opiniões e atitudes, sua existência real e sua existência imaginária (relações de convivência, trabalho, mitos, sonhos, lazeres, paixões, necessidades etc.) em suma, *tudo quanto ocorre e decorre de sua cultura*, e que deve ser recolhido e tratado para construir o objeto da comunicação, de consumo psíquico.

Pela simples enumeração das matérias-primas, pode-se constatar o elevado custo da fabricação da mensagem cultural massiva. Donde a necessidade de uma pesquisa de *marketing* em toda a área territorial a ser coberta pela indústria, antes de sua implantação a fim de que seja avaliada com segurança a *capacidade de absorção do mercado consumidor, de modo a compensar a produção* do bem/serviço industrializado, fornecendo-lhe condições de sustentação e lucro. Pois *esse lucro previsível é que atrairá os capitais* necessários tanto à implantação como à manutenção do desempenho e ao desenvolvimento da organização empresarial.

A industrialização, aliás, põe em relevo a interpenetração e interdependência das instituições sociais, notadamente as econômicas. Ao crescer, transformam-se em poderosas organizações, ultrapassam fronteiras geográficas e políticas e se sobrepõem até mesmo aos mais antagônicos princípios ideológicos. A indústria cultural, em sua imensa variedade de atividades e manifestações, segue o caminho dos demais empreendimentos lucrativos. Em toda parte, o que se observa, "é o ingresso nesse ramo de negócio de companhias cuja função primária pouco ou nada tinha a ver com as artes", salienta Toffler (25), que exemplifica essa interdependência com o caso da Johnson & Johnson, organização de manufatura de artigos cirúrgicos, que "descobriu um mercado lucrativo para as aparas de ataduras impregnadas de gesso, usadas na redução das fraturas. Antigamente, a companhia pagava a remoção desses detritos, atualmente ela os vende às escolas e lojas de arte para o trabalho de escultura". Cita, também, um estudo do Instituto de Pesquisa da Universidade de Stanford, segundo o qual, em 1970, "o mercado cultural terá atingido o valor de sete bilhões de dólares por ano".

Ora, empreendimento de tal vulto não se estabeleceria e prosperaria se lhe faltassem as condições criadas por uma *infra-estrutura industrial*, que compreende as indústrias de base dos setores energético, de equipamentos técnicos, de comunicações e transporte e de formação e organização profissional.

1. *Energia* — Elemento indispensável ao exercício de qualquer atividade foi, sobretudo, sob a forma de eletricidade que desencadeou o processo da produção industrial maciça. Não obstante o emprego de outras espécies de energia (hidráulica e combustão), desde as suas primeiras aplicações e até hoje, a eletrificação constitui o fator primordial do desenvolvimento econômico, não se concebendo uma indústria em funcionamento numa área não abastecida de força elétrica. A sua importância no campo da comunicação vem desde o invento do telégrafo até o advento da eletrônica e sua aplicação industrial na produção e controle do elétron (átomo de eletricidade negativa) para o tratamento de máquinas e aparelhos de transmissão, gravação e reprodução de mensagens culturais. A partir da quarta década do

século atual, a ciência conseguiu outras formas de energia, seja com a fissão nuclear (atômica) ou com a retenção dos raios solares e do *laser*, mediante processos ainda não vulgarizados ou considerados, como sem dúvida o serão até o fim da centúria, de aplicação imprescindível na indústria cultural.

A implantação de uma moderna rede de CM ou de apenas uma das diversas indústrias de transformação que a integram exige uma investigação preliminar da produção energética da região, sua distribuição e consumo, demanda atual e previsão da futura.

2. *Equipamentos técnicos* — Indústrias que proporcionam à empresa máquinas e instrumentos necessários à transformação das matérias-primas no produto específico — revestimento formal ou veículo — fabricado, bem como ao seu trânsito da fonte produtora ao consumidor e à sua recepção e utilização por este último.

Sem as máquinas filmadoras e a aparelhagem para revelar, montar, copiar e projetar a cinta de celulóide, não haveria mensagem cinematográfica, como sem a tela ou superfície em que se projetam as imagens, sem o equipamento sonoro, sem o rádio receptor ou o televisor, o(s) caderno(s) de papel em que se imprime(m) as publicações gráficas, em suas diversas modalidades e formatos (livro, jornal, revista, folheto, avulso etc.) não existiria possibilidade de sua captação pela audiência da CM.

Para tanto é que desde indústrias pesadas, como a siderúrgica e a petrolífera, até as de transformação como as gráficas, de plásticos, de materiais elétricos e eletrônicos, ótica, de papel, foto e cinematográfica e inúmeras outras, direta ou indiretamente, assessoram a produção, distribuição e recepção da mensagem cultural.

3. *Comunicações e transporte* — Desde os tempos mais remotos de sua história, o homem percebeu que sem comunicações não há comunicação, e a grande luta que travou, através dos séculos, para firmar e afirmar sua cultura foi, exatamente, contra o tempo e o espaço, luta que continua, a despeito das grandes vitórias já alcançadas. Para estabelecer relações e somar experiências, objetivo supremo da comunicação, encontrou, ao longo da caminhada, dificuldades que pareciam insuperáveis em determinados momentos: como transpor as grandes cordilheiras nevadas ou as áridas regiões desérticas para levar a ignotas paragens os sinais de sua existência? Como atravessar o "oceano terrível, mas imenso" e sondar "ilhas" longínquas, que a imaginação criadora e o pensamento racional faziam supor testemunho de seus trabalhos, suas idéias e suas conquistas? Como tornar as mensagens, entre vizinhos próximos ou distantes, conhecidas cada vez mais rápida e claramente? Como fazê-los ouvir sua voz, ver sua imagem, sentir suas alegrias e angústias no mesmo instante em que as manifestavam à sua própria comunidade? Como dar mais um

passo, além da terra, já transformada em uma "aldeia global", e conquistar o universo, levando sua mensagem audiovisual a mundos e seres do espaço sideral?

As vias de comunicação e os meios de transporte determinaram sempre o ritmo e a freqüência do fluxo das mensagens e "até o século XIX, mensagens importantes *não podiam viajar mais rápido que a corrida de um homem ou de um cavalo, que o vôo de um pombo ou a velocidade de um barco a vela.* Durante séculos, tudo se fez para exceder esses limites. Mas as transmissões sonoras ou luminosas (tambores, tiros de canhão, bandeiras, fogueiras, fumaça, semáforos) eram rústicas, dispendiosas e infiéis... Para todos os fins práticos, o dorso do cavalo foi o único meio rápido e idôneo de comunicações... até as duas décadas anteriores a 1848. Em curtas distâncias ele podia atingir quinze milhas por hora. Para distâncias maiores a velocidade diminuía, e o tempo de viagem tinha que ser medido em dias. A transmissão mais rápida por terra foi talvez o American Ponny Express, que exigia 190 postos, 500 cavalos e 80 cavaleiros, para atingir uma velocidade média, entre Saint Joseph, Missouri e Sacramento, na Califórnia, de cinco milhas por hora, ou um total de tempo da ordem de dez dias... As viagens transoceânicas permaneceram estáticas por séculos... as velocidades por mar a grandes distâncias não mudaram muito desde Colombo até Robert Fulton. O primeiro navio totalmente a vapor a atravessar o Atlântico foi em 1832; a primeira viagem escalada deu-se em 1838... Houve também as décadas da ferrovia. Entre 1824 e 1848 foram inaugurados sistemas ferroviários na Bélgica, Dinamarca, França, Alemanha, Hungria, Irlanda, Holanda, Polônia e Espanha. Nos Estados Unidos, havia vinte e três milhas de estrada de ferro em 1830 e novecentas milhas em 1850... *Mas o salto mais espetacular nas comunicações ocorreu quando a transmissão de mensagens separou-se do transporte. O telégrafo, ao enviar mensagens com a velocidade da luz, teve impacto social, econômico e cultural comparável ao causado pela televisão no século seguinte*" (26).

De igual e lenta maneira, processou-se a conquista do tempo/espaço quanto à codificação das mensagens. Durante milênios, a codificação era concreta, em sua imensa maioria, exigindo a presença do comunicador: gestos, voz e fala, música e dança. No entanto, ainda na pré-história, ele tenta projetar no futuro a sua presença e a sua cultura: pelas pinturas das cavernas, pelos monumentos que, como as pirâmides, desafiam não só a poeira do deserto como a dos séculos, pelas insculturas e, afinal, pela escrita fonética. Milênios decorrem até Gutenberg, mas a comunicação ainda com ele se mantém concreta. As tentativas de abstracionismo falham porque, como no sistema de semáforos, os sinais eram limitados a números e duração e dependiam sobretudo de condições atmosféricas. Estas ainda chegaram a influenciar, lembra Bagdikian, "quando foram necessárias palavras", isto é, com "o rádio na aviação nos primeiros dias da Segunda Guerra Mundial (que) falhava quando era mais necessário".

Contudo, os sucessivos aperfeiçoamentos e aplicações da eletrônica e o surgimento dos satélites artificiais sanam quase por completo as deficiências apontadas. "De todas as mudanças tecnológicas que as sociedades tradicionais do mundo subdesenvolvido têm sofrido na última década (55/65) — mudanças na produção de energia, nos métodos agrícolas, nas técnicas industriais, na natureza dos armamentos — são as mudanças em comunicação que revelaram ser as mais fundamentais e penetrantes em seus efeitos sobre a sociedade humana. Todas as tremendas reviravoltas nas economias, nas políticas e nas estruturas sociais das novas nações... têm suas origens numa alteração radical nas percepções do homem comum, em dois terços da humanidade que, durante séculos, têm sido tradicionais no que diz respeito à natureza e à extensão do mundo em que vivem" — escreve Millikan, no capítulo introdutório à coletânea de ensaios sobre comunicação e mudança nos países em desenvolvimento, coordenada por Lerner e Schramm (27).

Este último cientista social, que já realizara para a UNESCO um amplo estudo sobre a relação entre a comunicação de massa e o desenvolvimento (28), acentua em outro artigo do livro que o crescimento dos meios de comunicação "corre paralelo ao desenvolvimento de outras instituições da sociedade moderna, tais como escola e indústria, e está intimamente relacionado a alguns dos índices de crescimento social e econômico em geral, tais como alfabetização, renda *per capita* e urbanização... Todos os elementos essenciais de uma sociedade desenvolvem-se conjuntamente. Pode acontecer, num dado período, que um elemento se desenvolva mais rapidamente do que outros mas, a longo prazo, esses desenvolvimentos se equiparam; assim, quando um país atinge estágio relativamente adiantado de desenvolvimento dos meios de comunicação de massa podemos crer convictamente que sua renda *per capita*, seus produtos industriais, sua proporção de crianças freqüentando escola, são também relativamente altos".

Cabe aos governos, em regra, realizar diretamente (ou promover, mediante uma política de incentivos fiscais, concessão ou participação mista) os serviços básicos de comunicações e transportes terrestres, marítimos e fluviais, aéreos e espaciais, através da abertura de estradas, implantação de ferrovias, de linhas de navegação de cabotagem e internacionais, inclusive aéreas, de ligações por cabos submarinos os subterrâneos, da reserva de canais e distribuição de freqüências às rádios e telemissoras, de manutenção do serviço regular de correios, telefones e telégrafos, de lançamento e utilização de satélites de comunicação e de estabelecimento de prioridades para a importação/

exportação de matérias-primas, maquinaria e instrumentos necessários à instalação e funcionamento regular das empresas e instituições que proporcionam à nação produzir e receber as mensagens culturais que, como vimos, marcam o seu estágio de civilização e progresso.

4. *Formação e organização profissional* — Em nada adiantaria a um povo promover uma rede de comunicações satisfatória se, também ao mesmo tempo, não previsse a formação e a organização do pessoal técnico encarregado não só da engenharia como da elaboração intelectual do produto da CM. O próprio Schramm, no estudo citado, chama a atenção para o problema: *"Nos primeiros estágios de desenvolvimento, os técnicos em comunicação de massa, assim como os técnicos industriais e em educação, são, invariavelmente, reduzidos ou, em outros termos, representam baixa oferta no mercado de trabalho.* Estive recentemente num jovem país onde me disseram haver *um* jornalista nativo habilitado. E num outro em que a dificuldade de substituir certo tipo de impressor forçou a suspensão, durante várias semanas, do maior periódico do país. O equipamento é, via de regra, escasso. Tenho visto em alguns países — de respeitáveis histórias no setor da radiodifusão nacional, transmissores tão antigos que os diagramas de ligações já se perderam: e quando são necessários alguns consertos é preciso freqüentemente tirar parte da ligação e fazê-la de novo... Este é o tipo de política que os países em desenvolvimento fariam bem em rever. O desenvolvimento da comunicação moderna deve se processar juntamente com outras modernizações. Ele poderá retardar-se *ligeiramente* sem, no entanto, atrasar muito o padrão geral de desenvolvimento. Por outro lado, poderá *avançar* um pouco e, assim, até certo ponto, apressar o ritmo geral de progresso. Por conseguinte, uma política que restrinja o apoio à comunicação moderna não deverá ser adotada sem que primeiro se atente seriamente para as suas conseqüências." (29)

Se é verdade que as lideranças tradicionais, os "donos" da cultura ou os privilegiados detentores da informação trabalham incessantemente para controlar os *mass media* e, naturalmente, desconfiam dos seus agentes, sobretudo dos agentes culturais, também é evidente que deles precisam para manipular o aparelhamento técnico e elaborar e liberar em certos casos, aquilo que Bagdikian chama "material enganador", com o qual inundam a audiência, mergulhando "o indivíduo numa informação cuidadosamente preparada", que lhe proporciona "uma ilusão de pleno conhecimento", como o fazem as ditaduras ou o poder econômico estabelecido para evitar ou retardar a evolução social. De qualquer modo, há necessidade de técnicos de nível médio e superior para assegurar a produção e difusão da mensagem, técnicos esses preparados nas escolas de especialistas em diferentes níveis, e organizados em associações profissionais.

De qualquer modo, também, "a comunicação instantânea e universal rompe os padrões tradicionais... (pois) determinados segmentos de ouvintes, embora rodeados pelo ruído da propaganda, são capazes de extrair informações relevantes, seja porque possuam experiência bastante para julgar declarações oficiais ou porque as realidades de suas situações vitais estão em total discrepância com os pronunciamentos governamentais... As exigências de um sistema dinâmico tornam a sonegação de notícias (mensagens culturais) perigosa por outras razões. Numa sociedade complicada e interdependente, a população geral deve compreender o meio ambiente... É mito de nosso tempo que a disseminação irrestrita de conhecimento crítico enseje abalos peculiares às sociedades abertas, e que quando as sociedades abertas competem com as autoritárias, as populações democráticas devem abster-se do acesso normal à informação oficial. A informação livre é mais arriscada para um regime autoritário. O intercâmbio de informações no seio da população, inclusive entre governo e público, é a fonte de vigor e criatividade na política e prova prática de sua relevância. Assim, não só as sociedades democráticas estão mais aptas para o impacto de informações novas, e, portanto mais estáveis diante delas, como também o próprio governo depende delas. Uma população que necessite isolar-se de informações incontroladas está vivendo na era errada; nestes séculos recentes este isolamento tornou-se cada vez mais poroso, e os regimes que se valeram do controle social viveram precárias existências" (30).

Bons técnicos não se improvisam e num campo em que se operam, dia-a-dia, mais ou menos *extensas e profundas modificações*, e cuja audiência cresce em proporções geométricas, desde que temos o mundo em nossa casa, ao nosso alcance, *essa infra-estrutura deve contar com pessoal altamente capacitado e profissionalmente organizado*. Instituições como empresas jornalísticas, de rádio e televisão, cinematográficas, de propaganda, de relações públicas, de espetáculos, bibliotecas, museus, arquivos, centros de processamento de dados, laboratórios e cursos de aperfeiçoamento, juntamente com organizações profissionais de produtores, realizadores, editores, jornalistas, artistas, distribuidores, exibidores e especialistas em todos os ramos e técnicas da fabricação e venda de mensagens culturais constituem base antropossociológica que mantém o sistema da CM em funcionamento pleno, eficaz e ininterrupto.

Desse elenco de agentes da CM, interessam-nos, especialmente, aqueles que submetem ao tratamento intelectual (captação, codificação e arte final) a essência da mensagem, ou seja, o *agente cultural da comunicação*, ao qual compete transformar a matéria-prima extraída da vivência e da experiência humana e das situações criadas pela sua ação social no produto imaterial acabado que é proporcionado à audiência para o seu consumo psíquico.

Em qualquer área e para qualquer objetivo, o seu primeiro trabalho é observar e recolher os fenômenos de desequilíbrio ou tentativa de equilíbrio na atividade sócio-econômico-cultural de uma comunidade, reunindo todos os elementos que os provocaram, rompendo a normalidade do cotidiano do meio ambiente dado. Como nenhuma situação digna de ser distribuída pelos *mass media* e oferecer resultado compensador à indústria cultural é de geração espontânea, a tarefa do agente se torna complexa, exigindo que recorra a *entrepostos culturais*, que denominamos *fontes*, que resultam das relações humanas e da infra-estrutura antes estudada.

As *fontes* às quais o agente cultural deve ter acesso para enriquecer os dados captados, melhor interpretá-los e dar-lhes o tratamento adequado, são de dois tipos:

1. *Estáticas* — as que estão permanentemente à sua disposição, tais como bibliotecas, arquivos, filmotecas, discotecas, museus, centros de informática, gravações de toda ordem devidamente coletadas etc.

2. *Dinâmicas* — as que estão à disposição do agente cultural apenas em determinados períodos, como publicações impressas na fase de sua distribuição; emissões radiofônicas e televisadas, exceto em circuito fechado; películas cinematográficas em exibição; espetáculos teatrais, musicais, desportivos e de variedades; feiras e exposições; desfiles religiosos, cívicos, de eugenia, de moda, políticos e outras ocorrências públicas do gênero; calendário turístico; congressos e simpósios de toda natureza; cursos de formação escolar em todos os níveis; reuniões públicas de associações profissionais, diversionais, políticas, religiosas, artísticas etc.; assembléias de deliberação de entidades nacionais, multinacionais etc.

O livre e fácil acesso às fontes de informação é tão importante para a indústria cultural como para as demais a pesquisa, extração e aquisição da matéria-prima, bruta ou transformada, de que se deve valer para produzir economicamente. Se a sociedade ou o Estado opõem barreiras a essa atividade, fecham-se à observação do olho clínico do agente cultural da comunicação, cedo ou tarde sofrerão as conseqüências, como a História tantas vezes registrou. Por não haver proporcionado essa *condição essencial ao exercício da atividade comunicacional* é que, sob rigoroso controle e fornecendo aos jornalistas falsas pistas através do seu Ministério da Informação e da Propaganda, o povo alemão sofreu física e psicologicamente a liquidação do III Reich e com ela a perda de sua unidade nacional. Por não adotar métodos novos de alfabetização e formação profissional é que muitas nações do Terceiro Mundo continuam a desperdiçar tempo e economia em programas superados de educação. Pelo mesmo motivo, problemas nacionais da maior gravidade são vedados à exposição e crítica de audiência, substituídos, no cinema e na televisão, pelas produções de evasão e engodo, geralmente de origem e/ou inspiração estrangeira, que escondem da audiência a realidade do seu cotidiano.

Também aqui não é o momento de discutirmos o tema (31): desde já, porém, há de ficar claro que *a liberdade de acesso às fontes de informação não é apenas objetivo da luta do agente cultural mas de todo o complexo industrial* que gera, produz, vende e aufere lucros da CM. *Sem ela, negam-se ao homem e à comunidade os inalienáveis direitos à informação e de expressão*, que fundamentam a ação social na promoção do bem-estar individual e coletivo.

NOTAS BIBLIOGRÁFICAS

1. Conforme observou Ortega y Gasset, em *A Rebelião das Massas, op. cit.*, nas épocas passadas "por muito rico que um indivíduo fosse em relação com os demais, como a totalidade do mundo era pobre, a esfera de facilidades e comodidades que a sua riqueza podia proporcionar-lhe era muito reduzida. A vida do homem médio é hoje mais fácil, cômoda e segura do que a do mais poderoso em outro tempo. Que lhe importa não ser mais rico do que os outros se o mundo o é, e lhe proporciona magníficas estradas de rodagem, ferrovias, telégrafo, bons hotéis, segurança física e aspirina? Note-se que o texto de Ortega é de 1932...

2. Gerace, Franck. *Comunicación Horizontal*. Lima, Liberia Studium, 1973. O A. caracteriza a horizontalidade da comunicação interpessoal e intergrupal, inclusive com o uso dos *mass media*, e a verticalidade inerente à CM.

3. Martins, Saul. *Contribuição ao Estudo Científico do Artesanato*. Belo Horizonte, 1973. Aproveitamos a teorização do A. para adaptá-la ao processo da comunicação direta e/ou indireta entre pessoas e grupos determinados e conhecidos entre si e por meio de técnicas e meios de fácil manejo.

4. McLuhan, Marshall. V. Bibliografia do Cap. I, nota 5.

5. Brown, J. A. C. *Técnicas de Persuasão*. Rio, Zahar, 1973 (2.ª edição).

6. Sobre a fase de transformação da editoração, livraria e imprensa v. ainda Godechot, Jacques, *Contribuición a la Historia del Periodismo*. Quito, CIESPAL, 1964, especialmente quanto à França: Emery, E. *História da Imprensa nos Estados Unidos*. Rio, Lidador, 1965; Sodré, Nelson Werneck, *História da Imprensa no Brasil*. Rio, Civilização Brasileira, 1965. Para uma visão de conjunto, a obra clássica de Weill, George, *El Diario*. México, Fondo de Cultura Econômica, 1941.

7. Daudet, Alphonse. *Cuentos del Lunes*. Aguillar, Madrid, 1948.

8. Miller, William. *Nova História dos Estados Unidos*. Belo Horizonte, Itatiaia, 1962.

9. Mcquail, Denis. *Sociologia de los Medios Masivos de Comunicación*. Buenos Aires, Paidós, 1972.

10. Morin, Edgard. *Cultura de Massa no Século XX* (L'esprit du temps). Rio, Forense, 1967.

11. Horkheimer, Max e Adorno, Theodor. *A Indústria Cultural. O Iluminismo como Mistificação de Massas*, cap. da coletânea organizada por Costa Lima, Luiz (v. nota 13).

12. Adorno, Theodor. *A Indústria Cultural*, cap. da coletânea organizada por Cohn, Gabriel (v. nota 13).

13. O leitor encontrará na *op. cit.* de Morin (nota 10) uma "introdução à bibliografia — A cultura de Massa", em que fornece uma seleção de contribuições, em livros e revistas, ao estudo e a análise do tema de autores norte-americanos e europeus. Além das obras antes por nós relacionadas, acham-se traduzidas e editadas no Brasil: Barthes, Roland, *Mitologias*. São Paulo, Difusão Européia do Livro, 1972; Cohn, Gabriel (org.), *Comunicação e Indústria Cultural*. São Paulo, Cia. Editora Nacional, 1971; Costa Lima, Luiz (org.), *Teoria da Cultura de Massa*. Rio, Saga, 1969; Diversos, *Comunicação e Cultura de Massa*, edição da revista "Tempo Brasileiro" (ns. 19/20). Rio, GB, s/d, que insere um vocabulário e um "who's who" desses campos de estudo científico; Eco, Umberto, *Obra Aberta* e *Apocalíticos e Integrados*, ambos editados pela Editora Perspectiva, de São Paulo, respectivamente em 1968 e 70; Folliet, Joseph, *O Povo e a Cultura*. Rio, Forense, 1968; Moles, Abraham e outros, *Civilização Industrial e Cultura de Massas* e *Linguagem da Cultura de Massas*, seleção de ensaios da revista francesa "Communications", editados pela Vozes, de Petrópolis, vols. 5 e 6, respectivamente, da coleção "Novas Perspectivas em Comunicação", 1973; Morin, Edgard *et alii*, *Cultura e Comunicação de Massa*. Rio, Fundação Getúlio Vargas, 1972; e Rosenberg, Bernard e White, David Manning (orgs.), *Cultura de Massa*. São Paulo, Cultrix, 1973.

14. Sobre a origem, evolução e perspectivas das empresas e dos processos de industrialização da comunicação, v. Diversos, *Comunicação na Era Espacial*. Rio, UNESCO/Fundação Getúlio Vargas, 1968; Diversos, *La Electronica en los Meios de Comunicación*. Madrid, Escuela Oficial de Periodismo, 1968; Drews, N. e Pastor, J. Rey, *La Técnica en la Historia de la Humanidad*. Buenos Aires, Atlantida, 1957; Gaitán, Efrain, *La Clave del Éxito Periodístico*. Barcelona, Helder, 1965; Gerald, J. E., *A Responsabilidade Social da Imprensa*. Rio, O Cruzeiro, 1965; Lacy, Dan, *Problemas y Perspectivas de la Comunicación de Massas*. Buenos Aires, Troquel, 1968; Levine, E., *O Fabuloso Homem da Impressão*. Rio, Lidador, 1965; Nieto, Alfonso, *El Concepto de Empresa Periodística*. Pamplona, Universidad de Navarra, Instituto de Periodismo, 1967; Pastore, John A., *A História das Comunicações*. São Paulo, Cultrix, 1966; Verpraet, Georges, *Metier de la Informatión Moderne*. Paris, Editions Noeret, 1965; e Vieira, R. A. Amaral, *O Futuro da Comunicação*. Rio, Série "Cadernos Didáticos", 1974.

15. Toffler, Alvin. *O Povo e a Cultura*. Rio, Lidador, 1965.

16. Morin, Edgard. *Op. cit.* (10).

17. Adorno, Theodor. *Op. cit.* (12).

18. Morin, Edgard. *Op. cit.* (10).

19. Voyenne, Bernard. *La Presse dans la Societé Contemporaine*. Paris, Armand Colin, 1962.

20. Morin, Edgard. *Op. cit.* (10).

21. Toffler, Alvin. *Op. cit.* (15).

22. Morin, Edgard. *Op. cit.* (10).

23. Beltrão, Luiz. *Jornalismo Interpretativo: Filosofia e Técnica*. Porto Alegre, Sulina, 1976. Neste estudo, aprecia-se mais detidamente a crise que o

surgimento de um novo meio de comunicação provoca até que os antigos *media* encontrem o próprio caminho de sobrevivência e evolução.

24. Para orientar os estudos, em qualquer campo profissional da comunicação aplicada ao desenvolvimento v. Halliday, Tereza Lúcia, *Comunicação e Organizações no Processo do Desenvolvimento.* Petrópolis, Vozes, 1975.
25. Toffler, Alvin. *Op. cit.* (15).
26. Bagdikian, Ben H. *Sociologia da Comunicação: Máquinas de Informar.* Rio, Civilização Brasileira, 1973.
27. Lerner, Daniel e Schramm, Wilbur (orgs.). *Comunicação e Mudança nos Países em Desenvolvimento.* São Paulo, Melhoramentos, 1973.
28. Schramm, Wilbur. *Comunicação de Massa e Desenvolvimento.* Rio, UNESCO/Bloch, 1970.
29. Schramm, Wilbur. *Comunicação e mudança.* Cap. de Lerner, *op. cit.* (26).
30. Schramm, Wilbur. *Op. cit.* (28).
31. O tema voltará a ser tratado no capítulo relativo ao controle da comunicação.

4.
ÉTICA, ESTÉTICA E POLÍTICA NA COMUNICAÇÃO

Ética, Estética e Política na Comunicação de Massa são assuntos que se interpenetram e se inter-relacionam na medida em que o poder e a decisão da autoridade governamental das nações politicamente organizadas alcançam a livre iniciativa dos cidadãos na busca de dados cognitivos visando ao seu esclarecimento pessoal, à sua formação ou seu entretenimento; ou, ainda, a atividade de instituições especialmente organizadas para, através de instrumentos ou aparelhamentos técnicos, atender àqueles objetivos.

Paralelamente, a comunicação de massa se defronta com o problema da Estética, que se exige na elaboração de um produto cultural, tanto com referência ao comunicador na sua função educativa como ao receptor, na sua ânsia de aprimoramento espiritual. Serão os aspectos ligados aos problemas estéticos que apreciaremos em primeiro lugar.

A Estética da Comunicação

De logo, surge-nos a indagação: a estética da comunicação massiva seria o mesmo que a comunicação massiva da estética? Evidentemente, não. No primeiro caso trata-se da apresentação, sob uma forma agradável, dos veículos portadores da mensagem de massa, desde a diagramação e ilustração dos meios impressos; a inteligente, sonorizada e sugestiva difusão das programações radiofônicas, ou, ainda, da equilibrada proporção dos códigos icônico, sonoro e idiomático na linguagem televisiva. No segundo caso, trata-se de perquirir de que maneira se comportam os meios de comunicação de massa na difusão da expressão estética em geral e com que eficácia atinge esta o receptor indeterminado, com suas necessidades em permanente oposição dialética aos interesses e ao sistema de produção do comunicador institucionalizado (1).

Para a compreensão deste tema e de seus desdobramentos, assunto dos mais polêmicos e controvertidos dos últimos tempos, necessária se torna uma visão retrospectiva às últimas décadas do século XIX, quando já se tornavam evidentes os efeitos sociais desencadeados com a Revolução Industrial na Inglaterra. Não foi por acaso que, a observá-los, ali estivessem Marx e Engels compondo, "a quatro mãos", o ritornelo do Manifesto Comunista e, também não foi por acaso que, sob nova inspiração e partindo de outro ângulo, tivessem oportunidade de ser analisados e interpretados na encíclica *Rerum Novarum*, do Papa Leão XIII, sobre as condições dos operários. Tudo, em síntese, no plano político-social indicava uma insatisfação generalizada e uma acentuada descrença na outrora sagrada trilogia da Revolução Francesa, incapaz de continuar servindo de guia inconteste aos novos acontecimentos.

No terreno das artes e da literatura começava a delinear-se a "cultura de vanguarda" pela contestação dos antigos padrões estéticos do academicismo-classicismo e desprezo a tudo quanto pudesse ser considerado "burguês". A própria noção de "estética", criada quase simultaneamente por Vico e por Baumgarten, na 2.ª metade do século XVIII, começava a sofrer reparos. Se, de um lado, artistas e literatos encontravam respaldo ideológico nos militantes políticos não é menos certo que não tiveram estes a adesão dos primeiros, ciosos que estavam de sua independência intelectual, matriz dentre outras coisas, de arte "pura", "abstrata" ou "absoluta". Autores como Clement Greenberg (2) assinalam na nova tendência artística o repúdio ao *assunto* ou *conteúdo* e, concomitantemente, a preocupação pela cultura "em movimento" dentro daquela época de incertezas e de instabilidade social. Como resultado disso verificou-se o "encolhimento" da escola ao restrito círculo de seus cultores (Picasso, Braque, Miro, Brancusi) que passaram a consagrar-se não mais aos motivos exteriores mas simplesmente aos seus próprios "instrumentos". Para os artistas plásticos seriam os espaços, superfícies, formas e cores; para os poetas, a própria inspiração, os sons, a onomatopéia. A relação tradicional entre arte e natureza era, assim, modificada principalmente a partir de Schelling, que fazia da arte a regra da natureza, ao invês de a natureza constituir a regra da arte (3). Venceria, portanto, a nova orientação segundo a qual nova relação estética deveria ser descoberta, a saber, a relação entre a arte e o homem.

Quebrada a vinculação do artista aos antigos cânones e ao "grande público", nem por isso desvencilhou-se ele da condição eminentemente humana, da necessidade de apoio financeiro, apoio esse que viria agora de um público ainda menor e elitista, apreciador da nova manifestação artística e economicamente capaz de consumi-la.

"Onde existe uma vanguarda, geralmente existe uma retaguarda" (4). A retaguarda da nova tendência artística foi precisamente o *kitsch*; seu público: a massa social, oriunda dos campos e de outros países que, com o advento da era da industrialização, passou a fixar-se na periferia dos grandes centros urbanos.

Aquela massa heterogênea quanto à origem social e geográfica de seus componentes (5) alfabetizava-se quanto podia no sentido da obtenção de maior eficiência face aos novos empregadores de sua força de trabalho. Deixara para trás velhos padrões de comportamento e apegos ao folclore e, se não dispunha de instrução, de lazer e de conforto, sentia, contudo, a necessidade de preencher o vazio espiritual, de neutralizar o tédio que lhe advinha à medida que se humanizavam suas condições de trabalho sob a pressão das primeiras *unions*, ou sindicatos profissionais. A industrialização prontamente serviu aos desígnios da ambição capitalista pelo lucro e passou a fabricar em massa e em série os sucedâneos da cultura genuína destinados agora àquele *mercado* de fácil conquista, tornado sempre mais dócil pela sugestão perene da publicidade, já em plena expansão; cada vez mais ampliado pela proletarização crescente da classe média, a partir do início do século, nos países de maior instabilidade social; cada vez mais anestesiado pelo convite ao conformismo e à obediência incondicional ao *establishment*.

Mas há que considerar, também, além da gênese dos mercados consumidores, a estética "em si" da comunicação massiva, isto é, o conteúdo das mensagens por esta elaborada e distribuída. E aqui se abre lugar para outras indagações: a estética assim considerada seria o "gosto médio" divulgado pelo conjunto de todos os meios de comunicação de massa do "sistema de comunicação social", numa tentativa de atingir a massa como um todo? A estética da comunicação massiva poderia ser restrita ao "gosto refinado" divulgado por um ou alguns meios, no conjunto do sistema, de modo a satisfazer, por interesses econômicos (ou desencargo de consciência) alguns públicos mais privilegiados pela sua prévia educação artística? Ainda nesse caso, dentro do "sistema de comunicação social" que pressupõe uma elite instruída (por oposição aos usuários do "sistema de folkcomunicação") haveria uma minoria ainda mais refinada e seria esta merecedora de tal discriminação? Seria válido o critério do "gosto artístico" como metodologia para a discussão da questão estética na comunicação massiva?

A resposta a todas essas indagações relacionadas com o "gosto" somente poderia ser fornecida por uma "pesquisa disciplinada e pouco sabemos (6) a propósito dos métodos para aperfeiçoar os gostos estéticos". É inegável, contudo, que estamos num terreno em que as elucubrações filosóficas envolvem-se com questões de ética e de política que apreciaremos a seguir, pois se é imprescindível ao pesquisador definir com clareza os seus princípios básicos sobre o entendimento da arte e da estética não menos verdade é o reconhecimento de que cabe à política decidir se as artes populares devem ou não continuar livres (7). Ao mesmo tempo, não se pode evitar a consideração do problema ético da escolha, do drama da opção, tanto da parte do comunicador e do artista-criador em sua expressão espontânea, na formulação de sua mensagem, como da parte do receptor-fruidor da expressão artística veiculada através dos meios massivos de comunicação, uma vez que espera este não apenas diversão mas compreensão mais profunda da vida, de sua forma e de seu significado.

Às diversas opiniões extremadas sobre o prevalecimento de uma forma elitista ou popular da arte, com a hegemonia política de uma sobre outra cultura, responderemos que a tanto não devem chegar as ciências da comunicação. Do ponto de vista doutrinário achamos como Croce que a arte é, antes de tudo, expressão: não reprodução mas, principalmente, criação; a estética é precisamente o seu conhecimento enquanto experiência humana comum e universal (8).

Em se tratando da comunicação massiva e dos seus respectivos veículos, manipulados no mundo ocidental, em sua maioria, pela iniciativa privada voltada para o lucro, está claro que das três funções atribuídas às artes por Kelly (9) — criativa, lúdica e comunicativa — a primeira deve ceder lugar às duas últimas. A mensagem de massa, mesmo a estética (ou que tenha pretensões a sê-lo) deve ter um "sentido", caso contrário: 1) dificilmente decodificável, ou vazada em símbolos herméticos, não atingiria a massa que, mesmo alfabetizada, não teria refinamento ou capacidade para entendê-la; 2) a mercadoria-mensagem não teria colocação no mercado consumidor e estaria fadada ao insucesso.

A dicotomia, isto é, as contradições entre as chamadas artes "superior" e "popular" parecem ser mais notadas segundo pesquisas (10) em sociedades instáveis e os meios de comunicação de massa não o podem ignorar. Nestas, o "homem comum" é levado quase sempre a extravasar suas insatisfações atribuindo à "classe dominante" o silêncio de suas expressões culturais. Por outro lado, a ponta de lança elitista, ou seja, a vanguarda, encontra cada vez menos mercado. Por se tratar "da única cultura viva que ainda temos" (11) certos autores vêem nisso uma ameaça à sobrevivência da cultura em geral, em futuro próximo.

Ética e Política: atualidade de Maquiavel

Quanto às relações da comunicação de massa com a política e a ética, necessitamos refletir, ainda que por um momento, acerca da natureza do Estado contemporâneo e do papel que desempenha como instrumento da sociedade para alcançar os seus objetivos mais altos. Se no nosso entendimento considerarmos o Estado como um meio e não um fim em si mesmo, admitimos, conseqüentemente, que o poder e a decisão sejam revestidos de legitimidade e que a força coercitiva por ele empregada esteja permanentemente a serviço do Direito, permitindo e possibilitando a vida e o desenvolvimento tanto do indivíduo como da sociedade.

Ocorre, porém, nestas últimas décadas do século XX, que os próprios Estados, no plano internacional, estão mais e mais sujeitos a poderes e a decisões superiores que muitas vezes questionam ou, no mínimo, condicionam a sua soberania, independência econômica e sobrevivência. Nesse clima de inquietação e de incertezas gerado principalmente pelo "equilíbrio do terror", equilíbrio instável sustentado pela capacidade destruidora dos *megatons*, como garantir, no plano interno, àqueles indivíduos e àquelas instituições o pleno exercício de direitos inalienáveis à criatura humana? É preciso, pois, pensar numa nova ordem internacional, desdobrada em seus aspectos jurídicos, econômicos, políticos e comunicacionais, mais consentânea com o mundo em transformação.

Ao nosso ver, as relações entre ética, política e comunicação de massa têm um ponto de encontro na sociedade contemporânea a partir da análise da vida e da obra de Maquiavel. E este, por sua vez, é um personagem merecedor de permanente reflexão, uma vez que, num cenário especial, desempenhou o seu papel no seu próprio tempo, lugar e situações históricas de maneira quase obscura até que muito tempo depois foi descoberta a sua mensagem à posteridade. Muitas vezes foi ela considerada cínica e iconoclasta mas não se lhe pode negar a tentativa de recondução do homem teológico, assim formado pela filosofia medieval, à sua condição terrena, de homem de carne e osso, lutando pela sua segurança e sobrevivência e, sobretudo, amparado na proteção de um estado forte, sem preocupações éticas ou religiosas.

Quatro séculos depois de Maquiavel ainda registramos a incolumidade do *establishment*, frente à Indústria Cultural, em troca da garantia da colocação no mercado de obras de fácil vendagem e retorno certo do investimento aplicado. Tal como os mercadores da Renascença Italiana, os responsáveis pela produção de bens materiais da atualidade inculcam em sua clientela mais a sugestão do *ter* do que do *ser*, isto é, mais a "necessidade" publicitária de possuir o produto industrializado do que a sensibilidade estética ou capacidade de apreciar — com a evidente vantagem moral para os primeiros que, mais autênticos, desconheciam o *kitsch*.

A obra de Maquiavel é inseparável do ambiente histórico, político e social em que viveu.

Remontam, os historiadores, a 1250, o processo de fracionamento político da Itália medieval. A partir da morte do imperador Frederico Guilherme II, com efeito, o que restava do antigo Império

Romano-Germânico do Ocidente desmembrou-se, na península itálica, em uma infinidade de cidades-estados das quais Milão, Veneza, Florença e Nápoles foram as mais importantes (12). Era a rebelião dos súditos contra a ordem laica, propugnando por mais liberdade no plano social e econômico e por mais desafogo no rígido sistema feudal. Mas se essa ânsia de liberdade, assim concretizada, ia fortalecendo a burguesia e libertando os servos da gleba, por outro lado exigia maiores franquias no tocante à disciplina espiritual a que o próprio Império estava sujeito pelo princípio da obediência universal à ordem teológica, defendida pelas doutrinas de Santo Agostinho (século II) *De Civitate Dei* ("Da Cidade de Deus") e S. Tomás de Aquino (século XIII) *De Regimine Principum* ("Da Conduta dos Príncipes").

O Papado, ao lado do Império, era a segunda grande instituição medieval centralizadora do poder. Assim mesmo ia perdendo, também, a sua autoridade moral pelos abusos sem conta atribuídos ao clero e aos pontífices, no decorrer dos séculos: falta de escrúpulos na aquisição de extensas propriedades imóveis, luxo e pompa exagerados, desregramentos de toda a sorte.

A Renascença foi, portanto, inicialmente, um movimento de libertação do homem e de retomada crítica dos textos clássicos sem a censura religiosa. Mas foi, também, um movimento tipicamente italiano, em sua fase inicial, dada a circunstância do monopólio virtual do comércio daquelas cidades-estados com os portos do Mediterrâneo e com todo o Oriente, por intermédio de Constantinopla. Aos benefícios comerciais ajuntaram, em contato com outros povos, conhecimentos e técnicas, manifestadas desde então nas ciências, letras e artes. A tomada de Constantinopla pelos turcos, em 1453, ocasionou-lhes a perda das estações do levante mas deu-lhes todo o resplendor artístico e intelectual do século XVI, uma vez que nelas encontraram refúgio muitos sábios e pensadores bizantinos.

A atualidade de Maquiavel decorre da própria natureza do Homem que não experimentou mudança sensível nestes dois últimos milênios, quer do ponto de vista da Antropologia Física, em seus traços psicossomáticos fundamentais, quer sob o aspecto de seu comportamento ético. Lemos ainda hoje com prazer as comédias de Plauto e de Terêncio e parece que nos defrontamos com os tipos mais freqüentes de nosso dia-a-dia: o soldado fanfarrão, o parasita contumaz. Nas páginas de La Fontaine revivemos não só as fábulas de Esopo do século VI A.C., mas também todas as dúvidas e as fraquezas do nosso homem comum. Da mesma forma, nas proposições de Maquiavel, qual passarela diacrônica de um desfile de modas, assistimos enfileirar-se a astúcia, a audácia, a hipocrisia, a falta de escrúpulos, a crueldade do mundo renascentista, reconhecidas, embora sob disfarce, nas roupas e nas atitudes de nossa sociedade contemporânea.

Maquiavel passa por ter sido um dos que instituíram a necessidade da criação da Ciência Política, segundo alguns autores (15). E isto porque vislumbrou a separação dos valores éticos e religiosos das preocupações de ordem política, dando a essa disciplina a objetividade e a independência de que carecia face às imposições do sistema filosófico e religioso dominante à sua época. Essa dessacralização das atividades políticas que, se de um lado impunha nos séculos que se lhe seguiram, em nome da autonomia das ciências positivas, de outro serviu e *ainda* tem servido de base, de pretexto ou de biombo para o emprego de métodos aéticos sempre que se quer erigir em princípio fundamental da convivência humana uma discutível "razão de Estado".

Maquiavel nasceu em 1469 e tinha mais de 40 anos quando escreveu sua obra mais lembrada, mais conhecida e mais debatida embora a de menor tamanho, ou seja *De Principatibus* (14), vazada num italiano quinhentista e que passou à posteridade com o título de *O Príncipe*. Reflete-se nela um espírito amadurecido, ilustrado por inúmeras observações e viagens ao estrangeiro, experimentado em mil e uma situações de intrigas e conciliábulos. Em suma: um homem provado e sofrido e (o que é admirável naqueles tempos) que passou incólume, que conseguiu manter-se *vivo* em meio à prática então muito vulgarizada dos envenenamentos encomendados e por qualquer motivo fútil. Sua admissão à vida pública dera-se em 1498, como secretário do governo de Florença, poucos dias após ter sido levado à fogueira o dominicano Savonarola, que por três anos estivera à frente daquela instabilíssima república. Trouxera ainda gravadas em sua memória de menino as atrocidades da época (15).

Depois de ter servido quatorze anos aos "Dez de Liberdade e Paz" (magistrados eleitos) liderados por Pedro Soderini, "magistrado perpétuo" da República sua sugestão no sentido de criação de uma milícia fiel ao governo e constituída somente de nacionais (para evitar a contratação de aventureiros e *condottieri* mercenários) resultara em fracasso e em seu próprio banimento (16). O papado de Avinhão, confrontando-se com o de Roma, e, por último, o Cisma do Ocidente, tinham enfraquecido o poder espiritual em favor do estado laico, razão pela qual os papas procuravam aliar-se a este último. Lutero, por outro lado, corporificara a contestação à dissolução dos costumes e consolidara a Reforma.

Estavam no ar, também, depois da reforma religiosa, outras várias contestações inspiradoras de sistemas antagônicos às então vigentes estruturas sociais: o espírito crítico, estimulado após o invento de Gutenberg, desenvolvera o individualismo e paralelamente conduzia os movimentos políticos à afirmação cada vez maior dos nacionalismos. O latim começou a perder a sua hegemonia como língua universal desde que a Vulgata, versão oficial latina dos textos bíblicos, fora traduzida para o alemão e outras línguas européias por iniciativa dos reformadores.

Todos estes fatos, em sucessão caleidoscópica, influenciaram o espírito conturbado de Maquiavel e não podem ser olvidados por todos quantos se abalancem à análise de sua vida e de sua obra polêmica e controvertida. Muitos o consideram um grande velhaco mas se o tivesse sido, realmente, "ter-se-ia abstido de escrever *O Príncipe*, pois os verdadeiros velhacos, de todos os tempos e de todas as partes, sabem muito bem que a primeira regra da sua arte consiste em não revelar a outrem os segredos de sua atividade" (17). De qualquer forma permanece a grande dúvida em seus leitores de hoje: como conciliar a dedicação à república e seus ideais (pelos quais sofreu as penas de demissão e exílio) com as bajulações das duas dedicatórias sucessivas de *O Príncipe* exatamente aos Médici, seus algozes e partidários da tirania? Outros, de opinião contrária, além de darem relevância à ideal pátria latina, exaltam-lhe a objetividade e a *virtù*. Benito Mussolini, um dos seus mais assíduos leitores (ao lado de Hitler, Stalin, Napoleão, Richelieu), considerava-se o "continuador" de sua obra, referindo-se provavelmente ao famoso e não menos enigmático capítulo XXVI de *O Príncipe* (18), onde o ardoroso florentino parece aludir e sonhar com a unificação italiana, conquistada e efetivada por Garibaldi e por Cavour somente em 1860.

Em Maquiavel as preocupações de ordem histórica, fonte de exemplo e inspiração para seus escritos, aglutinam-se a cada passo ao estudo dos métodos de ação necessários à conquista e à manutenção do poder. Ele próprio o confessa na 2.ª dedicatória feita em 1516 a Lourenço Médici (19). Tudo isto aparece claramente em *Discursos sobre a Primeira Década de Tito Lívio, A História de Florença, A Arte da Guerra* e até mesmo em *O Príncipe*, considerado por alguns especialistas como Garret Matingly "um pequeno panfleto, aparentemente escrito às pressas" cujo conteúdo guarda apenas fraca relação com as primeiras obras e nas quais se retrata a verdadeira Renascença italiana. Maquiavel cultivou, também, o teatro e a poesia. Não nos esqueçamos, todavia, que foi ele, igualmente, um homem da Renascença: viveu e morreu num ambiente de apego às artes e à literatura. Era o tempo de Leonardo da Vinci, de Raphael e de Michelangelo; de Donatello, de Ticiano e Paulo Veronese. Juntamente com seus contemporâneos, Maquiavel podia ver sobre as margens do rio Arno projetar-se a cúpula da catedral de Florença, imaginada pelo gênio de Brunellesco: com 130 pés de diâmetro por 330 de altura, sem qualquer apoio metálico, ainda mantinha-se orgulhosamente de pé.

A grande mensagem de Maquiavel para a posteridade foi, contudo, de cunho inegavelmente político e vamos encontrá-la, embora sem o cuidadoso apuro de suas obras anteriores, em *O Príncipe*. Esta foi escrita em São Casciano, nos arredores de Florença, para onde o desterraram após o malogro de sua milícia frente às forças da liga pontifical e que apoiavam a volta dos Médici. Provavelmente bem sonhada e idealizada mas pessimamente concretizada em termos humanos (o que não deixa de ser uma incoerência de seu pensamento informado pelo antropocentrismo da Renascença), por mais ardoroso que fosse o patriotismo de seus componentes necessitava de adestramento e de retaguarda, isto é, de uma infra-estrutura adequada, sem o que estaria, como de fato esteve, condenada a uma inevitável derrota.

Um dos pontos centrais dessa mensagem política foi estabelecer, com toda a crueza, as bases de um estado real, que pudesse ser vivido e manipulado por homens de carne e osso e não apenas como o desejaram alguns dos seus contemporâneos (Thomas Morus e a *Utopia*; Tomas Campanella e a *Cidade do Sol*) como qualquer coisa semelhante a uma construção ideal e hipotética *do que devia ser*. Contrariando frontalmente o pensamento aristotélico-tomista e, bem assim, o de Santo Agostinho que pretendia a finalidade religiosa do poder (*A Cidade de Deus*), proclamou Maquiavel que o Estado é um fim em si mesmo; a segurança e a preponderância deste são os objetivos supremos e permanentes a serem visados e perseguidos pelo governante. Como firmar-se um estado? Com "boas leis e boas armas". Mas não pode haver boas leis onde não há boas armas. "Boas leis" não são necessariamente as que se integram num conjunto orgânico de princípios éticos, visando ao bem-estar da coletividade — noção que só foi desenvolvida pelos juristas dos séculos posteriores. "Boas leis" são, antes de tudo, as que possam assegurar o poder. "Boas armas", por seu lado, não devem ser apenas consideradas aquelas que apresentam o melhor desempenho balístico mas, principalmente, os exércitos permanentes, formados por nacionais e obedientes ao governante de tal forma que possa este prescindir dos mercenários e respectivos *condottieri*.

Sua classificação de principados é bastante original: novos, hereditários e eclesiásticos. Sua maior preocupação é com os principados novos, de formação recente, onde o príncipe (governante) precisa de dois fatores essenciais para manter-se: a *virtù* e a *fortuna*. Desnecessária se torna a tradução destes termos que não têm correspondência exata em português. De resto, todos os comentaristas de Maquiavel preferem não fazê-lo, para melhor salientar a sua originalidade.

Virtù não é a virtude segundo a concepção cristã e medieval e também não se resume no conjunto das três teologais — fé, esperança e caridade. Antes de mais nada *virtù* é o conjunto das qualidades necessárias ao líder político para que possa firmar-se como tal e obter sucesso em seus desígnios: a astúcia, a audácia, a crueldade, a hipocrisia. Deve ser o governante um misto de leão e de raposa. Preferivelmente raposa, se as circunstâncias o favorecerem; mas fazer uso da força sempre que necessária, isto é, "da crueldade bem praticada".

A *fortuna* é o conjunto de acontecimentos devidos ao acaso, às armas alheias, à sorte, à popularidade ou ao favor dos concidadãos. Entre a *virtù* e a *fortuna*, Maquiavel parece inclinar-se, em *O Príncipe*, diante da primeira, porquanto a segunda "é mulher" e os principados conquistados com sua ajuda são fáceis de obter e difíceis de conservar. Inversamente, com o auxílio de *virtù*, o príncipe encontrará muitas dificuldades para se instalar mas depois grandes facilidades em permanecer no poder.

Referindo-se à *virtù* Maquiavel cita o exemplo de Savonarola — *profeta desarmado* — pois nunca teve meios de fazer cumprir o seu programa, isto é, dar alento aos que periclitavam na fé; ou, então, obrigar a crer, pela força, aqueles que não compartilhavam de suas convicções religiosas e moralistas.

O exemplo de *virtù*, para Maquiavel, foi Cesar Borgia, Cardeal aos dezessete anos, terceiro filho do Papa Alexandre VI. Personagem legendário para sua época, conta-se que matou o cunhado e o irmão mais velho, tendo amores incestuosos com sua irmã Lucrécia. Por causa dos homicídios teria deixado o cardinalato, conseguindo em contrapartida o título de duque de Valentinois. Dotado de notável força física e de excelente aspecto fez sucesso tanto com donzelas de alta linhagem como no trato de seus rudes e amotinados soldados, que mandava prontamente eliminar. Maquiavel teve com ele poucos contatos em seus afazeres diplomáticos mas foram o suficiente para fasciná-lo; uma das causas desse fascínio foi o fato de Cesar Borgia recrutar seus guerreiros em seu próprio domínio e não por intermédio de profissionais mercenários. Se não lhe tivesse morrido o pai em 1503 e se ele próprio não falecesse, logo após, vítima das "febres romanas" (20) pouco importaria o seu desejo frustrado de conquistar toda a Toscana. Maquiavel tinha-o como símbolo perfeito do príncipe para o qual o acaso deve governar apenas a metade de suas ações (*che la fortuna sia arbitra della metà delle azione nostre*). Provavelmente a ele teria sido dedicado *O Príncipe* e, talvez, a *Fortuna* tivesse mudado alguns episódios da história da península itálica.

Não deixa de ser interessante assinalar, com Ciro Marcondes Filho (21), que a sociedade atual está longe de ser coerente, lógica e racional. "O que prima na sociedade industrial e, particularmente na capitalista ocidental, é a anarquia, a irracionalidade, a imprevisibilidade, em suma, as suas incríveis possibilidades de ruptura." Também o era a sociedade renascentista da Florença de Maquiavel. Vamos encontrar Leonardo da Vinci, "um dos gênios mais completos que já existiram" (22) recusando-se a divulgar o segredo das suas invenções com medo de que fossem utilizadas para a destruição de vidas humanas. Ao lado dele, seu contemporâneo, o Secretário Florentino exaltava a arte da guerra como a única atividade digna de ser exercida pelo governante e descrevia em suas obras, pormenorizadamente, a estatura e o valor dos combatentes, as armas e a respectiva vulnerabilidade, nos exércitos dos países vizinhos.

O fragor das batalhas da II Guerra Mundial já se fazia ouvir ao longe, em 1934, quando Enrico Fermi, Albert Einstein, Leo Szilar e muitos outros cientistas refugiaram-se nos Estados Unidos e passaram a trabalhar em pesquisas científicas. Foi nessa ocasião que o último deles concebeu a idéia de que o rompimento do átomo, se atingido por um nêutron, poderia ocasionar uma "reação em cadeia" e, por esse processo, bombas de alto teor explosivo, empregando o urânio, poderiam ser fabricadas e utilizadas militarmente. A seu pedido, em 1939, Einstein escreveu uma carta ao então Presidente Roosevelt alertando-o sobre o perigo de sua utilização pelos nazistas e consultando-o acerca de como deveriam os cientistas proceder a esse respeito (23). Por ter tomado parte ativa nas discussões acerca das conseqüências sociais dessa descoberta, o físico norte-americano Robert Oppenheimer foi demitido, já em 1954, em plena paz, da Comissão de Energia Atômica: é que o *maccarthysmo* então vigente, também o atingiria, assim como a Charlie Chaplin, Theodor Adorno e muitos outros.

Comentando o pensamento de Descartes que, em sua racionalidade permite chegar à conclusão de que "conhecer é dominar", Chatelet e Kouchner dizem que, atualmente, "a ciência passa a fazer parte *diretamente* das forças produtivas" e que ambos os blocos que disputam a hegemonia no mundo erguem um contra o outro "a bandeira de suas aparências e cobrem com uma justificação retórica os rasgões que fazem em tal bandeira" (24).

Vale a pena, pois, neste capítulo, examinar as implicações recíprocas do poder e da decisão com a Sociedade de Massa.

O Poder e a Decisão na Sociedade de Massa

A Ciência Política, assim como as preocupações dos estudiosos do processo da Comunicação Social, são assuntos relativamente novos, inseridos no grande campo das ciências humanas e que tomaram corpo e vigor no início deste século, herdeiro das últimas conseqüências, às vezes contraditórias, do Iluminismo e seus desdobramentos éticos, jurídicos, políticos, econômicos e heurísticos, de um modo geral.

O Poder e a Decisão, para nós, são dois aspectos de uma mesma noção — a de Governo — fundamentados, portanto, na Legitimidade e nos princípios gerais do Direito. Se reconhecemos, por um lado, a potencialidade estática da faculdade do emprego da força coercitiva, por parte do governante, por outro lado associamos à mesma o dinamismo das ações, manifestado na deliberação acerca do emprego adequado dos métodos e meios da ação governamental.

Com efeito, o Poder e a Decisão são os temas centrais de toda teoria política e pelo afã de pesquisá-los, de maneira racional e sistemática, distinguimos a novel disciplina de tantas outras que também se voltam para o estudo do governo e do estado: o Direito, a Economia Política, a Ciência das Finanças, a Ciência da Administração.

A sociedade é um todo em perpétua transformação e nela se movem, em ritmos diferentes, na concepção de Costa Pinto, as variáveis interdependentes que lhe compõem o todo (25), não podendo ser olvidadas as ações e os processos empregados pelos grupos, organizações e instituições distintas do Estado.

Visam todos se não ao Poder, pelo menos à hegemonia dentro do organismo social e pretendem sempre, direta ou indiretamente, influenciar a ação governamental e orientar o sentido das transformações sociais.

O estudo da Sociedade de Massa é inseparável das causas determinantes e dos fatores condicionantes da Revolução Industrial; forma ele também, com o desdobramento de suas conseqüências, especialmente as de ordem econômico-social, uma aura peculiar que envolve o fim do século XIX e o começo do século XX. A "massa" localizada na periferia dos grandes centros têxteis da Inglaterra, ao tempo da Rainha Vitória (1837-1901) começava, paulatinamente, a transformar-se em "massa-audiência" (como já ficou explicado no primeiro capítulo deste livro), uma vez que, de mera assistente passiva de acontecimentos, tomava consciência de sua própria importância e, freqüentemente, explodia em movimentos antiimperialistas como por exemplo a Revolta dos Boers na África do Sul e a Rebelião dos Cipaios na Índia.

Todavia, muito tempo antes de o Parlamento Britânico votar os primeiros *Enclosure Acts*, assistira a Europa Ocidental a um acontecimento que por sua profundidade e conseqüências haveria de juntar-se às Cruzadas, à Renascença, à invenção da Imprensa, à Reforma Religiosa e aos Grandes Descobrimentos Marítimos para abalar os espíritos e as instituições. Surgira desde meados do século XVII e teve como pontos de referência a execução de Giordeno Bruno na fogueira (1600) e o processo contra Galileu Galilei (1633) por obra da Inquisição. Tal foi o desejo incontido da intelectualidade européia de afirmar a sua liberdade de pensamento e de expressão que só assim compreenderemos o papel de Descartes com seu racionalismo, o de Newton, com a proclamação do mecanismo universal e o de John Locke, com o seu sensitivismo-racionalismo, para fundamentar a aquisição do conhecimento.

Mas estes mesmos pensadores foram apenas as sementes de uma árvore frondosa que iria frutificar em todo o século seguinte: Espinosa, Helvetius, Holbach, Voltaire, Diderot, D'Alembert, Lessing e Mendelssohn, entre tantos outros.

Historicamente o *Iluminismo* pretendia dar à razão a primazia sobre a autoridade; explicar o universo por meio de um sistema rígido de leis oferecidas à argúcia dos pesquisadores; dotar a sociedade de regimes mais humanos e, finalmente, considerar a liberdade de expressão e de culto como fundamental à vida e ao desenvolvimento do indivíduo. Numa palavra: libertar o homem, pelo esclarecimento, da opressão que, sob diversas formas, se manifestava à sua volta.

A ânsia de descobrir aquelas leis universais e lograr o domínio na natureza; o convite à reflexão e ao estudo; a necessidade da solução de problemas práticos diversos, entre os quais como atenuar os efeitos da desarticulação do sistema manufatureiro domiciliar pelo êxodo rural dirigido às grandes cidades da Inglaterra; tudo, enfim, contribuía para o estímulo ao gênio inventivo e para o aperfeiçoamento de técnicas nos domínios da agricultura, indústria e comunicações.

Mas se o *Iluminismo,* conhecido na Alemanha como *Aufklärung,* deu origem ao liberalismo econômico de Adam Smith e ao liberalismo político (*laissez faire, laissez passer*), em contrapartida, na evolução dos fatos recentes (Marx e Engels observavam as condições do proletariado na primeira metade do século XIX na Inglaterra e, nessa época, lançaram o "Manifesto Comunista") iria redundar na própria negação do liberalismo político poucos anos depois de sua institucionalização pela Revolução Francesa de 1789 e na negação do liberalismo econômico (*Crítica à Economia Política*, de Karl Marx) contestando a validade dos princípios de Liberdade, Igualdade e Fraternidade. Circunstâncias especiais derrubaram o regime tzarista e instituíram o bolchevismo nos primeiros anos do século XX. Por sua vez, negando ainda a orientação liberal mas colocando-se em posição diametralmente oposta, tomavam o Poder, na Itália e na Alemanha, após a hecatombe de 1914-1918, respectivamente, o fascismo e o nazismo.

O século XX iria trazer depois disso muitas surpresas. A colonização "horizontal", isto é, a dominação e conquista de novos mercados pela força das armas, transformava-se gradualmente em colonização "vertical", isto é, a dominação dos espíritos de que nos fala Morin (26). Toda uma nova ideologia, transcendente dos regimes dos países filiados aos dois grandes blocos formados em Ialta e em

Potsdam depois da II Guerra Mundial, do Oriente e do Ocidente, chefiados respectivamente pela URSS e pelos Estados Unidos, começava a afirmar-se com ênfase crescente: a ideologia decorrente dos imperativos do desenvolvimento científico-técnico-industrial de que se ocupam Chatelet e Pisiter-Kouchner (27).

Ao poder político aliam-se muitas vezes, na atualidade, o poderio econômico, financeiro e militar a fim de tirarem partido em maior ou menor escala, da difusão da mensagem cultural; da divulgação de fatos, acontecimentos e situações nos quais o interesse do receptor de massa nem sempre tem a prioridade.

Esse desdobramento do Iluminismo em sua fase antiliberal constitui, por assim dizer, a *antidesmistificação* ("anti-*Aufklärung*") analisada por Adorno (28) e aí reside, precisamente, a "*dialética do Iluminismo*", na medida em que concorre para a difusão da mercadoria-mensagem somente enquanto representa a garantia do retorno do investimento. Nos países socialistas, onde os meios de comunicação de massa são propriedade do Estado e estão permanentemente a serviço da sua ideologia oficial, abstraída a idéia de lucro, o interesse maior concentra-se na formação das massas e o retorno será apreciado no grau, tempo e lugar em que as pesquisas estatais o demonstrarem, bem como, provavelmente, a eficiência do controle social estatal.

Raymond Aron e Herbert Marcuse, este último da mesma escola de Frankfurt (como Adorno), parecem "inclinar-se para a tese de uma semelhança progressiva entre sociedade soviética e sociedade industrial" (29).

Já nos países capitalistas, onde vigora a iniciativa privada que se encarrega de organizar, dirigir e explorar os serviços da comunicação massiva, tal retorno será medido, obviamente, em termos de gratificação ao capital aplicado. Aqui, conforme a descrição de Adorno, será a obra de melhor vendagem (*best-seller*), mas nem sempre a que atenda às necessidades mais elevadas do consumidor, a que será lançada no mercado. Sua mediocridade, aliada à falta de crítica, concorreria para tornar o seu destinatário cada vez mais massificado e cada vez mais adepto do conformismo.

No estudo da Sociedade de Massa da atualidade, no que concerne ao poder e à decisão, com vistas à Comunicação, cabe lugar, também, uma referência embora breve aos sistemas norteadores da ação diplomática e da política internacional.

Depois da I Guerra Mundial (1914-1918) passou-se a imaginar alguma coisa que pudesse substituir o *sistema de equilíbrio do poder* vigente até então, através de um compromisso de todas as potências em torno à idéia de não mais permitir uma opressão armada contra qualquer delas, mesmo as de menor expressão. Surgiu então a Sociedade das Nações que centralizaria a ação de todos os Estados membros, numa coalizão única, a fim de desencorajar qualquer desafio. Acontece, porém, que tal proposição por muito elevado que fosse o seu ideal jamais funcionou plenamente. Os Estados Unidos, cujo presidente Woodrow Wilson propugnara pelo estabelecimento desse organismo internacional, jamais tornou-se participante do mesmo; por outro lado, a Sociedade das Nações foi desafiada várias vezes em épocas mais recentes pelas potências do Eixo Roma-Berlim e não teve como impor às infratoras a devida sanção, a não ser, parcial e inocuamente, medidas pouco eficazes no terreno econômico.

A Organização das Nações Unidas criada após a Conferência de São Francisco, em 1945, congregando os países vencedores da II Guerra Mundial, propôs-se a dar continuidade aos esforços da Sociedade das Nações. A Carta das Nações Unidas exige que seus membros auxiliem o estado atacado, contra o agressor, e isto foi posto a prova já em 1951 por ocasião das hostilidades contra a Coréia do Sul. Segundo Rodee, Anderson e Christol (30) 55 estados prontamente impuseram embargos ao país agressor (Coréia do Norte) e 26 ofereceram tropas e equipamentos. O movimento de adesão fortaleceu o *princípio de segurança coletiva*, afastando o princípio de neutralidade e isto, de acordo com Han Kelsen, um dos maiores especialistas em Direito Internacional Geral, representa um progresso significativo uma vez que uma norma deste foi invalidada ao derrubar-se a imparcialidade obrigatória dos estados neutros.

Análise diversa da atuação internacional atual, feita por outros teóricos como Morton A. Kaplan, inclina-se a examinar mais pragmática e realisticamente as relações de poder no plano internacional e conclui pela existência, nos dias de hoje, de um *sistema bipolar flexível* tomando como base a atuação das duas superpotências e de seus respectivos blocos em torno da OTAN (Organização do Tratado do Atlântico Norte) ou do Pacto de Varsóvia.

Muito embora se registre uma permanente preparação para a guerra e uma capacidade de destruição cada vez mais acentuada dos armamentos existentes nos arsenais dos estados líderes de cada bloco, é pouco provável que ocorra entre eles um confronto direto. Isto porque, no chamado "equilíbrio do terror" o ataque de um significaria, de imediato, a resposta retaliadora do adversário; nessas condições, assiste-se tão-somente a hostilidades periféricas onde tomam parte, em guerras parciais, os países dependentes. Tal sistema tende à *multipolaridade* na medida em que grandes potências, como a China, são propensas a uma política mais descompromissada com laços ideológicos, o mesmo acontecendo com outros satélites, como a Iugoslávia. Por sua vez o dinamismo econômico do Japão e o Mercado Comum Europeu atuam como forças capazes de criar outros interesses e condições de arrefecimento da incompatibilidade total.

As ideologias em conflito e os anseios do Terceiro Mundo

Os dois grandes blocos já referidos por nós anteriormente e a cuja responsabilidade maior se deve o não desvanecimento total da fase do "equilíbrio do terror" são facilmente reconhecidos em seu antagonismo até mesmo pelo observador menos esclarecido de nossos dias. Poderíamos dizer que se trata de ideologias em conflito. Todavia, uma explicação prévia é recomendada pela prudência: é que esse termo — *ideologia* — é um dos mais ambíguos e, não obstante, um dos mais empregados por cientistas sociais, por pseudocientistas e até por leigos o que concorre para dificultar até hoje o estabelecimento da respectiva teoria (31). Essa dificuldade foi também assinalada, entre outros autores, por Gabriel Cohn (32) ao procurar estabelecer as bases de sua sociologia da Comunicação, salientando que quando se trata de conceitos "a sua própria superabundância já é suficiente para despertar suspeitas acerca de sua validade científica".

O termo "ideologia" aparece em De Tracy em sua obra *Elements d'Ideologie*, publicada entre 1801 e 1805; sabe-se, porém, que já em 1796 o mesmo já fizera menção ao conceito em sua "Memória" apresentada ao Instituto Nacional de Paris (33). O inspirador de Tracy, por sua vez, conforme este próprio o confessa, teria sido o filósofo Etienne Bonnot de Condillac que teria usado o termo para significar a "ciência das idéias", isto é, a indagação de como aparecem as idéias abstratas a partir dos dados da experiência sensível. O que é importante assinalar é que, a essa época, todo um ambiente intelectual já estava preparado e condicionado pela filosofia do Iluminismo a fim de tentar explicar o mundo através da Razão e da Natureza e, em conseqüência, o comportamento do homem em sociedade. Dessa premissa à pretensão de organizar todo um sistema de pensamento político foi apenas um passo, bem como o afã de "desmascarar" os privilégios da nobreza e do clero no "antigo regime".

"Os homens jamais serão livres enquanto o último rei não for enforcado nas tripas do último padre" — "Esmaguemos a Infame" — essas frases atribuídas a Diderot e a Voltaire, bem demonstram o estado de ânimo que antecedia a Revolução Francesa. Mas a palavra "ideologia" só entrou para o vocabulário político em 1803 quando da querela entre os filósofos (*idéologues*) do Instituto Nacional de França e Napoleão Bonaparte que neles via opositores ao seu estilo de governo.

Aquele matiz conotativo ("Mascarar"/"desmascarar") bastante difundido hoje, vamos encontrá-lo entre as numerosas significações de "ideologia" no pensamento marxista (34). Em sua obra *O Ópio dos Intelectuais*, escrita em 1955 e reeditada em 1968, Raymond Aron refere-se ao dogma marxista-leninista que, a essa época seduzia a intelectualidade; nela evoca a figura de estilo utilizada por Marx o qual aludia à religião como "o ópio do povo" (35). Na concepção marxista tanto a religião como valores e crenças fariam parte da "superestrutura ideológica" ou, simplesmente, "ideologia", que teria por finalidade justificar as pretensões e os privilégios da classe dominante. A denúncia dos excessos do stalinismo feita pelo autor, nesse livro, tornava adequada essa expressão pejorativa: o marxismo também era uma "ideologia", na medida em que constituía um disfarce da realidade. Outros eventos, posteriormente, confirmariam o apodo e foram devidos aos próprios dirigentes soviéticos: o repúdio ao culto da personalidade que tomara lugar da ditadura do proletariado; o apelo à coexistência pacífica com o capitalismo, quando a fé marxista dizia indiscutível a derrocada deste; a intervenção militar soviética em países vizinhos, ao invés de permitir a sua autodeterminação. O mesmo Aron sugere, como conclusão da obra, o possível esgotamento dos *sistemas ideológicos* e o possível afastamento da política da ideologia para se aproximar do pragmatismo (36). O fanatismo e o milenarismo, contudo, observa ele, não desaparecerão; apresentarão fases de maior ou menor intensidade, comparáveis à *sístole* e à *diástole*, ao decorrer dos acontecimentos históricos.

Com relação ao pragmatismo, já aludimos, anteriormente, à Sociedade Industrial e vimos que é um tipo de sociedade moderna, com características próprias, e que se manifesta tanto a leste como a oeste, embora sob justificativas diferentes, em estados de modelos diferentes, "cujas insuficiências (comprovadas) são atribuídas à conjuntura, aos erros do passado, à existência de dois campos, à insuficiência provisória da aparelhagem técnico-científica, às fraquezas da tecnoestrutura, à falta de formação dos governantes ou, ainda, a outras tantas razões que os dirigentes não têm a menor dificuldade em inventar" (37). Manifestando-se recentemente acerca da ideologia, o historiador Alain Besançon declarou que "a resposta à ideologia não é uma antiideologia e que "a receita milagrosa para a cura da doença ideológica tem dois produtos básicos: a informação honesta e a constatação do que existe de imaturo e infantil no jogo ideológico" (38). O autor referia-se à linguagem típica da ideologia marxista-leninista utilizada pelos dirigentes soviéticos da atualidade para manter as aparências de coerência doutrinária e a necessidade de propaganda — nem sempre bem-sucedida, por seu desgaste, onde se desenvolve uma sociedade civil consciente.

Poderíamos citar, como exemplos de nossos dias, a "Primavera de Praga" ou o fechamento do sindicato "Solidariedade", para demonstrar que os profetas da "sociedade sem classes" conhecem Maquiavel e não pretendem ser "profetas desarmados".

"*As sociedades ocidentais* não têm o equivalente ao marxismo-leninismo, seja como base para um regime, seja como fundamento de uma síntese, ou pseudo-síntese intelectual" (39). Contudo, se o termo "ocidentais" não foi empregado apenas como equivalente ao capitalismo e pudermos pôr em destaque o "oriental" que se lhe opõe, devemos lembrar que, sob certos aspectos, o regime tecnocrático muçulmano, vigente no atual Irã, também tem todas as características de uma ideocracia, na medida em que a sua intolerância e o seu fanatismo impõem a todos os seus cidadãos a observância não apenas de um conjunto de leis civis mas todo um sistema de preceitos religiosos, uma certa maneira de ver o mundo e de como ocnquistá-lo para a fé nacional, como já se propusera o Islamismo no auge de sua expansão, entre os séculos VII e IX da nossa era. Maomé, como sabemos, foi um dos poucos líderes religiosos que ao lado do apostolado místico exerceu também a liderança militar. O movimento pan-árabe é conhecido em nossos dias; de tempos em tempos eclode com uma feição nova e com um novo programa de ação. Dentre as diversas correntes de pensamento a que estão filiadas as suas inteligências mais lúcidas há uma que se propõe a reformular o próprio conceito de "desenvolvimento" que seria de inspiração não propriamente capitalista mas "ocidental" e acobertadora de um velado imperialismo judaico-cristão, incompatível, portanto, com os valores de sua cultura. A sociedade "em desenvolvimento", segundo elas, deve selecionar conscientemente o que lhe chega do exterior e tentar, com ampla liberdade, a criação de um modelo inteiramente original (40). Estas considerações nos levam a refletir que, no exame do problema do conflito de ideologias no mundo contemporâneo, é necessário atentar não só à confrontação leste-oeste mas também e, principalmente, ao que decorre das relações norte-sul ou seja, entre as sociedades industriais dos dois grandes blocos e os países que lhes são dependentes.

Quando se fala em Terceiro Mundo, evoca-se de um modo geral um todo completo, acabado e coerente. Contudo, nada mais diversificado, quanto às áreas geográficas em que se situa, quanto aos regimes políticos e quanto aos problemas peculiares a cada país que ele congrega. Associa-se, muitas vezes, o Terceiro Mundo ao "subdesenvolvimento" e já houve especialistas que se abalançaram a encontrar características comuns aos "subdesenvolvidos". Yves Lacoste (41) aponta quatorze delas, indo das "insuficiências alimentares" à "tomada de conhecimento da miséria".

Tais características poderiam ser confrontadas, item a item, com os correspondentes dos chamados países "desenvolvidos", mas o próprio autor reconhece que é um método insuficiente, através do qual apenas se evidenciariam as maiores *contradições*: arranha-céus convivendo com mocambos e o ensaio de custosas técnicas de telecomunicações diante de imensas multidões de analfabetos. Salienta alguns traços típicos do Terceiro Mundo e, de modo especial, a explosão demográfica observada neste fenômeno que o torna, em termos de população, atualmente um contingente humano equivalente a 3/4 da Humanidade. A superpopulação, por sua vez, engendra outros tantos problemas, mais ou menos graves, de acordo com as condições particulares de cada país, tais como o desemprego, a fome, a subalimentação crônica, o analfabetismo, as condições higiênicas na periferia dos grandes centros urbanos, cada vez mais hipertrofiados em função da crescente evasão do campo. Outra característica (arbitrária) dos países subdesenvolvidos seria o índice do PNB *per capita* equivalente a $ 1,000 (dados de 1974), ainda não atingido por estes. Contudo, o próprio autor reconhece que vários deles, considerados "ricos", já ultrapassaram esse limite (países produtores de petróleo) enquanto que outros chegam a descer à marca dos $ 500 e, às vezes, menos que isso. É no Terceiro Mundo, também, onde se encontram os países de maior dívida externa, como o Brasil, México e Argentina, cujo débito global, em 1983, ascende a mais de 300 bilhões de dólares.

Deixamos claro, no início deste capítulo, que necessária se torna uma nova ordem jurídica, econômica, política e de informação: são outros tantos aspectos em que se desdobra uma sonhada nova ordem institucional, de modo a possibilitar uma convivência ecumênica mais justa e mais humana.

Partindo das resoluções da Sexta Sessão Especial da Assembléia Geral da ONU e da "Carta de Direitos e Deveres Econômicos dos Estados", o Clube de Roma reuniu-se em Salzburgo em fevereiro de 1974 e aí delineou o projeto "Reformulação da Ordem Internacional" sendo encarregado de coordená-lo o Prof. Jan Tinbergen, prêmio Nobel de Economia. Os estudos levantaram doze áreas-problemas (42):

1. Corrida armamentista;
2. População;
3. Alimentos;
4. Urbanização;
5. O meio ambiente (ecologia);
6. Os sistemas monetário e de comércio internacional;
7. Recursos naturais e energia;
8. Ciência e Tecnologia; empresas transnacionais;
9. Os oceanos;
10. O espaço exterior;
11. Instituições internacionais;
12. Interdependências planetárias.

Os países que compõem o Terceiro Mundo são todos dependentes, de uma forma ou de outra, das "grandes potências" que lideram o "mundo desenvolvido". Almejam não só a independência política mas, também, a independência econômica; buscam a satisfação de outros objetivos indispensáveis ao seu crescimento como o direito à informação e o direito a opinar, com eficácia, nas assembléias internacionais. O projeto do Clube de Roma salienta que "poucos dos prementes problemas têm soluções puramente nacionais" impondo-se, portanto, a necessidade urgente do reexame das interdependências norte-sul. Se é bem verdade que a dependência não pode ser dissociada da independência soberana, não é menos certo que "a excessiva insistência numa soberania nacional que existe em teoria, mas muito pouco na prática, leva as sementes de confrontação, do antagonismo e, por fim, da guerra" (43).

No mesmo sentido, diz Lafer (44) que "o processo de integração leva à diminuição do campo que anteriormente se incluía na esfera de jurisdição doméstica exclusiva do Estado, e se explica historicamente pela impossibilidade do Estado, no século XX, com as revoluções científicas e tecnológicas, de atender às suas necessidades numa base exclusivamente individual e territorial". Não é fácil mas também não é impossível encontrar-se a solução para os países do Terceiro Mundo, mesmo porque todos eles se defrontam com uma diversificação enorme de problemas, ainda que situados, hipoteticamente, dentro da mesma área. Em contrapartida, os países desenvolvidos que experimentaram recentemente os efeitos de uma crise econômica gerada, entre outras causas, pelo controle da oferta de petróleo por parte dos países da OPEP, não podem pensar em restabelecer a antiga ordem econômica que exclusivamente os favoreça sem o risco de provocar um colapso mundial. O ex-primeiro-ministro da Alemanha Ocidental, Willy Brandt, que em 1977 tomou parte na chamada Comissão Norte-Sul estudando esses problemas, declarou que, "no seu próprio interesse as nações industrializadas precisam ajudar as outras regiões" não tanto por motivos humanísticos mas para garantir a própria sobrevivência, de vez que as questões energéticas, ecológicas, demográficas e financeiras se interpenetram a nível mundial e as nações privilegiadas de hoje poderão correr o risco de ver paralisada a sua capacidade de produção (45). A Nova Ordem Internacional, portanto, tem aspectos jurídicos, econômicos e políticos, na medida em que a discussão dos interesses Norte-Sul envolve e envolverá sempre decisões e entendimentos a nível de governo, em clima democrático, inspirados em princípios éticos lembrados já na década de 50 por Lebret (46).

Dentro da Nova Ordem Internacional não podemos olvidar a relevância da Nova Ordem Internacional da Informação, cujos aspectos mais prementes tomaram corpo a partir dos anos sessenta, quando concluiu-se a última etapa da descolonização política na África e na Ásia e que coincidentemente, foi a época do lançamento dos primeiros satélites, da descida do homem na Lua, do extraordinário progresso técnico em matéria de computação eletrônica e suas múltiplas aplicações nas telecomunicações.

Colocou-se em jogo não apenas a reivindicação dos países em desenvolvimento do livre acesso à comunicação com o resto do mundo, sem os entraves dos sistemas transnacionais mas, também, num sentido mais amplo, à possibilidade de livre expressão nos foros de debates internacionais. A XX Conferência Geral da UNESCO realizada em Paris, em 1978, aprovou a Declaração de Princípios Fundamentais sobre os Meios Massivos e a resolução referente à Nova Ordem Internacional de Informação (NOII), estabelecendo com esta, o ponto de partida para debates e sugestões de interesse do Terceiro Mundo.

NOTAS BIBLIOGRÁFICAS

1. Morin, Edgard. *Cultura de Massa no Século XX*. Rio, Forense, 1975.
2. Greenberg, Clement. "Vanguarda e Kitsch". *In* Rosenberg e White, *Cultura de Massa*. São Paulo, Cultrix, 1973.
3. Abbagnano, Nicola. *Dicionário de Filosofia*. São Paulo, Mestre Jou, 1960. "Estética".
4. Greenberg, Clement. *Op. cit.*
5. Cohn, Gabriel. *Sociologia da Comunicação*. São Paulo, Pioneira, 1973.
6. Lazarsfeld, Paul e Merton, Robert. "Comunicação Social, Gosto Popular e Ação Social Organizada". *In* Rosenberg e White. *Op. cit.*
7. Seldes, Gilbert. "O Povo e as Artes". *In* Rosenberg e White. *Op. cit.*
8. Croce, Benedetto. *Estética*. B. Aires, Nueva Visión, 1973.
9. Kelly, Celso. *Arte e Comunicação*. Rio, Agir/MEC, 1972.
10. Greenberg, Clement. *Op cit.*
11. Greenberg, Clement. *Op. cit.*
12. Jallifier, R. e Vast, T. *Cours Complete d'Histoire*. Paris, Garnier, 1905.
13. Gettell, Raymond G. *História das Idéias Políticas*. Rio, Alba Editora, 1941.
14. Em Português: *Dos Principados*.
15. Chevalier, Jean-Jacques. *As Grandes Obras Políticas*. Rio, Agir. 1980. Citando Gautier Vignal: em 1477, Maquiavel, que contava nove anos, pode ver "os corpos do Arcebispo de Pisa, e de Francisco Pazzi, suspensos às janelas do palácio da Senhoria, enquanto o Arno arrebatava o cadáver de Jacó Pazzi, antes arrastado pelas crianças, o extremo de uma corda, pelas ruas da cidade".
16. Mosca, G. e Bothoul, G. *História das Doutrinas Políticas*. Rio, Zahar, 1962. "Em 1512 o Cardeal Giovanni de Médicis, que alguns anos mais

tarde deveria tornar-se o Papa Leão X, obteve da Espanha forte contingente de soldados espanhóis destinados a permitir aos Médici reconquistarem o Domínio Senhorial de Florença. A milícia florentina reunida às pressas, mas privada de bons oficiais e pouco treinada, não pôde sustentar em Prato o choque da velha infantaria espanhola. O governo de Soderini caiu e os Médici retomaram o poder."

17. Mosca, G. e Bothoul, G. *Op. cit.*

18. Cap. XXVI. *Exhortatio and capessendam Italian in libertatemque a barbaris vindicandam.* (Exortação para que a Itália possa ser reclamada e libertada dos bárbaros.)

19. "... la cognizione delle azioni delli uomini grandi imparata da me con una lunga esperienzia delle cose moderne e uma continua lezione delle antique." (Flora, Francesco. *Tutte le Opere di Nicolò Machiavelli.* Milano, Mondadori Ed., 1949, 1.º vol.).

20. Chevalier, Jean-Jacques. *Op. cit.*

21. Marcondes Filho, Ciro. "Imperialismo Cultural, o Grande Vilão na Destruição de 'nossa' Cultura". *In Comunicação e Sociedade.* Junho, 1983, n.º 9.

22. Burns, Edward McNall. *História da Civilização Ocidental.* Porto Alegre, Globo, 1977, 1.º vol.

23. Bronowski, J. *A Escalada do Homem.* Brasília, Martins Fontes, UnB, 1983.

24. Chatelet, François e Pisier-Kouchner, Évelyne. *As Concepções Políticas do Século XX.* Rio, Zahar, 1983.

25. Costa Pinto. *Sociologia e Desenvolvimento.* Rio, Civilização Brasileira, 1975.

26. Morin, Edgard. *Op. cit.*

27. Chatelet, François e Pisier-Kouchner, Évelyne. *Op. cit.*

28. Adorno, Theodor W. "A Indústria Cultural". *In* Cohn, Gabriel. *Comunicação e Indústria Cultural.* São Paulo, Cia. Editora Nacional, 1975.

29. Chatelet, François e Pisier-Kouchner, Évelyne. *Ibidem.*

30. Rodee, Anderson, Christol. *Introdução à Ciência Política.* Rio, Agir, 1977, 2.º vol.

31. Cardoso, Onésio de Oliveira. "Diferentes Conceitos e Concepções de Ideologias". *In* Neotti, Clarêncio. *Comunicação e Ideologia.* São Paulo, Ed. Loyola, 1980.

32. Cohn, Gabriel. *Sociologia da Comunicação.* São Paulo, Pioneira, 1973.

33. Bezerra de Menezes, Eduardo Diathay. "Que é Afinal Ideologia?" *In Comunicação & Política.* Rio, Paz e Terra, Vol. 1, n.º 1, 1983.

34. Arantes, Paulo Eduardo. *Hegel — Vida e Obra.* São Paulo, Ed. Abril Cultural, 1980. Feuerbach, a partir do qual Marx e Engels desenvolveram a dialética materialista e o materialismo histórico, estava preocupado em "desmascarar" a teologia de Hegel e substituí-la por uma antropologia.

35. Aron, Raymond. *O Ópio dos Intelectuais.* Brasília, Ed. UnB, 1980.

36. Aron, Raymond. *Op. cit.*

37. Chatelet, F. e Pisier-Kouchner, E. *As Concepções Políticas do Século XX.* Rio, Zahar, 1983.

38. Besançon, Alain. "A Ideologia acredita rigorosamente no que sabe". (Entrevista a Luiz Carlos Lisboa). *In Cultura*, Suplemento de "O Estado de S. Paulo". 6/IX/81.
39. Aron, Raymond. *Op. cit.*
40. Inayatullah. "Em direção a um modelo não-ocidental de desenvolvimento". *In* Lerner, Daniel e Schramm, Wilbur. *Comunicação e Mudança nos Países em Desenvolvimento*. São Paulo, Cia. Melhoramentos, 1973.
41. Lacoste, Yves. *Os Países Subdesenvolvidos*. São Paulo, DIFEL, 1983. (Baseado na 6.ª edição francesa.)
42. Tinbergen, Jan. *Para uma Nova Ordem Internacional*. 3.º informe ao Clube de Roma. Rio, Agir, 1978.
43. Tinbergen, Jan. *Op. cit.*
44. Lafer, Celso. *Paradoxos e Possibilidades*. Rio, Nova Fronteira, 1982.
45. *Veja* (6 de agosto de 1980). Entrevista por Carlos Struwe.
46. Lebret, L. J. *Suicídio ou Sobrevivência do Ocidente?* São Paulo, Livraria Duas Cidades, 1958.

5.
A MENSAGEM E O MEIO NA COMUNICAÇÃO DE MASSA

Entre os inumeráveis produtos industrializados postos à disposição da sociedade contemporânea, em sua constante demanda de bens de consumo maciçamente fabricados e oferecidos no mercado, figura a *mensagem cultural*, que é o objeto da Comunicação de Massa. Isto significa que grupos organizados da comunidade (Estado, empresa privada, instituições sociais), como comunicadores, empregam capitais, pessoal e técnicas específicas na elaboração e difusão coletiva de um produto que resulta do *ordenamento de formas de saber e padrões de conduta em uma estrutura sintática* (linguagem), *ao alcance da capacidade e da habilidade receptiva da massa consumidora* (audiência).

O mercado da mensagem cultural é, sem dúvida, um dos mais amplos, procurados e rendosos da nossa civilização industrial, bastando, para avaliá-lo, que nos fixemos na aquisição diária de milhões de exemplares de jornais e livros que os editores lançam na praça ou na recepção em milhões de lares das emissões de rádio e televisão, oferecendo uma espantosa variedade de informações e programas. É que a mensagem cultural se propõe a atender às necessidades básicas da cultura do receptor, relativas ao conhecimento e uso dos bens que a inteligência criadora, a ação construtiva do homem e a dinâmica da vida social lhe podem proporcionar.

Ainda que idêntica quanto aos processos de industrialização e comercialização, a mensagem difere de qualquer outro dos bens de consumo oferecidos no mercado. Conforme observa Burgelin (1), "a originalidade das mensagens está em que não têm, aparentemente, outras funções senão a de significar alguma coisa". E explica: "Todos os artigos que podemos encontrar no mercado têm aos nossos olhos uma significação. Nós os consideramos bons ou maus, elegantes ou vulgares, excêntricos ou banais, na moda ou fora dela, belos ou feios. Sendo todos portadores de significação, podem ser considerados como mensagens. Contudo, à primeira vista, é muito fácil distinguir as mensagens que não são senão mensagens de outros objetos de consumo. Enquanto as primeiras não têm outra função além de significar alguma coisa, os segundos têm uma *utilidade*; ou mais exatamente, uma utilidade que não depende de sua significação. Uma capa nos protegerá do frio, o que nenhum discurso poderá fazê-lo se não é seguido de uma ação". Assim, enquanto tais produtos são adquiridos por sua utilidade, independentes do significado, a mensagem, ao contrário, pela sua natureza, intangível, imaterial, espiritual mesmo, como o quer Maletzke (2), o é unicamente pelo seu valor significativo.

A mensagem e suas implicações

A significação, que constitui a essência da mensagem, responde, como o alimento à sobrevivência física, às exigências do espírito humano, que anseia pelo estabelecimento de relações e pelo intercâmbio de experiências com o outro — finalidade da comunicação.

Antonio Pasquali, professor da Universidade Central da Venezuela (3) cuja definição de mensagem destinada à massa comentamos, salienta o seu aspecto de estrutura sintática especial. Todavia, qualquer que seja a "estrutura sintática" que examinemos, nela intuímos a existência de uma linguagem e toda linguagem serve para intercambiar não apenas conhecimentos e experiências mas também emoções e sentimentos. Talvez fosse oportuno acrescentar ao pensamento daquele renomado especialista a idéia de que o citado *ordenamento* envolve formas de *sentir* (campo do julgamento ou da estética), de *pensar* (campo do saber e do conhecimento) e de *agir* (campo dos padrões de comportamento ou conduta, abrangendo também o do fazer, o do realizar). Se a mercadoria-mensagem industrializada é endereçada à massa, é evidente que deve despertar-lhe o interesse, caso contrário estará fadada a um inevitável malogro. E a evidência desta condição está na fase de elaboração ou reelaboração do produto desse ramo particular da indústria que, como todos os outros, está sujeito às leis do *marketing*: as tendências, os gostos e as preferências do público consumidor são sempre avaliadas e cuidadosamente interpretadas por meio de técnicas especiais de sondagem da opinião pública. A matéria-prima da mensagem quase nunca se encontra direta e pessoalmente à disposição do consumidor, pois, em suas implicações temporais, pode achar-se no passado mais remoto, no futuro mais distante ou no presente desapercebido e inatingível. A busca e a transformação dessa matéria-prima (idéia, fato ou situação) em mensagem de difusão coletiva constituem a razão de ser da comunicação de massa e de seus agentes — autores, editores, jornalistas, publicitários, distribuidores, *showmen*, pesquisadores, técnicos.

Atento às fontes estáticas e/ou dinâmicas em que se recolhe a matéria-prima da mensagem (v. cap. 3), o comunicador de massa

(C_2) a submete ao tratamento intelectual (captação, codificação, arte final) que lhe dá a forma inteligível e vendável ao consumidor (Rn), tendo, para isso, de considerar o grau de cultura da comunidade em relação às implicações temporais e modais, que afetam repertórios e conteúdos do produto, como veremos.

I — *Temporalidade da mensagem*

Sob o enfoque temporal, a essência da mensagem compreende os seguintes padrões: transitório, permanente e prospectivo.

Transitório — É o repertório de mensagens sobre acontecimentos e situações da atualidade. A esse repertório deve-se o maior volume de mensagens dirigidas à coletividade no nosso tempo, sob formas jornalísticas e publicitárias, científicas e educacionais, artísticas e diversionais, produzidas através de todos os meios de comunicação, a partir do livro.

Etienne Gilson, em ensaio sobre a literatura de massa (4), analisa a posição do romance no universo editorial contemporâneo. Em 1964, quando divulgou o aludido estudo, considerava-o o gênero dominante; agora, em nota, ajunta que "a saturação do mercado em romances que se imitam uns aos outros está, talvez, prestes a modificar a situação". E citando um artigo publicado em *Time* e uma informação divulgada por *Le Monde*, registra, a pesar seu, que "é a informação e não o romance que ocupa hoje o centro da edição" e que, na Feira do Livro de Frankfurt, em 1966, com a participação de 2.600 editores, os três livros mais disputados foram *Morte de um Presidente*, de W. Manchester; *Minhas Entrevistas com o Papa*, de Jean Guiton, e *A Operação Manhattan*, de Stéphane Groueff, sobre a fabricação da primeira bomba atômica.

No que se refere à imprensa periódica, é evidente que a imensa maioria das suas mensagens são atuais e à base da realidade, uma vez que jornais e revistas constituem os principais veículos do jornalismo. Desejando-se separar do conjunto o que consideramos aqui *permanente* (repertório de idéias, de criações artísticas, de situações reais ou fictícias, porém definidas, estabilizadas e irreversíveis como o próprio tempo) e *prospectivo* (repertório referente ao passado hipotético e/ou ao vir-a-ser), encontraríamos exemplos expressivos nos resultados das análises morfológicas e de conteúdo realizadas por Kaiser (5) e Marques de Melo (6) em diários de dois grandes centros urbanos, Paris e São Paulo.

Em seu estudo, Kaiser separa o espaço destinado à publicidade — que, para nós, se insere na categoria transitória — da "superfície redacional" propriamente dita, situando-o entre 50% para *Le Figaro*,

France-Soir e *Paris Presse* e uns 60% para *Liberation.* Eis o resumo de sua análise de conteúdo, segundo os gêneros, do texto redacional e ilustrações:

"1. *Informações.* Consistem na exposição de fatos. Sua percentagem em relação ao número total de unidades redacionais é de 77% para *Le Figaro* ou 81% para *Le Monde.*

2. *Artigos.* Exprimem idéias, comentam informações sobre matérias as mais diversas (desde filosofia a bagatelas). Incluem editoriais, artigos de fundo, tribunas livres e comentários.

3. *Combinado informação-artigo.* Cada vez mais utilizado. Pode ir mesclando ou seguindo o comentário à informação.

4. *Extratos* de imprensa ou rádio.

5. *Folhetins, contos, novelas, historietas gráficas.* Os primeiros decaíram; estas últimas obtêm grande êxito. Contudo, muitos jornais não as incluem: *Combat, Le Figaro, Paris-Presse* e 17 diários provinciais. Ocupam notável percentagem: de 4,75% a 13,5 por cento (*France-Soir* e *Paris Jour*)."

Já o pesquisador brasileiro computou a superfície impressa de dez diários de informação geral, editados em São Paulo, decompondo-os segundo três categorias: a) *Notícias* (informações atuais a respeito dos mais diversos setores do conhecimento humano, sob a forma de reportagem, entrevista, editoriais, crônicas, artigos, comentários etc.); b) *Propaganda* (informações persuasivas que se destinam a influenciar os indivíduos para a adoção de atitudes, seja para aceitarem uma idéia ou adquirirem um produto) e c) *Entretenimento* (motivações com a finalidade principal de divertir, ajudar o leitor a passar o tempo, como histórias em quadrinhos, palavras cruzadas, curiosidades. Encontrou que "dois terços, ou melhor, 66% do espaço total, são ocupados por *notícias.* A *propaganda* dispõe de 30% e os *entretenimentos* figuram em posição muito reduzida (4%)".

Os dados constatados nas investigações citadas comprovam a maior incidência do fato social atual, objetivo, ainda quente na consciência coletiva, seja retratado ou caricatural, isto é, do *transitório* nas mensagens culturais impressas. Em ambos os estudos, o *permanente e o prospectivo* ou estão diluídos no transitório, pela atualização, ou se apresentam em percentagem mínima.

No que tange ao rádio, até a década de 30, o que a produção tinha em mira era a diversão: música, canto, teatro cego, humor, miscelânea de conhecimentos. As notícias eram quase incidentais. Em uma palavra, dominava o *permanente.* Mas, já em 1933, "a competição entre a imprensa e o rádio se tinha tornado uma guerra total ... A importância do rádio como meio noticioso foi acentuada em 1936 com uma das mais espetaculares notícias radiofônicas da história: o anúncio do rei Eduardo de que estava renunciando ao trono britânico "pela mulher que eu amo". As notícias pelo rádio alcançaram o ponto máximo a partir de 1938. Os americanos ouviam, tensamente, a cobertura pormenorizada, feita no local, da crise de Munique (*transitório*). As nuvens da guerra se juntavam sobre a Europa: milhões eram tornados imediatamente cônscios pelos repórteres do presente perturbado (*transitório*) e, pelos comentaristas, do inquietante futuro (*prospectivo*) ... No tempo em que os Estados Unidos entraram na Segunda Guerra Mundial, o rádio estava firmemente estabelecido como um dos principais meios de informação e interpretação. As sondagens indicavam que as notícias irradiadas (o *transitório* na forma e no fundo) ocupavam um lugar bem alto (7).

Na Europa, a posição da comunicação radiofônica também apresentou igual desenvolvimento. Em 1967, Pierre Champrix (8), analisando a programação da ORTF, considera aquele organismo difusor de rádio e TV no país como "o maior jornal da França", não somente pelo pessoal empregado (conta com 700 jornalistas de tempo integral, um milhar de informantes setoriais, correspondentes nas principais cidades do mundo e contrato com agências de informações escritas e para a televisão, as principais em funcionamento no globo) como pelo volume de edições cotidianas e de horários dedicados à informação, que registra no seguinte quadro:

Auditório	Edições cotidianas (Número)		N.º de hs. de informação (Média diária)	
	Rádio	TV	Rádio	Televisão
Nacional	29	4	18 hs.	3 hs.
Regional ou local	56	22	10 hs.	4 hs.
Ultramar	22	5	12 hs.	2 hs.
Estrangeiro	18	—	7 hs.	—

A situação em nosso País também não difere muito, mesmo se não considerarmos a propaganda radiofônica como mensagem de caráter transitório. Os fenômenos da regionalização do rádio e de sua transformação em *serviço*, bem fixados por Zita de Andrade Lima (9) contribuem para enfatizar a transitoriedade da informação através de um canal eminentemente fugidio e que tem de valer-se, mais do que os outros, da redundância para alcançar o máximo de audiência e obter o maior rendimento.

O quadro acima mostra, também, a importância e a posição obtida pela mensagem *transitória* na televisão. Mais do que o rádio, a televisão é espetáculo: nela, o *permanente* e o *prospectivo* encontram o veículo ideal para suas manifestações porque "combinando a luz, o som e o movimento, associados às possibilidades do rádio e às do cinema ... introduz entre nós um espetáculo completo. Ao encanto da voz, ajunta a sedução da imagem móvel e este mistério nos vem das distâncias superadas pelas emissões. O espectador não tem mais de deslocar-se ... o mundo exterior vem a ele, esforça-se por ele, instala-se entre ele. Eis por que ele se chama justamente um 'telespectador': um espectador que vê o que se passa ao longe, no mundo ou sobre a cena, e que recebe de longe o que se lhe apresenta. Não adquire ele, de certo modo, esses dons misteriosos que são a visão à distância, a telepatia, a transmissão do pensamento? Achamo-nos aqui em plena magia", escreve Le Duc (10).

Esse ambiente de magia fora estabelecido pelo cinema. A televisão veio ampliar as possibilidades de criação de clima para as mensagens culturais *permanentes* e *prospectivas*, que objetivam seja documentar e dramatizar o transitório, seja restaurar e recriar o passado, seja desvendar o ainda não presente real ou imaginário. Na elaboração desses tipos de mensagens há: 1. uma *fixação*, quando o objeto é o transitório sob a câmara; 2. uma *reconstituição*, quando o objeto é o passado real, histórico, comprovado; 3. uma *construção ideal*, quando se trata do futuro ou do passado imaginário, hipotético, ainda que à base de teorias, investigações ou experimentos científicos; ou 4. uma *ficção*, quando se ocupa do vigente, de uma situação real simbolicamente representada, ou, como o indicava Eça de Queirós — da verdade envolta no manto diáfano da fantasia.

A captação e emissão do transitório era, efetivamente, muito difícil e dispendiosa nos princípios da televisão, como o fora na fase inicial da cinematografia. Exigia o apanhado de documentação visual dos fatos e do ambiente para ilustrar a informação, traduzindo em imagens as notícias comunicadas ou comentadas. Então, os aparelhos captores eram rudimentares, geralmente de grandes dimensões e peso e, por conseqüência, de transporte penoso. Mais fácil do que captar a realidade era reproduzi-la no estúdio, como se verificou com a realização de Georges Meliés, o criador do cinema-espetáculo, ao reconstituir a coroação de Eduardo VII, usando a *trucage*, mais tarde desenvolvida por Griffith e os cineastas pioneiros norte-americanos e europeus. Assim mesmo, o transitório se mantinha como objeto e inspiração da comunicação cinematográfica, desde Felix Mesguich, o primeiro cine-repórter da história (1896) até a criação do *Actualités Pathé* com as características dos ainda muito vulgarizados jornais cinematográficos, em 1907 (11) e o surgimento do documentário-poético, como *Nanouk*, de Flaherty, em 1922.

Esse tipo de documentário, que, em nossos dias está volvendo às telas, depois que a televisão tornou a informação instantânea, "não é necessariamente a transposição objetiva da realidade, ou a transmissão romanceada de uma situação ... mas antes a realidade vista através do espírito do realizador e reconstituída subjetivamente segundo sua própria visão das coisas. Isto não significa uma ruptura com a verdadeira natureza do sujeito nem a pré-fabricação de fatos e de situações; ao contrário, é uma busca do essencial, além da simples observação, e o levantamento do conteúdo emocional de cada imagem para dar uma concepção mais profunda e mais verdadeira da realidade observada" (12).

Não eram, pois, apenas as máquinas que dificultavam a produção de mensagens culturais à base da realidade presente, mas igualmente a evolução dos princípios estéticos, dos métodos de realização artística, da linguagem iconográfica que se estruturava no cinema e que, conforme Le Duc, ainda está "à procura de si mesma" na televisão. Pois a verdade é que, como ocorreu com o cinema, a TV já conta com equipamento leve necessário para captar o transitório em forma tecnicamente satisfatória, como a afirma Bernard Gensous, engenheiro-chefe da ORTF: "o material de reportagem evolui constantemente, apelando para técnicas de vanguarda. A intersincronização das câmeras permite construir viaturas de reportagem mais ligeiras e capazes de proporcionar emissões mais elaboradas. A ausência de cabos de ligação e de alimentação confere um manejo surpreendente e uma redução maior das delongas de realização. Os progressos da eletrônica permitem reduzir ao máximo as dimensões dos circuitos, aumentando a sua fidelidade. A facilidade de manobra do material leva à sua aplicação em domínios os mais variados ... O papel dos serviços de reportagem não se limita a fornecer imagens interessantes aos telespectadores mas a promover técnicas modernas que permitem observar por toda parte a todo instante" (13).

À informação e ao comentário dos fatos, idéias e situações da atualidade pela televisão, mediante a linguagem iconográfica, que lhe é própria, entrando a palavra, a escrita, a música e os ruídos como recursos estéticos e complementares (14), está reservado um futuro de incalculáveis possibilidades. As sondagens de opinião da audiência de TV, que situavam bem o predomínio das mensagens de caráter permanente e prospectivo, vêm registrando expressivo aumento do interesse público pelas informações de atualidade, notadamente na Europa e, de modo particular, na França e na Inglaterra, onde são realizadas enquetes diárias e mensais, por diferentes métodos, com o fim de estabelecer um verdadeiro diálogo com o público, uma troca de pontos de vista, alimentada ainda pela fabulosa quantidade de cartas recebidas pelas entidades mantenedoras da rede de televisão.

Os ensaístas franceses especializados em sociologia da comunicação televisada são concordes em acentuar a melhoria do nível dos programas, com fundamento nas pesquisas de audiência, cujas respostas permitem fixar: 1. um índice de emotividade, obtido pela adição de cifras da primeira e da última das categorias (excelente, muito bom, bom, médio e mau); e 2. um índice de satisfação, obtido pela soma das cifras das três primeiras categorias. Esse sistema de sondagem permanente da opinião da audiência é útil para a supressão ou reforma de certos programas, revelando ainda a evolução do gosto do público, conforme o já citado Le Duc.

Também a imprensa realiza pesquisas sobre os programas de TV, através de organismos especializados. Uma enquete realizada em 1961 pelo *Nord-Eclair*, abrangendo 30.000 telespectadores apresentou a classificação seguinte de emissões preferidas: 1. *Les Cinq Dernières Minutes* (fatos policiais); 2. *Cinq Colons à la Une* (informativo), que em outra enquete, promovida pelo semanário *7 Jours* figurava em primeiro lugar; 3. *Faire face*, debate dos problemas sociais contemporâneos, como racismo, alcoolismo, prostituição, eutanásia etc. Moreau (15) comenta, em obra recente, que esse programa de Lalou e Barrére, que se propunha a apreciar outros temas, como o comunismo, a tolerância etc., foi retirado do vídeo "sob diversos pretextos pouco convincentes"; 4. *Emission de Margaritis* (não obtivemos informação sobre o conteúdo desse programa); 5. *La vie des animauõ* (documentário) e 6. *Le Journal Televisé*.

Elisabeth Gerin (16) não considera "fácil interpretar as respostas do público, quando se lhe pede que classifique, por ordem de preferência, as diferentes emissões. A eleição expressada traduz muito mais uma reação do momento (satisfação ou decepção) do que uma opinião real. Daí que, em tantas pesquisas de opinião, os resultados sejam surpreendentes porque não correspondem às reações habituais e, amiúde, contradizem resultados obtidos em outra parte". Pois que, como já o acentuamos, o produtor não deve dar ao público o que ele quer, mas também (e a investigação científica ainda é a mais segura bússola para apurá-lo) aquelas mensagens culturais que lhe são necessárias, embora às vezes mesmo contrariando os hábitos adquiridos pela audiência.

A propósito, Moreau escreve: "Uma televisão que se destina apenas à distração engendra o infantilismo. Os próprios americanos estão preocupados com o embrutecimento coletivo que desencadearam. Estão construindo 'canais culturais' para contrabalançar a 'máquina de cretinizar'. O abuso dos *shows* televisados conduz a estranhos paradoxos: quando os cosmonautas da Gemini VII conheceram dificuldades que puseram em perigo suas vidas, as três grandes redes de televisão americanas interromperam os seus programas habituais. Multiplicaram esforços para fazer ver diretamente aos espectadores o drama do espaço. Resultado? Foram acometidos de protestos: ao público pouco importava os exploradores do cosmos! O que queria era assistir à continuação da sua estória em episódios! A ficção lhe interessa mais do que a vida! Uma tal degenerescência da consciência pública faz tremer" (17).

Admitindo que a TV francesa, pelo seu alto padrão técnico e artístico, dispõe do necessário para difundir, em dias e horas de grande escuta, programas "realmente enriquecedores", o ensaísta reconhece que, por melhor apresentados que sejam, os programas artísticos se ressentem, ainda, de "uma concepção muito clássica de cultura". E conclui com um excelente resumo da necessidade do fornecimento às grandes audiências de mensagens de todas as três categorias que aqui apreciamos, tanto em seus aspectos temporais como modais, (de que falaremos a seguir) pois "hoje a verdadeira cultura comporta uma abertura para o mundo moderno, em que a televisão poderia ser o instrumento ideal. Se ela quer ser fiel à sua missão educativa, é preciso prever, ao lado da pura distração, a descoberta das maravilhas naturais e científicas. Ela pode fazê-lo com um verdadeiro espírito de serviço. Engenheiros e técnicos esperam dela o que alimente seus conhecimentos e os atualize. No interior, os camponeses, chamados pelo progresso a tornar-se industriais, mecânicos ou químicos, querem informações precisas sobre as possibilidades que se lhes oferecem. Sem esquecer a massa da audiência que conta com a vulgarização inteligente das conquistas espaciais, médicas, biológicas..." (18).

II — *Temática da mensagem*

O estudo da mensagem sob o enfoque modal nos dará a medida das necessidades da audiência em uma fase determinada, pois consta a apreciação da sua natureza temática, da sua essência existencial, tendo em conta intenções do comunicador ao elaborá-la e difundi-la e as disposições do receptor ao adquiri-la e consumi-la. Sob tal enfoque, podem-se distinguir três categorias no conteúdo das mensagens veiculadas pelos Meios de Comunicação de Massa:

1. *Real* — Diz-se do conteúdo que se refere a seres, coisas, fatos e situações espaço-temporais, de existência concreta e/ou histórica, perceptíveis pelos sentidos (*real objetivo*) e/ou pela nossa experiência mental, decorrentes, portanto, de relações e concepções do espírito desde que formalizados e vigentes fora dele, isto é, na sociedade (*real subjetivo*).

Os seres, coisas e situações reais tanto podem ser de natureza inorgânica como orgânica e cultural, uma vez que, por esta última instância, consideremos os atos, realizações e idéias resultantes de experiência atual e possível, enquanto acessível por um conduto, por sua vez real.

A realidade inorgânica se apresenta sempre sem obedecer a especificidades senão às de sua própria índole diferencial (exemplos: a fissão do átomo, o movimento das estrelas, a composição dos elementos químicos etc.). Na realidade orgânica, já entram elementos e fatores mais complexos e instáveis, e a sua identificação e a interpretação dos seus atos e das situações em que se acham envolvidos dependem de características sujeitas a constantes mutações e da própria conduta: nos vegetais, por exemplo, de sua forma e espécie, do seu ciclo biológico, das funções de informação e expressão que desempenham, a que os animais ajuntam capacidades locomotoras, sentidos e psiquismo, que lhes permitem associarem-se e desenvolverem um específico, se bem que rudimentar, sistema de comunicação (19).

Finalmente, a realidade cultural, exclusivamente humana, é identificada e reconhecida pela "intencionalidade", pela "abertura" e "universalidade que o espírito do homem confere aos atos e situações deles decorrentes" (20). Com razão, Gusdorf assinala que, enquanto "o mundo animal aparece como uma seqüência de situações sempre presentes e sempre evanescentes, definidas só por sua referência às exigências biológicas do ser vivente", o mundo humano constitui "um conjunto de elementos estáveis da realidade, independentes do contexto das situações particulares nas quais podem intervir ... mais além da realidade instintiva e passageira oferecida à mais espontânea tomada de consciência, compõe-se de uma *realidade em idéia*, mais estável e mais verdadeira do que a aparência. O objeto que resiste ao desejo se converte em centro da situação em vez de estar-lhe subordinado ... a coisa existe com uma existência mais eminente. O mundo humano já não é um mundo de sensações e reações, mas um universo de designações e idéias" (21).

Em suma, pertencem à categoria de mensagens de conteúdo real aquelas relativas a um objeto real: homens e mulheres, animais, vegetais e minerais, de existência concreta; seus órgãos e componentes; suas relações mútuas; sua organização — que produzem situações passíveis de serem observadas, captadas, analisadas e discutidas pela função senso-perceptiva do receptor/comunicador. Exemplificando: é nesse *real objetivo* que se fundamentam as mensagens jornalísticas, de propaganda, de relações públicas, de caráter informativo e interpretativo.

Mas igualmente pertencem à categoria as concepções e relações originadas no espírito do homem, sem influência decisiva da senso-percepção, quando se projetam como idéias que tomam corpo, concretizando-se e fazendo-se vigências no corpo social. É o caso de entidades e de estados psíquicos de existência autônoma, reconhecidos como verdadeiros e capazes de criar situações históricas, desde que adquirem propriedades passíveis de apreensão e análise senso-perceptiva pelo receptor/comunicador. Trata-se, aqui, do *real subjetivo*, de que são exemplos Deus e a Democracia, e em que se fundamenta também a mensagem jornalística e promocional, especialmente de caráter opinativo.

2. *Ficcional* — Diz-se do conteúdo relativo a seres, objetos, coisas, fatos e situações criados pela imaginação e pela fantasia do homem, em uma urdidura quimérica do seu espírito. Inserem-se nesta categoria as mensagens poéticas, novelescas, de entretenimento; os conteúdos dramáticos (tragédia-comédia), heróico/míticos, fantástico/utópicos, lírico/sentimentais, humorístico/grotescos; metafóricos/satíricos e artificiosos/lúdicos.

Ainda que o bardo e o contador de estórias sejam personagens tão velhas quanto o mundo humano, pode-se assegurar sem temor de erro que somente depois da industrialização da mensagem é que a ficção alcançou a sua universalização. O gozo proporcionado ao espírito pela poesia ou pelo conto esteve, até o advento da imprensa, reservado a grupos restritos da sociedade, quando não a comunidades isoladas que, no entanto, desconheciam tudo o que de belo e fantasioso se produzia fora do seu círculo.

A difusão da grande literatura clássica, sobretudo greco-romana, e, depois, dos poemas, dramas e romances com que se arquitetavam as letras das nações saídas da reconstrução da civilização ocidental, contribuiu para desenvolver o gosto pelo mundo da imaginação, que o homem povoava de entes fictícios à imagem e semelhança dele mesmo — com suas virtudes, seus erros e paixões, suas aspirações, sonhos, devaneios. Esse mundo maravilhoso, graças à imprensa, se tornava o *habitat* de seres-sínteses que, envergando roupagens de cada época, sucederiam às figuras dos deuses mitológicos, sepultados nas ruínas do império dos Césares.

Pelo livro, começaram a sua andança multissecular os audazes cavaleiros medievais da corte do rei Arthur, e os Doze Pares de França e El Cid, o herói da Espanha, que também veria a percorrer seus caminhos, numa perspectiva eterna, *el ingenioso hidalgo* Dom Quixote de la Mancha e seu fiel escudeiro Sancho Pança. Esses denodados e puros cavaleiros saltariam, mais tarde, do papel impresso para o celulóide das películas cinematográficas, nas quais conviveriam com seus sucessores — D'Artagnan e os Três Mosqueteiros do Rei, o Pimpinela Escarlate, Zorro com sua máscara e sua espada justiceira. Invadiriam os quadrinhos, estendendo-se pelo desenho animado e difundindo-se pela televisão, áreas insuspeitadas de um território entre o real e o fantástico, no qual seres humanos comuns se transformam em protetores dos desamparados e oprimidos, como o *Superman*, ou em que, deixando a convivência de seus iguais bem dotados entes superiores surgem entre os pobres mortais para livrá-los de males e opróbrios, como a Mulher Maravilha.

A comunicação industrializada no livro e, depois, nos demais veículos elétricos e eletrônicos, retiraria do teatro limitador, ou criaria, ela própria, as relações do fantástico: os oráculos prevendo o destino de Édipo e de Macbeth; o Dr. Fausto firmando um pacto com Mefistófeles pelo amor de Margarida; o mortal realizando sua viagem aos páramos da imortalidade, as regiões infernais, de penitência e purificação ou paradisíacas de prêmio e doçuras eternas; Quasímodo, o disforme sineiro de Notre Dame de Paris, defendendo a inocência da cigana Esmeralda; o Dr. Jeckill, no seu laboratório, preparando a poção que o transforma no terrível Mr. Hyde; e os mortos-vivos, os zumbis, os Frankensteins, os Dráculas, as múmias redivivas, os espíritos maus desafiando exorcistas, os lobisomens, os cães endemoniados, o animais antediluvianos saindo de geleiras em que hibernavam há milênios ou de florestas virgens em ilhas perdidas nas vastidões ignotas dos oceanos; homens voadores, homens anfíbios, homens invisíveis, homens em mutação, homens de palha, homens de lata, bonecos falantes, pinóquios e emílias, meninos de sonho, pequenos príncipes, madrastas desalmadas, cinderelas, brancas de neve e anões sábios e justos, diligentes anões liliputianos e um povo de gigantes, em cujas mãos vai cair o marujo Gulliver em uma de suas viagens aventurosas; e o burro sábio, o jumento filósofo, o leão covarde, a formiga operosa, a cigarra vadia, o lobo mau e o ingênuo cordeiro, patos e ratos capazes de incríveis proezas, todos os personagens da fantasia do terror ou da fantasia do amor, mostrados ao mundo por Sófocles, Shakespeare, Goethe, Dante, Hugo, Mary Shelley ou por Esopo, La Fontaine, os Irmãos Grimm, Anderson, Exupéry, Lobato, Walt Disney.

Ainda ao livro e aos *mass media* que com ele competem na oferta à audiência desse universo imaginário se debitam os tipos e as tramas *românticas*, que alimentam o sonho de jovens adolescentes nas vésperas das ligações amorosas: Paulo e Virgínia, Dafnis e Cloé, Romeu e Julieta, Othelo e Desdemona, Margueritte Gouthier e Armand Duval, Iracema e Martim, Pery e Cecília — e todos os heróis e heroínas menores das fotonovelas e das coleções "femininas" de livros de bolso, todas as intrigas com o mesmo *happy end* das antigas estórias de príncipes e princesas que as mães pretas contavam (e ainda hoje há contadores de estórias no nordeste) às sinhazinhas da colônia e do império do Brasil; os detetives superdotados, os criminosos astutos, os espiões bem treinados, argutos e corajosos e sempre envolvidos em casos amorosos; os *gangsters* impiedosos, os *padrinhos* da Máfia, os encapuzados da Klu-Klux-Klan, os traficantes de cocaína e ópio e seus encarniçados perseguidores — os Sherlock Holmes e os Quenn, o Professor Muriati e Fu-Manchu; o Chacal e 007; os êmulos de Al Capone e os policiais do FBI, da Interpol, da Sûreté e da Scotland Yard — toda a galeria de "heróis" e "vilões" dos gêneros *policial* e de *espionagem*, que constituem o grosso do *best-seller* e o sustentáculo financeiro das produções cinematográficas e televisivas; e as estórias das conquistas e dos sonhos de expansão do domínio humano sobre a terra e o universo, desde a saga do povoamento do oeste americano, com os Bufalo Bill, os Jerônimo, *cowboys, sherifes,* caçadores de prêmios, dançarinas e cantoras dos *saloons,* invictos Ringo e Trinity em suas tropelias pelos domínios dos peles vermelhas hostis (*westerns*); da extensão dos limites brasileiros por bandeirantes, mineradores e criadores, predadores de índios no roteiro das minas ou fincando as cercas das fazendas de gado em luta com selvagens, corsários ou invasores (*indianismo*) até o ciclo moderno inspirado nas lutas e conquistas econômicas e sociais — a extinção da escravatura, a lenta afirmação das minorias raciais, o império do petróleo e, já agora, da energia nuclear, a ascensão da classe operária — que geraram os ciclos da ficção capitalista e socialista, com seus *heróis* e *anti-heróis* — e, afinal, na grande aventura espacial, que ampliou ao infinito o gênero da *ficção científica*, iniciado no século passado por Júlio Verne, com suas fantásticas viagens ao centro da terra e à lua ou com sua volta ao mundo em oitenta dias, e desenvolvida, já na presente centúria, por H. G. Wells, George Orwell, Aldous Huxley, Isaac Asimov, Ray Bradbury, Ivan Efremov, Arthur Clarke, alguns deles nomes conhecidos no campo da ciência e da tecnologia. Aos milhares de personagens romanescos dos gêneros literários consagrados, vieram juntar-se, então, seres imaginários de planetas existentes ou inventados (selenitas, venusianos, marcianos, pirâmides etc.), ora *mutantes,* como portadores de uma aberração biológica, como os *vampiros,* ora *andróides,* como mecânicos semelhantes aos homens, ora, ainda, *cyborgs* ou *robôs,* máquinas às quais se podem conferir sentimentos humanos ou que podem adquiri-los quando ultrapassam a programação sob a qual atuam.

Ficcional é a poesia, a música, a arte em todas as suas manifestações: pintura, escultura, dança, decoração, gravura, ginástica rítmica, acrobacia, arquitetura, desenho industrial, efeitos sonoros e visuais — todas as mensagens, enfim, que se oferecem à fuga do homem à realidade do cotidiano para conduzi-lo ao estado onírico consciente, à fruição de sonhos "perceptíveis" à sua mente desperta, que lhe renovam o ânimo e lhe dão novas esperanças (22).

3. *Conceptual* — Diz-se do conteúdo abstrato, pura concepção da inteligência, operando sobre o real ou o hipotético, através de análise e síntese, para a formulação de teorias, leis, juízos, normas e princípios. Entendem-se como conceptuais os conteúdos que, embora elaborados em conseqüência de *situações* existenciais, se despojam de relações particulares para alcançar universalidade, estabelecendo-se racionalmente em termos filosóficos, teóricos, científicos e/ou críticos.

Morris (23), em proposta de classificação dos tipos de discurso, tal como devem ser distinguidos em semiótica, opta pela sua caracterização "tanto pelo modo dominante de significar como pelo seu emprego primário" e indica 16 tipos básicos, conforme o quadro a seguir:

MODO	EMPREGO			
	Informativo	Valorativo	Incitativo	Sistemático
Designativo	Científico	De ficção	Legal	Cosmológico
Apreciativo	Mítico	Poético	Moral	Crítico
Prescritivo	Tecnológico	Político	Religioso	De propaganda
Formativo	Lógico/Matemático	Retórico	Gramatical	Metafísico

Considera, entretanto, qualquer classificação de valor relativo, e, ao estudar, especificamente, as categorias incluídas no modo *formativo* (em que todos os conteúdos são, ao nosso ver, conceptuais), adverte que a questão é um dos "pontos mais discutidos em todo o campo da ciência dos signos", propondo-a a título de "colocação exploratória", à espera de que um progresso considerável da semiótica permita chegar-se a uma solução satisfatória. A mesma advertência se pode aplicar à ciência da comunicação, também, ela própria, em busca de uma definição de campos e métodos de análise e ação.

Em consonância com a nossa proposta de classificação, fundamentada na temática da mensagem sob as intenções do comunicador, incluiríamos, como categorias de mensagens conceptuais, todos os tipos básicos de discurso indicados por Morris, considerados nos modos *apreciativo, prescritivo e formativo*, conjugados com os empregos *valorativo* e *sistemático*. Assim, uma obra de ficção, por exemplo, surgiria como mensagem conceptual se nela predominasse o aspecto apreciativo-crítico, como é o caso da literatura engajada ou de certas estórias de ficção científica, como em Orwell (*1984*) e Huxley (*Admirável Mundo Novo*). Do mesmo modo, valendo-nos de um exemplo do próprio Morris, podemos encontrar uma mensagem jornalística (real objetivo) que "começa prescrevendo um modo de atuar mas, em seu transcurso, se apresentam sobretudo afirmações de fato que tendem a demonstrar que a ação prescrita é desejável. Em tal caso ... classificaríamos o discurso como antes de tudo designativo, enquanto o uso comum tenderia a considerá-lo como de tipo prescritivo", ou seja, conceptual.

Os mais característicos exemplos de mensagens conceptuais se encontram no *discurso científico* que, de acordo com provas recolhidas formula hipóteses e leis; no *crítico* que, diante de uma mensagem qualquer a aprecia de uma forma sistemática, emitindo juízos sobre o objeto analisado; no *político*, que elabora princípios e normas para a organização institucional da sociedade como um todo e busca aprovação para tal forma de organização; no *religioso*, que estabelece o padrão de conduta dominante na orientação total da personalidade, com vistas ao domínio de impulsos negativos para a conquista de um ideal supraterreno; e no *filosófico* que elabora teorias e conceitos, mediante elucubrações mentais, numa incessante procura do conhecimento, sobretudo nos campos da lógica, da ética, da estética, das matemáticas, da psicologia, da retórica e da metafísica.

Os meios: conceituação, classificação, importância

Os meios de comunicação de massa (também designados pelas expressões *mass media* e *mídia* e pelas iniciais MCM) são "*instrumentos ou aparelhos técnicos mediante os quais se difundem mensagens — pública, indireta e unilateralmente — a um público disperso*" (24), denominado *audiência*.

Para o estudo e a ampla compreensão do papel do meio na atividade comunicacional é necessário, antes do mais, estabelecer a diferença entre *comunicação* e *comunicações*, pois não se trata, no caso, apenas da forma singular e plural da mesma palavra.

Comunicação "é o processo de comunicar ... fato central da experiência humana (pelo qual) uma pessoa influencia a outra e é influenciada por esta ... portadora do processo social; torna possível a interação dentro do gênero humano e capacita os homens a transformarem-se em seres sociais e assim permanecerem". Ou, como o quer Sapir, compreende os *processos primários* conscientes ou inconscientes do comportamento do comunicador (linguagem, gesto, imitação da conduta alheia e sugestão social), que são o patrimônio de qualquer comunidade.

As *comunicações* têm um significado mais restrito, desde que abrangem *técnicas secundárias*, ou seja, instrumentos específicos, que ajudam a levar a efeito a comunicação e que só as civilizações relativamente avançadas desenvolvem em sistemas (25). Esses "meios técnicos de comunicação indireta ou 'mediata', desde os tambores tribais, os sinais de fumaça e os tabletes de pedra até a telegrafia, a imprensa, a radioemissões e o cinema", de acordo com a sua morfologia e funcionamento peculiar, são complementos da palavra, do gesto e dos sentidos, pelo que McLuhan (26) os considera "extensões do homem".

Os meios citados e centenas de outros que o engenho humano inventa e utiliza pertencem ao *sistema geral das comunicações* e não obstante diferentes entre si possuem duas características comuns:

1.ª) *a função de estender a comunicação a situações em que se faz impossível o diálogo cara a cara*; e, conseqüentemente,

2.ª) *a natureza indireta de sua ação*, dada a distância espacial e/ou temporal entre quem deles se utiliza para emitir mensagens simbólicas e quem as recebe. Os meios técnicos não atuam por si mesmos: são sempre "programados" como porta-vozes dos participantes (pessoas ou grupos) do processo comunicacional.

Tais características comuns, porém, não são suficientes para inseri-los no *sistema particular dos MCM*, i. é, no conjunto de veículos mecânicos com capacidade de difundir mensagens ao alcance da massa. Necessitam eles, ademais, de ser:

a) *Industriais* porque, constituídos de máquinas e instrumentos de manejo complexo, exigem para sua operação, em cada fase da produção, equipes de especialistas em diversos ramos da comunicação e da engenharia e procedimentos idênticos aos da fabricação de qualquer outro produto destinado à comercialização maciça;

b) *Extensíveis no tempo e/ou no espaço*, seja pela capacidade de *multiplicação* da mensagem, como no caso da imprensa, seja pela de *alcance praticamente imediato de receptores* dispersos num espaço além do local da emissão e do círculo abrangido pelo público concentrado em presença do comunicador, como no caso do rádio. Esta característica é que permite a *difusão coletiva* (27), apontada por alguns estudiosos como um dos fatores básicos do processo da comunicação de massa; e

c) *Unilaterais*, pois são utilizados apenas por uma das partes envolvidas no processo, não permitindo a reciprocidade do diálogo, aqui entendido como a troca contínua de papéis entre o que emite e o que recebe a mensagem, como ocorre na comunicação interpessoal/intergrupal. Essa unilateralidade dos veículos que emprega é responsável pelo fato de o comunicador não ter condições de conhecer imediata/mediata e positivamente a reação do receptor como um todo, precisando valer-se das técnicas de pesquisa em comunicação para avaliar o *feedback* e realimentar o tipo de diálogo *sui generis* que mantém, por ofício, com a audiência.

Apreciando a posição dos MCM em relação aos demais elementos básicos da comunicação, Meletzke (28) assinala que estes devem ser considerados "como *variáveis*, que se acham ligados reciprocamente em interdependência funcional", enquanto "o meio representa uma *constante*, um fator que, construído tecnicamente em determinada forma, permanece ... independente e livre de influências no campo de relações". No entanto, exerce "influência decisiva sobre os processos da comunicação de massa" em razão de "formá-los, estruturá-los e canalizá-los".

Acrescenta que entre o meio e os demais elementos não há interdependência, "mas sim dependências" — o que não significa completa impotência e passividade do homem diante de uma maquinaria rígida. "O meio — explica — é uma magnitude constante mas ... está dotado de tão múltiplas partes e é tão complexo que a pessoa não pode senão percebê-lo, usá-lo e superá-lo em seus aspectos parciais. O homem não pode enfrentar o meio de massa senão seletivamente, e nesta faculdade de seleção descansa a liberdade de movimento tendente à decisão ... O comunicador tem de conhecer e observar as peculiaridades e limites do seu meio mas, em troca, ganhar, dentro deste marco, um espaço relativamente grande na seleção de seus temas e na configuração formal da mensagem ... O receptor é relativamente "livre" em sua inclinação seletiva e em sua conduta dentro de determinados limites".

Já vimos que, sempre que surge, um meio de comunicação altera significativamente as relações sociais; jamais, contudo, a humanidade assistiu a tão radical revolução como a que se processou nos últimos cinqüenta anos com o estabelecimento formal do sistema dos MCM. Imprimindo velocidade, ubiqüidade e penetrabilidade à mensagem, em escalas e níveis jamais alcançados, os meios técnicos, sobretudo os eletrônicos, criariam "uma espécie de pseudo-ambiente entre os homens e o mundo objetivo 'real' ... (e) são vistos ... como a envolver o homem moderno numa espécie de realidade substituta" (29).

Para Lippman (30), o mundo objetivo em que se move e decide o homem está "fora de alcance, fora de vista, fora da mente", pois se baseia num retrato interior da realidade exterior, gradualmente construído por ele e mais ou menos digno de crédito. As pessoas recebem as mensagens, interpretam-nas e agem "não de acordo com o conhecimento direto e certo do mundo real mas de acordo com a imagem que construíram ou receberam". Essas interpretações e expansões tornam-se padrões ou estereótipos e determinam a ação humana.

Tudo isso continua acontecendo, talvez. Mas os novos meios trouxeram para dentro de nossos lares uma "realidade" exterior, um "mundo" fabricado industrialmente, padronizado, que liquidou ou ameaça extinguir aquela construção gradual e privada do homem das anteriores centúrias. Esse novo mundo está agora ao seu alcance, à sua vista e se vai imprimindo insensivelmente, e quase irresistivelmente, em seu espírito. A *minha* realidade foi substituída pela *nossa* realidade, ou melhor ainda, pela realidade *deles*, os controladores dos MCM.

O sistema de comunicação através dos meios massivos é considerado tanto "uma instituição de controle social, refletindo as crenças e valores da própria sociedade", como uma "arma das ordens governantes da sociedade". De tal modo, "os detentores do poder econômico e político ... se voltam para a exploração psicológica, através dos meios de comunicação de massa ... para a persuasão

... em forma de notícias, opiniões e diversão", cada vez mais de preferência à coerção violenta. "Nunca houve antes meios de comunicação tão ubíquos e de tamanha capacidade de penetração; nunca a opinião pública esteve tão à mercê de quem quer que possa controlar tal instrumento. *Possivelmente o único fator que salva a situação é aquele elemento incorrigível da natureza do homem que se recusa a se homogeneizar até mesmo pelos meios mais sutis"* (31). (Grifo nosso.)

Como a seu tempo apreciaremos, não somente pelo sentido humano de liberdade e autonomia, em que se baseia sua personalidade individual, como também pela consciência grupal e social, e opondo o seu próprio mundo interior ao mundo que lhe é apresentado, o que lhe confere o dom de selecionar as mensagens num universo de milhares e milhões que lhe são oferecidas, o homem está encontrando caminhos sempre novos para sobrepor o espírito à máquina.

A mensagem cultural é destinada ao receptor indeterminado mas precisa sempre de um suporte ou veículo que a faça chegar ao seu destino. E aqui coloca-se uma questão importante na incipiente Teoria da Comunicação de Massa: *meio, veículo* ou *canal* — qual a melhor maneira de batizá-lo? Partimos, para fixação de um sistema doutrinário, da definição proposta por Maletzke para *meio de comunicação de massa* e já exposta neste capítulo. Restam, porém, as noções de veículo e de canal tão amplamente divulgadas, confundidas e deturpadas pela linguagem vulgar. Reservamos, pois, a noção de "veículo" para associá-lo à idéia de suporte ou revestimento (material ou formal), abandonando por inadequadas as interpretações de Berlo e Aranguren. Quanto ao termo "canal", está vinculado, mesmo na prática, à idéia de ondas (luminosas, acústicas, eletromagnéticas) que transportam o significado manifesto no caso dos meios gráfico/visuais e, nos demais, a mensagem tecnicamente reduzida a um *sinal* e que vai necessitar de um outro aparelho (decodificador) para se tornar compreensível ao seu destinatário.

É inevitável, no processo de produção industrial, a análise aprofundada da criação do modelo original e da sua reprodução em massa e em série. Esta criação, como muito bem explicitou Abraham Moles (32) nada mais é do que "introduzir no mundo formas que aí não existiam"; produzir é "copiar um modelo já existente".

A idéia da criação pode ser associada, como "forma nova", tanto ao mundo material, quanto ao imaterial, ou seja, tanto aos objetos (33) industrializados quanto a elucubrações de ordem puramente intelectual ou emocional. Em qualquer dos casos defrontamo-nos com a interação do meio (diríamos agora, mais estritamente, *veículo*) como a mensagem imaterial por ele difundida.

Um ponto crucial se levanta na Teoria da Comunicação, com intermináveis debates, a respeito dos *objetos-mensagens* que não são apenas suporte utilizado para a difusão de idéias e sentimentos, mas constituem por si próprios (ou reunidos numa sintaxe especial) outras tantas mensagens de massa. Destinados ao "consumo" são, pelo fato mesmo, portadores de "sentido" e, em conseqüência, refletem "uma atividade de manipulação sistemática de signos", como pretende Jean Baudrillard (34), o qual chegou a imaginar sistemas de objetos partindo dos *tecnemas* (ao lado de monemas e fonemas) em constante evolução (35) e do grau de funcionalidade subjacente a cada sistema.

Admitida a "significação" nos *objetos-mensagens* e a tentativa de agrupá-los em 4 categorias (utilitários, decorativos, lúdicos e supérfluos) como já vimos em Teoria Geral da Comunicação (36) resta, ainda, uma outra indagação mais sutil: seria essa "significação" suficiente para justificar uma nova forma de Comunicação, já concebida, pacificamente, como um diálogo entre Comunicador e Receptor? Admitindo-se, ainda, a resposta *mediata* e *a posteriori*, característica do retorno da mensagem do Rn a C_2, será lícito acreditar na *intencionalidade* do "sentido" atribuído ao *objeto-mensagem*, produzido pela Indústria? Esta última indagação tem procedência se perquirimos, como Buyssens, da pertinência ou não de tais sinais reveladores de idéias, fatos ou situações — não-intencionais — no campo da Semiologia.

Quanto aos objetos *utilitários* e mesmo aos *lúdicos*, a discussão é irrelevante pois podemos considerá-lo como portadores de uma *morfologia* especial da qual dimanam significados manifestos; ou, ainda, por serem destinados ao consumo são signos de uma mensagem criada antecipadamente pela indústria e que repousa numa *sintaxe* especial (p. ex., mobiliário e seus acessórios) que pode ser modificada pelo usuário-consumidor como pretende Baudrillard. As máquinas destinadas às "diversões eletrônicas" estariam neste último grupo embora o arranjo e rearranjo da sintaxe não se dê propriamente com objetos mas com estruturas visuais e mentais que o usuário-consumidor procura criar e identificar no vídeo. Há, finalmente, uma última questão que afeta mais propriamente os objetos decorativos na Comunicação de Massa e que envolve em seus desdobramentos as noções de arte e de sua reprodutividade. Para efeitos puramente didáticos e metodológicos consideramos as mensagens artísticas e os objetos que lhes servem de suporte material como agrupados em 4 categorias: a) a prosa literária e a poesia; b) o filme cinematográfico ou videocassete; c) os objetos plásticos (bi e tridimensionais); d) a música e o canto gravados.

Na primeira categoria, difundida pelos veículos gráfico-visuais, o livro, o jornal, a revista, as ilustrações e toda a sorte de reproduções iconográficas servem de apoio físico e realizam a difusão da mensagem na medida em que são distribuídos. A mensagem, essencialmente imaterial, dimana do próprio texto (ilustrado ou não) e tanto o tipo particular da linguagem, eminentemente conotativa, como o estilo e outras qualidades artísticas, tais como o ritmo, a musicalidade, a onomatopéia, podem ser apreendidas diretamente pelo receptor-leitor-fruidor utilizando-se os órgãos da visão para receber o respectivo *canal* (ondas luminosas). A reprodução dos textos em nada influi nas qualidades estéticas da mensagem veiculada, desde que respeitadas as suas características originais.

Da mesma forma, a mensagem cinematográfica ou televisiva em gravação na Comunicação de Massa baseia a sua difusão nas cópias reproduzidas a partir da primeira película, onde concentrou-se o trabalho artístico de toda uma equipe. Neste caso o *veículo* (película) necessita de um *decodificador* (projetor ou televisor), para que se libertem as ondas luminosas e sonoras que irão finalmente dar ao espectador a sensação da imagem associada ao som e ao movimento.

Quanto aos objetos das categorias *c* (desenhos, pinturas, esculturas) e *d* (música, canção) discute-se a sua reprodutibilidade como elemento válido para considerá-los como obra de arte uma vez multiplicados em série pelos meios de comunicação de massa. Os desenhos, pinturas e esculturas "originais" sofrem um processo industrial, segundo métodos especiais, de reprodução em cores ou em preto e branco ou em material adequado. Música e canções, inéditas, necessitam do *veículo* (discos ou fitas gravadas) para atingir a massa-audiência. Todos, de um modo geral, apresentariam depois de reproduzidos, segundo Theodor Adorno, e mesmo Abraham Moles (37), a característica da oposição entre "cultura clássica" e "cultura de massa". Esta última seria condicionada integralmente ao gosto e às preferências da massa e nem sempre portadora das qualidades desejáveis de refinamento ou estimuladora da sensibilidade estética.

Certos autores, como Walter Benjamin, não se preocupam tanto com a oposição sistemática da arte "pura" à Indústria Cultural mas sim em demonstrar a fragilidade de pressupostos inerentes à conceituação clássica dos valores estéticos, colocando em igual plano a autenticidade da obra de arte e a fidedignidade de sua reprodução. Mas o estudo teórico da interação do meio e da mensagem não deve permanecer para nós apenas ao nível do discurso visual ou audiovisual. É lícito propor, como Albert Kientz, que é possível imaginar pesquisas em torno às mensagens *gustativas* como já o fez Lévi-Strauss (38) e que os alimentos enlatados, produzidos em massa e em série, bem que poderiam ser considerados pela semelhança de método de sua fabricação com os produtos da Indústria Cultural. O mesmo raciocínio seria válido para os perfumes se acaso, de futuro, significações especiais pudessem ser atribuídas a diferentes tipos, marcas, procedências ou fragrâncias.

Classificação — Desde que a função dos MCM é conduzir a mensagem através do *tempo* e do *espaço* para assegurar a integração entre gerações, grupos e indivíduos dispersos, sua primeira classificação está fundamentada naqueles dois fatores (39):

1. *Temporais* — Aqueles que fixam e armazenam a mensagem de alguma maneira e a transportam de uma época a outra, através do tempo, pelos veículos impressos (livro, folheto, avulso etc.) e gravados (discos, películas foto e cinematográficas, fitas áudio e videomagnéticas), mediante processamento industrial.

2. *Espaciais* — Aqueles que conduzem a mensagem de um lugar para outro, em emissões através de ondas eletromagnéticas com os aparelhamentos de rádio e a televisão, desde que não em circuito fechado.

Quanto à *forma e natureza dos signos* empregados na elaboração da mensagem *que recebem, processam e transmitem e o tipo, características e potencialidades dos mecanismos de que se utiliza o destinatário* para captá-la, inclusive a própria capacidade senso-perceptiva, os MCM podem ser:

1. *Gráfico-visuais* — quando apresentados em veículos constituídos de uma superfície sólida, na qual, em determinado espaço e mediante processos técnico-industriais, se imprimem, gravam ou projetam letras, algarismos, notações, cores, pontos, linhas ou imagens, codificados de modo a ser captados pela visão e interpretados pela audiência. Compreendem: *publicações impressas* (livro, revistas, jornal, folheto, toda espécie de volantes); *gravuras* ou *estampas* (cartazes, fotografias, bandeiras, flâmulas, papel-moeda, cheques, ações, cartões de crédito, formulários e documentos públicos e toda sorte de adesivos); e *recursos visuais para projeção* (*slides*, negativos, diapositivos, fitas e materiais eletromagnéticos industrializados).

2. *Sonoro-auditivos* — quando apresentados em veículos constituídos de superfícies magnetizadas, adequadas à captação, fixação, processamento e emissão, mediante técnicas industriais, de sons (palavras, música, ruídos) codificados de modo a ser captados pela audição e interpretados pela audiência. Compreendem: discos e fitas magnéticas gravadas com mensagens industrializadas.

3. *Audiovisuais* — quando apresentados em veículos adequados à captação, fixação, processamento e emissão, mediante técnicas industriais, de signos sonoros e icônicos, codificados de modo a ser captados simultaneamente pela visão e pela audição e interpretados pela audiência. Compreendem: as películas cinematográficas sonoras e discos ou fitas videomagnéticas gravadas com mensagens industrializadas.

4. *Plástico-táteis* — quando constituídos por objetos industrializados portáteis, cuja morfologia, por si mesma, emite mensagem de significado manifesto transcendente da cultura de cada povo pelo seu universal acatamento. Como objetos manipulados pelo receptor, suas dimensões e formas são *signos tridimensionais codificados* que, ademais de sua percepção pelos outros sentidos, podem ser *exclusivamente captados e interpretados graças ao tato.* Nesta categoria, in-

cluem-se peças de vestuário, materiais de construção e decoração, instrumentos científicos e profissionais, artigos de brinquedo, mecanismos de precisão, pesos e medidas, moedas, medalhas, objetos de culto religioso, armas e projéteis, ornamentos e adornos pessoais, escudos, brasões, taças, troféus, miniaturas e emblemas, vasos e utensílios domésticos, enfim, qualquer produto que fale como traço cultural universal ao contato do receptor (40). Neste sentido, poder-se-ia falar na existência da Comunicação de Massa mesmo antes de Gutenberg uma vez que, já na Antigüidade, o Estado (C^2) cunhava moeda metálica e assim estabelecia intercâmbio com o receptor de massa (Rn) que lhe pagava imposto.

(Oferecemos, na página seguinte, um quadro esquemático dos meios, veículos e canais na Comunicação de Massa.)

A mensagem e o meio: as idéias de McLuhan

"Os Ruidosos Anos Vinte" (*The Roaring Twenties*) foram, sem sombra de dúvidas, um período marcante na história econômico-social não apenas dos Estados Unidos mas da própria humanidade. Àquela época, ao compasso furioso do *charleston* contorciam-se as coristas da Broadway, de cabelos e saias curtas rapidamente imitadas pelas "melindrosas" de todo o mundo. Trejeitos, modismos, ritmos musicais da terra do Tio Sam conheceram rapidíssima difusão graças à industrialização e desempenho de dois poderosos meios de comunicação, até então em fase experimental: o rádio e o cinema falado. Em 1927, Lindbergh cruzava o Atlântico, pela primeira vez na História, em aeroplano; dois anos após, o dirigível Graf Zeppelin dava volta ao mundo. Henry Ford, por outro lado, chegava ao famoso "Modelo T" aperfeiçoando modelos mais antigos de motores a explosão; esse fator, somado à abundância do petróleo, alucinadamente procurado e explorado no continente norte-americano, fez com que o automóvel suplantasse definitivamente seus protótipos a vapor e a eletricidade e que sua produção em série o popularizasse cada vez mais. A quebra da Bolsa de Nova Iorque, em 1929, pôs fim àqueles anos aventurosos e de prosperidade, arrastando seus dependentes, nos quatro cantos da terra, onde agora chegava, instantaneamente, a mensagem telegráfica e radiofônica, à mais tremenda confusão econômico-financeira.

Herbert Marshall McLuhan nasceu em 1911, em Edmonton, Canadá. Todos esses acontecimentos, ocorridos a pouca distância de sua terra natal, iriam influenciar fortemente a sua infância e juventude. Com dez anos de idade chegou a construir um pequeno aparelho de rádio-receptor — provavelmente de galena — com o qual conseguia ouvir as transmissões das primeiras estações norte-americanas. Interessou-se inicialmente pela técnica; todavia, seus estudos superiores foram realmente completados, na Inglaterra, num campo

MEIOS, VEÍCULOS E CANAIS NA COMUNICAÇÃO DE MASSA

	Meios	Indústria da Comunicação	Veículos	Canais
	Instrumentos ou aparelhamentos técnicos pelos quais se difundem as mensagens	Organiza, dirige e explora os serviços dos MCM	Ligam-se à idéia de suporte ou revestimento da mensagem	Ligam-se à idéia de "onda" ou sensação captada pelos órgãos sensoperceptores
TEMPORAIS	*Gráfico-visuais* Rotativas, tipografias etc.	Indústrias Gráficas, empresas jornalísticas	Livros, revistas, estampas, gravuras	Ondas luminosas
	Sonoro-auditivos Aparelhos para gravar sons	Empresas Gravadoras	Discos e fitas gravados	luminosas Ondas
	Audiovisuais Aparelhos para gravar e reproduzir filmes sonoros	Empresas Cinematográficas	Cópias de filmes cinematográficos, discos e fitas, etc.	Ondas luminosas e sonoras
	Plástico-táteis Aparelhos para a produção de objetos	Artindústria	Objetos da Artindústria	Ondas luminosas sensações táteis
ESPACIAIS ou ELETRÔNICOS	Aparelhos para a radiodifusão	Empresas Radiodifusoras	Programas	Ondas eletromagnéticas *
	Aparelhos para a difusão da mensagem televisiva	Empresas de televisão	Programas	Ondas eletromagnéticas *

* Exigem o decodificador-receptor para a recepção e percepção da mensagem.

completamente diverso: língua e literatura inglesa. Voltou à sua pátria e pouco depois passou a lecionar em universidades canadenses e norte-americanas. A gigantesca estátua da Liberdade, homenagem da França ao Novo Mundo, bem como o contato com a juventude, de idéias efervescentes, provavelmente induziram-no a refletir sobre os conceitos de *meio* e de *mensagem* em nova formulação. Descendente de protestantes escoceses e irlandeses, converteram-se, nessa ocasião, ao catolicismo. Esse fator é um dado que não pode ser esquecido quando se trata de perquirir as motivações de seu pensamento e de sua obra, polêmica e multiface. Certos comentadores atribuem a seus pais — uma ex-atriz e um corretor de imóveis — seu gosto pela encenação e pelo trocadilho, bem como seu apego à promoção de venda (de seus livros).

Morreu a 31 de dezembro de 1980 depois de ter sido considerado, por mais de uma década, como o "profeta da era eletrônica" e comparável a um gênio, do porte de Pasteur ou de Einstein.

Sua primeira obra de fôlego *A Noiva Mecânica* (*Mechanical Bride*), escrita aos 40 anos de idade, reflete uma formulação de idéias que está longe de ser definitiva. Preocupa-se aí com o modismo automóvel-do-último-tipo e de como a publicidade — por ele criticada acerbamente — concorre para o seu fortalecimento.

"O carro e a linha de montagem foram a última expressão de tecnologia de Gutenberg."

Já nos livros posteriores essa aversão se atenua e chega mesmo a contradizer-se. Coincidentemente, foi a mesma publicidade que o ajudou a projetar mundialmente a sua imagem de "Papa da Comunicação" e a lançá-lo no mercado livreiro como escritor de méritos incontestáveis. De 1953 a 1955 ocupou-se em pesquisas para a Fundação Ford. Foram anos que antecederam o lançamento dos seus livros mais conhecidos e nos quais o seu pensamento se acha exposto e identificado em seus temas centrais: em 1962 aparece *A Galáxia de Gutenberg* (*The Gutenberg Galaxy — The Making of Typographic Man*) e em 1964 *Os Meios de Comunicação como Extensões do Homem* (*Understanding Media: The Extensions of Man*). Este foi o período áureo de McLuhan. Solicitado por diversas entidades de renome, concentrou seus esforços em pesquisas encomendadas pela Fordham University de Nova York. Apoiado financeiramente por uma bolsa de US$ 100.000 (praticamente o mesmo que recebia Einstein) a máquina publicitária proclamou-o, também, equiparado em originalidade ao autor da Teoria da Relatividade. A aferição de seu Q.I., contudo, revelou ser portador de uma inteligência comum. A partir de 1966, associado a Edward Carpenter, organizou e colaborou com mais 16 autores numa coletânea de artigos intitulada em inglês *Explorations in Communication*, que foi traduzida recentemente, em português, para *Revolução em Comunicação*. Em 1967 e 1968 publicou, em colaboração com Quentin Fiore, *The Medium is the Message* (*O Meio é a Mensagem*) e *War and Peace in the Global Village* (*Guerra e Paz na Aldeia Global*). Sua última obra data de 1970: *Cliché and Archetype* (*Clichê e Arquétipo*).

Em *A Galáxia de Gutenberg* McLuhan defende, em síntese, a idéia de que a Humanidade, do ponto de vista da Comunicação, atravessou três estágios sucessivos: o mundo tribalizado; o mundo destribalizado e o mundo retribalizado. No primeiro deles, predominou a tradição oral como forma de transmissão dos conhecimentos; mesmo com o advento da escrita a leitura dos raros textos, em papiro ou pergaminho, era feita em voz alta e de forma coletiva: observava-se nos conventos a recomendação de fazer a leitura em cubículos, de modo a não perturbar o recolhimento dos outros membros da comunidade.

Da mesma forma a tradição oral se registrava nas poucas universidades medievais, quando o mestre expunha suas idéias e lecionava para numerosos discípulos reunidos em praça pública. Era a época do *magister dixit* e do respeito profundo aos ensinamentos dos clássicos da Antigüidade.

O mundo destribalizado teria começado, segundo McLuhan, com a Imprensa, de Gutenberg. Essa "destribalização" deve ser entendida como uma queda daquele ambiente único formado pelo alcance da voz, mantido estável pela reverência aos predecessores. Com o advento do livro e dos impressos em geral, a mensagem grafada ou estampada (texto ou gravura) reproduziu-se para além do controle dos detentores do ensino oficial. Assim, com sua multiplicação, a ela tiveram acesso inúmeros indivíduos que dantes estavam privados do conhecimento restrito a poucos. O livro pode ser lido individual e silenciosamente; em decorrência disso estimulou-se o individualismo e o exercício da reflexão e da crítica. Na verdade, não foi por mero acaso que depois de Gutenberg surgiu Lutero e com ele, em 1517, a Reforma religiosa. Pela mesma razão, os filósofos e enciclopedistas que prepararam a Revolução Francesa, de 1789, tiveram maior oportunidade de manuseio e comentário do pensamento antigo: o embate das idéias trouxe entre outras coisas o Iluminismo e a reforma das estruturas sociais. O mundo retribalizado não é propriamente uma volta aos tempos primitivos mas a unificação de seu sistema nervoso num todo, em conseqüência da ação dos meios eletrônicos de comunicação, no século XX: o rádio e a televisão. A voz e a imagem dão a volta ao mundo instantaneamente e, assim, todos os seres humanos convivem numa grande "Aldeia Global" (*Global Village*), ao alcance de qualquer um, em qualquer momento, em qualquer lugar.

Em *Os Meios de Comunicação como Extensões do Homem* podem ser assinalados três tópicos principais: em primeiro lugar, a sua preocupação em revelar a interdependência do meio e a mensagem;

depois, o seu esforço por encontrar uma nova definição de meio de comunicação de massa, para esboçar sobre ele um conceito mais abrangente e mais lato; finalmente, o ensaio de uma classificação de "meio", segundo um critério muito seu e original. Examinemos cada um, por sua vez.

Os meios de comunicação plástico-táteis são perfeitamente identificáveis por qualquer estudante que se volta para a pesquisa daqueles "objetos industrializados, portáteis, cuja morfologia, por si mesma, emite mensagem de significado manifesto, transcendente da cultura de cada povo pelo seu universal acatamento". Dá-se a comunicação *pelo* objeto e este, realmente, *é* a própria mensagem. Mas LcLuhan vai mais além da proposição de Abraham Moles e de Jean Baudrillard. Para ele, os efeitos da mensagem são inseparáveis do próprio meio que a difunde: "... O conteúdo de um meio é como a *bola* de carne que o assaltante leva consigo para distrair o cão de guarda da mente. O efeito de um meio se torna mais forte e intenso justamente porque o seu conteúdo é um outro meio" (41). Em realidade, o jornal (impresso) veicula notícias de modo diferente do rádio e este, por sua vez, de maneira diversa da televisão. Esta afirmação, contudo, levada às suas últimas conseqüências, conduz a confusões conceituais que são alvo de críticas. A própria noção de meio, isto é, veículo de comunicação e, mais especificamente ainda, meio de comunicação de massa, é apresentada de maneira especial por McLuhan. O consenso dos autores em Comunicação Social, como já citamos, fixou-se na atualidade em torno do conceito elaborado por Gerhard Maletzke. Para McLuhan não há meios de comunicação de massa ou *mass media* (na expressão consagrada pelos autores de língua inglesa), simplesmente *media*, plural de *medium*, equivalente, portanto, ao conjunto de todos os meios. Sua originalidade aqui está em afirmar que meio é tudo quanto serve para vincular o homem ao homem; é o próprio ambiente que o homem cria para nele definir o seu papel e nele se afirmar. Todos os meios são prolongamentos de alguma faculdade humana psíquica ou física: a linguagem está para a nossa inteligência assim como a roda para os nossos pés; o telefone e o rádio são extensões de nossos ouvidos; o livro é a extensão de nossa vista; o vestuário o prolongamento de nossa pele.

Outra das suas originalidades está na classificação dos meios de comunicação de massa ou, simplesmente, *meios*. Essa classificação ele a propôs com base no critério da redundância semântica, isto é, de acordo com o estado de alta ou baixa saturação de dados informativos que o meio pode apresentar. Assim, por exemplo, meio "quente" para McLuhan é aquele "que prolonga um único de nossos sentidos e em *alta definição*" (42). O meio "quente" não deixa muita coisa a ser completada pela audiência; permite menos participação e, portanto, "aliena" e exclui. Assim devem ser considerados o rádio, a fotografia, a conferência.

Os meios "frios", ao contrário incluem, induzem à maior participação do receptor: estão entre estes, a televisão, a caricatura, o debate. As mensagens transmitidas pelos meios "frios" "apresentam quase sempre lacunas em sua estrutura de informação, exigindo atos de inferência positiva por parte do destinatário", conforme o comentário de Jonathan Miller (43).

A obra de McLuhan teve maior repercussão na década de 60, quando surgiram suas obras mais conhecidas e mais divulgadas. Vários fatores teriam contribuído para isso. Foi a essa época que tomaram impulso as pesquisas na Cibernética e Informática e os extraordinários progressos alcançados na computação eletrônica permitiram o lançamento dos primeiros satélites e a descida do Homem na Lua. Redobrou-se a atenção dos estudiosos não apenas para o problema das comunicações mas também para o próprio processo da Comunicação Social especialmente a partir das conclusões do Concílio Vaticano II. É nítida a influência do ecumenismo nas obras de McLuhan já convertido ao catolicismo e também a sua preocupação a respeito de como os meios de comunicação de massa podem contribuir para controlar o Homem, formá-lo, deformá-lo, "massageá-lo".

Dez anos após o seu estrondoso sucesso publicitário, reforçado sempre com a divulgação da notícia dos altos salários de seu autor, a obra de McLuhan começou a sofrer sérias objeções.

Em 1971 assinalou-se o início de sua desmitificação no próprio país que lhe deu guarida e onde se tornou conhecido. Houve, nesse ano, a tentativa de Frank Kermode para incluí-lo como *Master* numa série de ensaios, editados na Inglaterra, reunindo os nomes de quantos "mudaram ou estão mudando a vida e o pensamento de nossa época". A reação da intelectualidade norte-americana e britânica opôs-se frontalmente a isso, encabeçada com o clamor das críticas acerbas que lhe fez John Leonard, no mesmo ano, no *The New York Times Book Review*.

Entre as objeções mais sérias que lhe fazem estão as que se dirigem aos seus conceitos de "linearidade" e "retribalização", bem como ao seu quase dogmatismo na construção de uma filosofia da História. "Linearidade" para McLuhan tem um sentido especial, quase pejorativo, próximo de limitação no modo de conhecer o mundo exterior — o meio criado pelo próprio homem. Essa "linearidade" teria tido origem na palavra impressa, a partir de Gutenberg, quando o pensamento passou a ser decomposto palavra por palavra e, a seguir, reagrupado tipograficamente numa verdadeira linha de montagem. Mas a linearidade não é criação da Imprensa: o pensamento manuscrito também era registrado numa linha, horizontal ou vertical, quer se verificasse entre os povos ocidentais ou extremo-orientais. Longe de ser uma qualidade desprezível, conforme o assinala Jonathan Miller (44) é de se notar que a linearidade é a característica de toda obra lógica, que retira suas conclusões de premissas antecedentes e conseqüentes. E foi precisamente graças à linguagem escrita que hoje nos beneficiamos com o conhecimento das obras dos mestres da Antigüidade.

De acordo com o Prof. José Marques de Melo, não se pode falar em "retribalização" quando uma boa parte da humanidade ainda se encontra no estado tribal ou semitribal como é o caso de populações inteiras da África, Ásia e América Latina. Poderia, aliás, ser produto de uma posição deliberada dos detentores dos meios de comunicação de massa, no âmbito do capitalismo mundial, de forma a destruir as culturas particulares e a impor, universalmente, a linguagem da TV, como outrora foi a pretensão da Igreja com o internacionalismo do latim (45).

Da mesma forma, num mundo em que os veículos de comunicação têm concorrido continuadamente para a massificação dos homens, o indivíduo só conserva a sua originalidade pessoal na medida em que ele exerce soberanamente o seu dom de seleção. Vê e ouve só aquilo que ele quer ver e ouvir. "Ainda quando os indivíduos são incapazes de salvar a sua originalidade unívoca, não se pode falar em retribalização do homem como quer McLuhan, porque a noção da pessoa humana como um ser distinto da comunidade não existe entre os povos pré-letrados ... as diferentes sociedades humanas, existentes sobre a face da terra, não precisam estar, e de fato não estão, na mesma fase de desenvolvimento histórico" (46).

Para Gabriel Cohn (47) a parte mais vulnerável da obra de McLuhan é o seu artifício mental conceitual que consiste em passar de uma classificação de meios ("quentes" e "frios") para uma duvidosa filosofia da História (haveria também sociedades "quentes" ou "frias" de acordo com a sua exposição aos efeitos dos meios de igual natureza) e desta para uma não menos duvidosa técnica de controle social.

Contudo, apesar dos seus aspectos polêmicos, à obra de McLuhan são reconhecidas algumas qualidades positivas mesmo por parte de seus críticos mais severos. Jonathan Miller diz que "talvez ele tenha concretizado o maior de todos os paradoxos, ao fazer com que se tornasse possível o surgimento da verdade, exatamente porque nos sentimos chocados por um gigantesco sistema de mentiras". Teria, assim, sacudido a inércia mental (do começo do século) em relação aos estudos de Comunicação Social. Kenneth E. Boulding, por sua vez, diz que deve-se a McLuhan duas idéias importantes: a primeira é a de que um sistema social sofre a influência, em sua estrutura, da natureza dos meios em que as comunicações se processam; ao lado disso é preciso reconhecer que, de fato, a imprensa contribuiu para a ruptura da velha ordem, substituída pelo individualismo, o protestantismo, a economia clássica e a linha de montagem. Edgar Morin acha correta em muitos aspectos a sua concepção segundo a qual o mundo se apresenta cada vez mais como uma "aldeia global", embora a diferença cultural entre as diversas nações não esteja fadada inexoravelmente a desaparecer com o desenvolvimento da comunicação de massa.

O mínimo que se pode dizer de McLuhan, na atualidade, é que suas idéias não formam um sistema ou conjunto orgânico de proposições. Ele foi e continua sendo um escritor controvertido.

Mais além do meio e da mensagem

Partindo da análise do que avaliou como idéia central da obra de McLuhan — "o meio é a mensagem" — Jesus Pavlo Tenorio, professor da Universidade do México, em 1973, lançou o esboço de uma nova teoria (48) para explicar não só a necessidade como também a viabilidade perfeita do processo da Comunicação.

Segundo McLuhan, "antes da velocidade elétrica e do campo integral ou unificado, que o meio fosse a mensagem *não* tinha nada de óbvio. Parecia, então, que a mensagem era o *conteúdo*, como costumavam dizer as pessoas ao perguntarem sobre o que *significava* um quadro, ou de que coisa se tratava" (49). De fato, McLuhan em outras partes da mesma obra desenvolveu toda uma argumentação em torno de "continente" e "conteúdo" para explicar que o "conteúdo" de um meio é outro meio, numa espécie de "prestidigitação conceitual" como a denominou Gabriel Cohn (50), pois o meio realmente não *contém* a mensagem mas é apenas o seu suporte.

O autor canadense referia-se ao cinema como sendo "conteúdo" da televisão; por sua vez, o "conteúdo" do cinema seriam as obras dos escritores que lhe forneceriam o necessário argumento.

Essa "superação" de uns sobre outros meios, que na realidade se complementam, o avanço tecnológico dos novos aparelhamentos, novos modelos de conduta e linguagem — tudo é levado em consideração, agora, por Jesus Pavlo Tenorio para concluir que o complexo processo da Comunicação, em nossos dias, precisa tomar conhecimento de uma outra realidade não prevista nos estudos dos comunicólogos tradicionais (Wilbur Schramm, David Berlo) e que seria o "Espaço/Ambiente". Não bastaria, portanto, à compreensão daquele processo o exame segmentado do comunicador, receptor, mensagem e meio, aos quais se poderiam ajuntar os efeitos e as condições.

Tal realidade estaria além do meio e da mensagem, além das próprias condições da comunicação; poderia ser entrevista em três diferentes planos: individual, social e histórico. O individual, desdobrado nos aspectos *físico* (estado de ânimo, ubicação ambiental, atenção concentrada) e *temático* (ideologia, princípios, preconceitos, tradições, religião) constituiria como que uma "atmosfera" envolvente, requisito preliminar para o estabelecimento do processo da Comunicação ainda que por meio de uma linguagem não-verbal (51). O plano social seria o desejo incontido de identificação do homem comum, isolado, com outros que "pensam como ele mesmo", embora distantes e desconhecidos, mas que sentem, pensam e reagem da mesma maneira diante dos acontecimentos difundidos pelos meios de comunicação de massa. Neste plano o indivíduo teria a sua arma na opinião de todos os que se identificam com ele, para contra-atacar as pressões diversificadas da sociedade atual; por outro lado, seria ele também o seu refúgio, o seu consolo na solidariedade dos outros, nos momentos de frustração (52).

O "Espaço/Ambiente" no nível histórico estaria informado pelo contínuo vir-a-ser da História, dos modos específicos de comunicação de cada época e as mudanças mais notáveis estariam registradas no campo da linguagem.

Haveria, portanto, necessidade não só de simpatia mas da simpatia ligada à empatia; não apenas a solidariedade mas deste sentimento sublimado à própria identificação para um perfeito relacionamento comunicacional. Sem o "Espaço/Ambiente" em todos os níveis, a eficiência do processo estaria comprometida; provavelmente haveria inter-relação entre os seres humanos mas não tão estreita quanto seria de se desejar.

O caráter ontológico do "Espaço/Ambiente", segundo Jesus Pavlo Tenorio, "não é o de uma atmosfera estranha à essência do homem mas, ao contrário, parte de sua essência ainda que conserve sua situação de atmosfera". Num futuro distante, mas que já se pode entrever do presente, em face da tecnologia sempre em avanço e sempre visível, o homem só se tornaria uma vítima dos meios de comunicação de massa se perdesse a sua essência de homem. Não se deve pois temer nem o excesso de população mundial nem a superabundância de dados cognitivos que, a nível ecumênico, estão à disposição do homem. Não é ele "um rato de laboratório" e, por outro lado, deverá ter sempre presente que, como homem, será a "única ponte de comunicação com o próprio homem".

NOTAS BIBLIOGRÁFICAS

1. Burgelin, Olivier. *La Communication de Masse*. Paris, Le Point de la Question, SGPP, 1970.

2. Maletzke, Gerhard. *Sociologia de la Comunicación*. Quito, CIESPAL, 1965 (2.ª ed.).

3. Pasquali, Antonio. *Comunicación y Cultura de Masa*. Caracas, Biblioteca Universidad Central de Venezuela, 1963.
4. Gilson, Ètienne. *La Societé de Masse et sa Culture*. Paris, Librarie Philosophique J. Vrin, 1967.
5. Kaiser, Jacques. *Le Quotidien Français*. Paris, Armand Colin, Cahier de la Fondation Nationale des Sciences Politiques, 1963.
6. Marques de Melo, José. "Estudo comparativo dos jornais diários de São Paulo". *In Estudos de Jornalismo Comparado*. São Paulo, Pioneira, 1972.
7. Beltrão, Luiz. *Iniciação à Filosofia do Jornalismo*. Rio, Agir, 1960.
8. Champrix, Pierre. "Une Radio-Télévision Democratique". *In Economie et Politique*. Paris, n.º 151, fev. 1967.
9. Andrade Lima, Zita de. "Regionalização do Rádio e Desenvolvimento Nacional". *In Vozes*. Petrópolis, n.º 63, 1968.
10. Le Duc, Jean. *Au Royaume du Son et de l'Image*. Paris, Huchete, 1965.
11. Beltrão, Luiz. *Op. cit.*
12. Quintar, Fuad. "Robert Flaherty et le Documentaire Poetique". *In Études Cinematographiques*. Paris, n.º 5, 1960.
13. Gensous, Bernard. "Reportages Televisés". *In Science et Vie*. Paris, n.º 81 (hors série), 1968.
14. Beltrão, Luiz. "Jornalismo pela Televisão e pelo Rádio: Perspectivas". *In Revista da Escola de Comunicações Culturais*. São Paulo, ECA/USP, n.º 1, 1967.
15. Moreau, Jean Guy. *La Régne de la Televisión*. Paris, Seuil, 1967.
16. Gerin, Elisabeth. *Televisíon Amiga*. Barcelona, Editorial Nova Terra, 1965.
17. Moreau, Jean Guy. *Op. cit.*
18. Moreau, Jean Guy. *Op. cit.*
19. Beltrão, Luiz. *Teoria Geral da Comunicação*. Brasília, Thesaurus, 1982 (3.ª ed.), esp. caps. I e II.
20. Romero, Francisco. *Teoría del Hombre*. Buenos Aires, Losada, 1965 (3.ª ed.). No estudo da realidade (pp. 140 e ss.) baseamos as considerações acerca da natureza do real, adequando-o ao nosso objetivo. Só os trechos aspeados são reproduções do texto do filósofo citado, enquanto os grifos e parênteses são de nossa responsabilidade. Advertimos, ainda, que à instância da realidade que denominamos cultural corresponde a *intencional* de Romero.
21. Gusdorf, Georges. *La Palabra*. Buenos Aires, Nueva Visión, 1971.
22. Consultar a já vasta bibliografia sobre a literatura e cultura de massa, podendo servir de orientação a seleção oferecida por Edgar Morin no seu *Cultura de Massa no Século XX. O Espírito do Tempo*. São Paulo, Forense, 1967 (1.ª ed.), pp. 193-208. Ver também, em tradução, os estudos constantes das coletâneas *Cultura de Massa*, organizada por Bernard Roenberg e David Manning White, editada pela Cultrix, São Paulo, 1972 e *Comunicação e Indústria Cultural*, organizada por Gabriel Cohn, São Paulo, Companhia Editora Nacional, 1978 (4.ª ed.). Recomendamos, ainda, a leitura da *Teoria da Comunicação Literária*, de Eduardo Portella,

editada por Tempo Brasileiro, Rio, 1970 e os ensaios editados por Vozes, de Petrópolis, de autoria de Muniz Sodré, *A Comunicação do Grotesco* e *A Ficção do Tempo*, em 1971 e 1973, respectivamente; Engelucia Bernardes Habert, *Fotonovela e Indústria Cultural*, em 1973; Moaci Cirne sobre quadrinhos, entre 1970 e 1974; e Luiz Beltrão, *Sociedade de Massa, Comunicação e Literatura*, de 1972. É indispensável, outrossim, o conhecimento das idéias de Umberto Eco, expostas em *Obra Aberta, Apocalípticos e Integrados* e *A Estrutura Ausente*, cujas traduções foram editadas pela Perspectiva, de São Paulo.

23. Morris, Charles. *Signos, Lenguaje y Conducta*. Buenos Aires, Losada, 1962.
24. Maletzke, Gerhard. *Op. cit.*
25. Peterson, Jensen e Rivers. *Os Meios de Comunicação e a Sociedade Moderna*. Rio, Edições GRD, 1966.
26. McLuhan, Marshall. *Os Meios de Comunicação como Extensões do Homem*. São Paulo, Cultrix, 1969.
27. Entre eles, Marques de Melo no seu *Comunicação Social: Teoria e Pesquisa*. Petrópolis, Vozes, 1971 (2.ª ed.).
28. Maletzke, Gerhard. *Op. cit.*
29. Peterson, Jensen e Rivers. *Op. cit.*
30. Lippman, Walter. *La Opinión Pública*. Buenos Aires, Compania General Fabril, 1964.
31. Peterson, Jensen e Rivers. *Op. cit.*
32. Moles, Abraham. *O Kitsch*. Perspectiva, São Paulo, 1975.
33. Objeto, na definição de Moles, no estudo inserido na coletânea *Semiologia dos Objetos*. Petrópolis, Vozes, 1972. "Elemento do mundo exterior fabricado pelo homem e que este deve assumir ou manipular."
34. Baudrillard, Jean. *O Sistema dos Objetos*. São Paulo, Perspectiva, 1973.
35. Baudrillard, Jean. *Ibidem*: Sistemas: Funcional-Não-Funcional-Metafuncional-Disfuncional.
36. Beltrão, Luiz. *Op. cit.*
37. Moles, Abraham. *Sociodinâmica da Cultura*. São Paulo, Perspectiva/USP, 1974.
38. Kientz, Albert. *Comunicação de Massa — Análise de Conteúdo*. Rio, Eldorado, 1973.
39. Bru Villaseca, Luiz. "La electronica en la captación de la noticia". *In La Electronica em los Medios de Comunicación Social*. Madrid, Escuela Oficial de Periodismo, 1968.
40. Beltrão, Luiz. *Op. cit.*
41. McLuhan, Marshall. *Op. cit.*
42. McLuhan, Marshall. *Op. Cit.*
43. Miller, Jonathan. *As Idéias de McLuhan*. São Paulo, Cultrix, 1973.
44. Miller, Jonathan. *Op. cit.*

45. Melo, José Marques de. *Subdesenvolvimento, Urbanização, Comunicação.* Petrópolis, Vozes, 1976.
46. Biderman, Maria Tereza. "O Meio não é a Mensagem". O "Estado de S. Paulo", 30 de agosto de 1969. (Suplemento Literário).
47. Cohn, Gabriel. "O Meio é a Mensagem. Análise de McLuhan". *In Comunicação e Indústria Cultural.* São Paulo, Cia. Editora Nacional, 1975.
48. Tenorio, Jesus Pavlo. *Más Allá del Medio y del Mensaje.* México, DF, 1973.
40. McLuhan, Marshall. *Op. cit.*
50. Cohn, Gabriel. *Op. cit.*
51. Tenorio, Jesus Pavlo. *Op. cit.*
52. Tenorio, Jesus Pavlo. *Op. cit.*

6.

FUNÇÕES E DESEMPENHO DA COMUNICAÇÃO DE MASSA

Ao apreciar a natureza complexa do processo da comunicação, Hawes (1) aponta, como postulados fundamentais do ato comunicativo, a *concateneidade* (encadeamento ou interconexão entre os elementos do processo), a *simultaneidade* (a circunstância de os interlocutores atuarem ao mesmo tempo, e não em seqüência) e a *funcionalidade* (pela qual são sustentados os padrões de relacionamento e as regras apoiadas no uso de símbolos). Nesta última qualidade, de pronto se distinguem duas faces intrínsecas, como nas moedas: a do relato e a do comando, conforme a definição de Ruesch e Bateson (2). Na primeira, um fato, idéia ou situação é enunciado pelo comunicador, tal como o vê; na segunda, nesta enunciação está contida uma sugestão, uma indicação, um apelo ou uma determinação ao interlocutor, com vistas a levá-lo à ação.

As observações dos citados cientistas bem ilustram o princípio de que não há ato comunicativo desinteressado, estando, portanto, funções e efeitos pretendidos interligados, dependendo os últimos do desempenho do comunicador e das disposições do destinatário. Se, na comunicação interpessoal, o mútuo esforço na manutenção do diálogo se revela na realização pessoal de cada interlocutor, na comunicação de massa somente a constatação de que o consumo de mensagens culturais alcança níveis os mais impressionantes comprova a extraordinária gama de interesses, sobretudo políticos e econômicos, que envolvem, sustentam e ampliam a cada dia a indústria da comunicação.

Todo comunicador, pois, exerce uma *função*, entendida como uma ação intencional com vistas à obtenção de um objetivo social determinado. Através da mensagem, o que pretende é levar o receptor a uma ação de interesse próprio e coletivo. O *efeito* é o resultado psicossocial da recepção e decodificação da mensagem.

Sabemos que nem sempre o efeito corresponde ao propósito do comunicador, em razão de condicionamentos sócio-culturais, psicológicos, mecânicos e circunstanciais (3) a que a mensagem está exposta desde sua elaboração na fonte até o momento em que, no destino, se produz o estímulo ativador da reação. Daí que, neste capítulo, merece consideração o fenômeno da *disfunção*, ou seja, da distorção do objetivo inicial que tem gerado, como veremos adiante, os sistemas de salvaguardas sociais adotados por diversas comunidades para o controle da comunicação massiva.

Os meios e a função primordial da Comunicação de Massa

Admite-se, hoje, que os meios de comunicação se completam, antes que se confrontam. A imprensa, que atendia às porções alfabetizadas e intelectualizadas da sociedade, foi complementada pelo disco, pelo rádio e pelo cinema, que estenderam sua influência e disseminaram sua mensagem por onde e até aqueles receptores que não dominavam os códigos lingüísticos gráficos. Pelo fato de possuir condições técnicas, realizadas ou em potencial, para reunir as virtualidades dos demais meios caberia à televisão preencher o vazio que resta no espírito do homem do nosso tempo.

Contudo, a sensação de vacuidade e insatisfação perdura, e isso leva o comunicador a precisar a *função primordial* da Comunicação de Massa, a fim de possibilitar, pela conscientização, o exercício mais eficaz de sua atividade profissional. Nesse sentido, Riesman (4), analisando os efeitos do impresso na evolução psíquica e social do homem, caracterizou as funções socializantes que exerceu sobre comunidades analfabetas, primeiro levou-as a uma individualização que as afastava dos demais, guiados pela tradição e, em seguida, a ligá-los, como grupo privilegiado à sociedade recém-formada. O crescimento desta, a atomização dos núcleos familiares e institucionais primários e o distanciamento cada vez maior entre as classes, cujo contato passou a ser indireto e cujas relações se transformaram em dominação (intelectual e/ou econômica), são, sem dúvida, fatores do estado psicológico de isolamento, solidão e frustração do indivíduo, ao que no entanto, a tecnologia proporcionou recursos de valor insuspeitado para um mais amplo e efetivo intercâmbio.

Tal constatação nos leva a considerar que a parafernália de meios de comunicação capazes de alcançar a totalidade da massa social ainda não foi acionada para cumprir seu principal papel, a sua função-síntese no desenrolar da vida de cada indivíduo e na harmonia de suas relações com os outros próximos ou distantes. É certo, porém, que analistas sérios da problemática política contemporânea já detectaram essa finalidade maior, a partir da própria imprensa, como o faz Gerald (5), ao apontar como sua função primordial *fornecer mensagens que estabeleçam a realidade das instituições sociais e facilitem seu controle.*

Acreditamos que esta função, que engloba todas as demais, não se limita às atividades comunicacionais nos veículos impressos mas abarca as efetivadas por qualquer dos meios massivos, dando ao profissional o paradigma de sua atividade. Como o professor norte-americano, cremos que, a despeito da complexidade da organização social contemporânea, hoje mais visível do que os indivíduos nela envolvidos, a sua base ainda se encontra nas instituições sociais, achando-se "as indústrias da comunicação... no centro da rede de relações sociais, ocupando lugar bem elevado em qualquer disposição de instituições agrupadas de acordo com sua importância social".

A organização social, que o compacto da massa encobre em nossos dias, se estrutura em diversos escalões, a partir do *grupo familiar*, que subsiste com funções de procriação e educação exatamente delineadas. Num outro escalão, identificamos o *grupo econômico*, constituído das instituições agrícolas, industriais e comerciais, com a função de produzir os bens de consumo e as utilidades necessárias à alimentação e conforto do homem. Num terceiro bloco, está o *grupo profissional*, que exerce funções e presta serviços essenciais à conservação, desenvolvimento e aperfeiçoamento da espécie e da vida social. E, por fim, o *grupo político*, ao qual compete a função de governo, de administração dos negócios públicos.

Assim entendida, *grosso modo*, a estrutura social, a função da comunicação de massa é tornar esses grupos cientes e conscientes de sua posição e de seu papel na sociedade, levando-os a aceitar suas diferenças mas a considerar, acima de tudo, sua unidade orgânica, sem a qual não lhes é possível uma ação ordenada e produtiva. Faz-nos falta um conhecimento real das instituições sociais, e isso nos angustia: quando se nega a família; quando se subestima a atividade agrícola ou comercial; quando se erige a indústria ao primeiro plano com sacrifício ou desapreço, por exemplo, da produção intelectual ou artística; quando se confere ao governo, ao Estado, o poder absoluto sobre o homem, então se está recusando admitir o fato social em troca, muitas vezes, de uma teoria, quando não de uma ficção política ou ideológica.

Fundamentado em Durkheim, Weber e outros pensadores, W. Breed admite que o problema-chave de qualquer sociedade é a manutenção da ordem e coesão social, obtida pela integração sócio-cultural, que não está apenas na divisão do trabalho e dos papéis mas também "em um certo consenso sobre um sistema de valores". Considera que, não obstante a existência de "barreiras à comunicação, incrustadas na estrutura social", áreas-tabus que, simplesmente, não são discutidas em conseqüência de "um conjunto de esquemas específicos para a supressão de elementos disruptivos", as funções dos meios de comunicação de massa contribuem para a dinâmica social. "Os *media* tradicionais — escreve — e, também, os *media* emergentes reforçam a tradição e, ao mesmo tempo, explicam novos papéis pela expressão, dramatização e repetição de padrões culturais. Assim, os membros da sociedade permanecem integrados na estrutura sócio-cultural. Entendidos como forma de socialização adulta, os *media* surgem como garantia de que um conjunto de valores básicos permanece visível, constituindo fonte contínua de consenso, não obstante a introdução de mudanças." (6)

As funções específicas

Com o surgimento da palavra e da gravura impressas, começam a delinear-se *funções específicas,* através das quais se tornaria possível o cumprimento integral daquele objetivo maior perseguido pela Comunicação de Massa: a conscientização das comunidades sobre o papel de cada instituição social e dos indivíduos que dela participavam, a fim de, dando-lhes conhecimento de sua finalidade, mecanismo e importância, permitir-lhes o domínio sobre seu funcionamento eficaz. Desde logo, apareciam três funções básicas: 1. *informar* — transmitir elementos (dados) para o conhecimento do indivíduo ou da massa; 2. *persuadir* — fornecer argumentos capazes de modificar a opinião e a conduta de pessoas e grupos; e 3. *divertir* — proporcionar recursos de entretenimento ao homem, para subtraí-lo das pressões do meio e do cotidiano.

Berlo critica essa divisão tríplice das funções da comunicação, a partir da natureza da linguagem, pois "há motivos para crer que todo uso da linguagem tenha uma dimensão persuasiva, que ninguém pode comunicar-se sem alguma tentativa de persuadir de uma forma ou de outra... Tem havido a tendência de interpretar esses propósitos como exclusivos: alguém não está dando informações quando está divertindo, não está divertindo quando está persuadindo etc. Evidentemente, não é assim. No entanto, esta distinção é freqüente... Alguns comunicadores nos setores da imprensa e da educação afirmam que não procuram convencer as pessoas, que simplesmente lhes dão informações. Outros encaram a indústria da diversão como algo independente da persuasão e não levam em conta os efeitos que suas mensagens podem estar exercendo sobre os níveis de conhecimento, processos de raciocínio e tendências das audiências. O teatro, por exemplo, é notável veículo de 'diversão'. Ainda assim, há inúmeros exemplos de peças que tiveram a intenção de produzir, e produziram mesmo, sobre a audiência significativos efeitos estranhos à diversão" (7).

Ainda mesmo no campo da comunicação de massa e até contra a intenção e expectativa do comunicador, registram-se casos de fuga da mensagem à função específica para que foi elaborada e difundida. Tais ocorrências, devidas a vários fatores, se têm registrado no cinema e na televisão, e até mesmo no rádio, sendo exemplo clássico neste último canal o pânico coletivo provocado em 1938 pela transmissão de um programa diversional de Orson Welles — *A Invasão dos Marcianos* — baseado em uma novela de H. G. Wells (*A Guerra dos Mundos*), através de uma cadeia de emissoras nos Estados Unidos (8).

Também Lasswell propõe, como funções da comunicação, numa visão mais ampla do problema: 1. *a vigilância sobre o meio ambiente*, que corresponde à colheita e distribuição das informações referentes aos acontecimentos internos e externos de interesse e importância para toda a sociedade particular; 2. *a correlação das partes da sociedade em resposta ao meio*, ou seja, a interpretação dos sucessos e das reações dos grupos sociais aos mesmos; e 3. *a transmissão da herança social de uma geração à seguinte*, incluindo a exposição e a crítica dos valores culturais que constituem o patrimônio da sociedade e servem de base à sua evolução e aperfeiçoamento. "Quando examinamos o processo da comunicação em qualquer Estado na comunidade mundial — escreve — observamos três categorias de especialistas. Um grupo abrange, com sua atenção, o meio político do Estado como um todo; outro, relaciona a reação do conjunto do Estado ao seu meio ambiente; e o terceiro transmite padrões de reações dos idosos aos jovens. Os diplomatas, adidos e correspondentes estrangeiros são representativos daqueles que se especializam no meio externo. Os editores, jornalistas e oradores vinculam-se à reação interna. Os educadores, na família e na escola, transmitem a herança social." (9) Transpondo essas categorias para as atividades da Comunicação de Massa, teríamos o jornalismo como representativo da vigilância, através da função informativa; a propaganda, como atividade de correlação, através da função persuasiva; e as relações públicas, além da educação, como atividade de transmissão da herança social.

Wright agrega às citadas uma quarta função: *o entretenimento*, referente aos atos comunicacionais basicamente entendidos como diversões, prescindindo de todo efeito instrumental que possam ter. Função de diversão, de preenchimento de lazeres através de atrações artísticas de caráter popular (10). Já para Fayt, "a mais importante função da informação coletiva é *a motivação*... que cria necessidades, exigências e requerimentos, que se traduzem em câmbios na ordem social, econômica, cultural e política" (11).

Outros estudiosos do problema, como Lazarsfeld e Merton, analisando a comunicação na sociedade, através dos seus efeitos, descobrem funções específicas outras, como *a atribuição de status*: "Os *mass media* atribuem *status* às causas públicas, às pessoas e aos movimentos sociais. A experiência cotidiana... atesta que a posição social das pessoas ou que um programa político é favorecido quando repercute positivamente no *mass media*"; e *a de reforçar as normas sociais*, no sentido de, apresentando condutas desviadas, provocar a condenação pública à violação de princípios e costumes e, conseqüentemente, sustentar as pautas da moralidade, tanto pública como privada. Reconhecem, contudo, que, por vezes, as mensagens da Comunicação de Massa exercem o que denominam uma "disfunção narcotizante", oriunda do fluxo excessivo de mensagens que, requerendo uma maior parte de tempo da audiência em captá-las tem como conseqüência "uma menor parcela disponível para a ação organizada", suscitando do receptor apenas "uma preocupação superficial com os problemas sociais" e encapando "a apatia da massa" (11).

Para Beneyto, as funções exercidas pelos *mass media* são de "comunicação espiritual" e embora produzam impacto social, há entre elas diferenças essenciais. "A atividade *informativa* desperta interesse pelos assuntos públicos ou afasta-nos deles, por diversão — no pleno sentido etimológico — depois de indicar a dificuldade de formar um juízo ou o enorme volume da documentação necessária, impossível de ser abrangido." Assim, de acordo com o pensamento do mestre espanhol, a Comunicação de Massa tem por função *incrementar a ação política, a ação cultural ou a ação lúdica* do receptor individual e/ou coletivo (12).

Do nosso ponto de vista de que o objetivo básico da comunicação é a promoção de condições para a realização do homem na sociedade, a Comunicação de Massa deve exercer quatro funções, classificadas de acordo com o conteúdo manifesto de suas mensagens:

1. *Função informativo/jornalística*, através da captação, interpretação e difusão de informações e opiniões sobre fatos, idéias e situações *atuais*, de interesse e importância para a segurança e orientação de cada indivíduo e da sociedade como tal.

2. *Função promocional*, através do emprego de métodos e técnicas de persuasão, a fim de levar os diversos estratos da sociedade ao conhecimento e concordância com seu papel na mesma, com vistas ao desempenho social de uma ação econômica e política ordenada e satisfatória para o desenvolvimento e bem-estar pessoal e coletivo.

3. *Função educacional*, através da transmissão de conhecimentos científicos, artísticos, técnicos e morais, que constituem a herança e

o patrimônio cultural da humanidade, a fim de que a evolução e o aperfeiçoamento cultural e social não sofram solução de continuidade.

4. *Função lúdica* ou *de entretenimento*, através do oferecimento de recursos diversionais para que o homem preencha seus lazeres, liberte-se das pressões do cotidiano e recupere seu equilíbrio emocional pelo estabelecimento de relações mais íntimas com seu próximo e mais solidárias com seu semelhante, o que lhe permitirá a integração na sociedade, reduzindo sua solidão e frustração.

O fenômeno das disfunções

O exercício dessas funções na Comunicação de Massa, em razão da natureza e especificidade dos meios, dos sistemas de produção e controle social e da complexidade das atividades profissionais no nosso mundo, não raro está sujeito a distorções, que levam, independente dos propósitos do comunicador, a verdadeiras disfunções.

O fenômeno, exposto pelo sociólogo norte-americano Merton (14), distinguiu entre as conseqüências de uma atividade social e os objetivos ou propósitos que a geraram. Aos efeitos pretendidos denomina *funções manifestas*, aos não pretendidos, *latentes*. Um mesmo ato comunicacional pode ter conseqüências funcionais ou disfuncionais, dependendo da heterogeneidade do sistema social em que uma atividade pública tem lugar ou dos grupos ou indivíduos nela envolvidos.

Wright (15), reportando-se à teoria funcional, exemplifica-a com uma campanha de saúde pública local, levada a efeito com o propósito de persuadir as pessoas a procurarem uma clínica para uma revisão de sua higidez. Enquanto persegue esse objetivo, a campanha pode ter como resultado inesperado o levantamento do moral dos empregados na Saúde Pública, cujo trabalho passa a receber as atenções gerais. Contudo, pode assustar de tal maneira algumas pessoa que elas acabariam evitando os exames, com receio de alguma doença incurável acaso detectada na ocasião. "Assim, a campanha teria sido funcional na medida em que levantou o moral dos funcionários e, presumivelmente, a sua eficiência; mas disfuncional enquanto tenha um efeito tipo *boomerang* de afugentar possíveis pacientes."

Particularizando o exercício das funções e de seus possíveis desvios na Comunicação de Massa, poderíamos encontrar:

1. *No campo jornalístico* — A difusão de notícias sobre atos de violência e comportamentos ilegais objetiva criar condições para que a sociedade se previna e condene tais práticas, exigindo a punição dos responsáveis, em defesa dos padrões morais e da segurança dos cidadãos; contudo, certas porções da comunidade são afetadas nega-

tivamente e levadas a imitar as atitudes anti-sociais enfatizadas em tais informações.

2. *No campo promocional* — Os exemplos de disfunções provocados pelas mensagens massivas de caráter persuasivo, tanto na área ideológica (propaganda) como na comercial (publicidade) são tão gritantes que têm provocado numerosos estudos à base de pesquisas, advertindo-se que "podem operar para impedir a mudança social e aumentar o conformismo, na medida em que o *caráter público* da comunicação limita sua utilização como crítica social... Para o indivíduo... são disfuncionais se... enfraquecem suas próprias faculdades críticas", tornando-o "um cidadão ineficaz, incapaz de funcionar como um homem racional", desde que consome mensagens pré-fabricadas e opiniões pré-digeridas. A propaganda ideológica, cerrando sua argumentação em torno de determinados princípios sem estabelecer paralelos com as idéias contrárias ou apresentando-as deformadas, e a publicidade, criando falsas necessidades, que resultam prejudiciais a uma ação econômica e política com vistas ao verdadeiro desenvolvimento e bem-estar pessoal e coletivo, constituem, sem dúvida, atividades comunicacionais de caráter disfuncional do ponto de vista da comunidade como um todo (16).

3. *No campo educacional* — A transmissão do conhecimento do patrimônio cultural da humanidade pela comunicação massiva é, por sua própria natureza, estandardizada. Se, por um lado, oferece uma base ampla de normas, valores e experiências coletivas visando a unificação da sociedade, por outro lado pode provocar, como disfunção, a perda da variedade e da criatividade de subculturas receptoras. Riesman nota que "as lições morais das histórias contadas através da comunicação de massa não se podem ajustar à capacidade do ouvinte individual, como ocorreria numa história contada diretamente. Daí, a criança hipersensível fazer exigências indevidamente ásperas a si mesma, quando interioriza, sem intermediários, as lições culturais de livros, filmes, televisão e outros veículos" (17).

4. *No campo do entretenimento* — Considerando-se, de um lado, os recursos diversionais particulares ou familiares, e de outro, aqueles oferecidos pela Comunicação de Massa, "críticos da cultura popular argumentaram que o entretenimento em massa é disfuncional porque não consegue elevar o gosto do público ao nível das formas de diversão menos extensivas, como o teatro... (pois) há perda de qualidade até nos materiais artísticos comunicados à massa, como ilustra o desvio da ênfase da forma para a melodia, na música clássica irradiada" (18). Até mesmo no que tange à literatura, vamos encontrar disfunções em certas práticas instituídas na área editorial, como as condensações de obras-primas universais e, em certos casos,

a sua "quadrinização", provocando a fuga dos leitores ao produto original e completo (19).

O comunicador de massa: atividades e responsabilidades

As disfunções provocadas pela Comunicação de Massa não são eliminadas totalmente mas reduzidas de modo considerável quando o comunicador tem plena consciência de seu papel na comunidade, completo domínio das técnicas que presidem suas atividades, amplo conhecimento teórico do seu ofício e participação intensa na vida social, o que lhe confere sensibilidade e capacidade de identificar as necessidades do público a que dirige preferencialmente sua mensagem.

Esses dotes essenciais do comunicador de massa, responsável pela elaboração da mensagem e seu trânsito desde a fonte ao destino, onde se encontra o receptor, são facilitados pela sua estrutura característica. Não se trata, no caso, de uma pessoa singular, de conhecimentos intelectuais limitados, cujas mensagens, produzidas por meios naturais ou mecânicos privados ficam restritas a balizas espaço-temporais determinadas. O comunicador de massa supera tais limitações pelo fato de ser sempre *uma instituição* ou *pessoa institucionalizada*, integrada por especialistas em todas as áreas do conhecimento, que estão em toda parte e em todas as camadas da sociedade, e cujas mensagens são emitidas através de canais mecânicos (elétricos/eletrônicos), que ultrapassam muito as áreas de alcance da comunicação interpessoal em espaço e tempo.

Em sendo, por natureza, grupal, o comunicador massivo não pode gozar daquela completa liberdade de produção e emissão (intelectual, artística e técnica) da mensagem, que é desfrutada pelo comunicador individual, pois está dependendo de condicionamentos, que configuram seu comportamento e orientam sua atividade. Como escreve Bourgelin, "no domínio das comunicações de massa, a mensagem surge não como resultado de uma criação individual mas como termo de um processo coletivo de realização, ele mesmo estreitamente colocado sob o controle da produção" (20).

Com efeito, em decorrência da industrialização, *a Comunicação de Massa requer uma organização formal complexa*, a empresa, pois "*a publicação de um jornal ou a produção de um programa de TV exige o uso de recursos de capital e, por conseguinte, controle financeiro; demanda grande quantidade de pessoal* e um corpo diretivo altamente especializado, *e supõe a aceitação e aplicação de controles normativos* e... de um mecanismo de prestação de contas, tanto ante a autoridade exterior como ante o público. *Deve haver uma estrutura hierárquica interna que assegure continuidade e cooperação.*

Esses requisitos só podem cumprir-se se existe uma organização formal; nisso é que as comunicações de massa se distinguem da comunicação informal, não estruturada e interpessoal" (21).

Pode-se observar a estrutura múltipla do comunicador de massa na enunciação, por exemplo, das equipes produtora, criadora, realizadora e distribuidora de uma mensagem fílmica, posta nos circuitos de exibição ou em determinada rede de TV. Nem sequer o autor de uma obra literária ou científica editada pode considerar-se um comunicador individual: a sua criação para vir a lume terá de submeter-se aos controles normativos e à hierarquia que McQuail indicou acima como requisitos da organização empresarial.

É que, dada a complexidade e diversidade das tarefas de produção e venda da mensagem cultural e os reclamos de um abastecimento regular e oportuno do mercado, pois a Comunicação de Massa não admite períodos de entressafra, impõe-se à indústria da comunicação a participação de numerosos agentes, nenhum dos quais isoladamente poderia transformar as matérias-primas que utiliza em um bem/serviço economicamente rentável. As técnicas da Comunicação de Massa se contrapõem à relativa simplicidade da comunicação interpessoal direta, ou mesmo indireta, em que o comunicador pode exercer plenamente sua liberdade de decisão, manejar sozinho o canal de que dispõe e receber imediatamente a mensagem de retorno, que alimenta o diálogo.

Três fatores principais ditam a estrutura múltipla e a natureza dependente do comunicador de massa e anulam ilusórias esperanças de alguns teóricos de que, como nos primórdios da imprensa, em que o editor podia ser ao mesmo tempo autor, tipógrafo, impressor e distribuidor do seu próprio livro/folha a uma comunidade determinada, ainda seja possível a ação individual na Comunicação de Massa:

1. *O caráter sempre indireto*, a verticalidade *do processo*, que não dá margem a uma resposta imediata da audiência.

2. *A impossibilidade do manejo pessoal de todo o instrumental* (máquinas e técnicas) *dos canais emissores e transportadores da mensagem* até o seu incontável e disperso destinatário.

3. *A inacessibilidade individual ao feedback*, desde que este só pode ser avaliado em pesquisa científica, cujo custo é demasiado elevado para um particular. Assim, a retroalimentação da fonte emissora, necessária para que não haja interrupção do diálogo, constitui matéria-prima de consumo coletivo para todos os integrantes do grupo.

Maletzke identifica o comunicador de massa como "toda pessoa ou todo grupo de pessoas que participa da produção de mensagens públicas, destinadas à difusão por um meio de comunicação coletiva, seja de modo criativo-configurador, seja de modo seletivo ou controlador". Devemos deixar claro que a pessoa singular que comunica o faz como participante do processo de produção; que esse processo abarca desde a criação até a distribuição e se efetiva dentro da organização, o que exclui, por exemplo, o possível censor estatal da estrutura do comunicador; e que, por fim, "o momento em que o comunicador expressa algo; o modo pelo qual configura a mensagem de acordo com o seu conteúdo e a sua forma; a circunstância de a quem a dirige; os meios através dos quais a difunde, e o seu alcance, tudo isso depende, por um lado, do próprio comunicador enquanto personalidade e, por outro, de suas relações sociais, da representação que faça de si mesmo e do seu papel e, por fim, da sua missão e posição dentro da equipe e da instituição "em que se integra" (22).

Desses fatores condicionantes, *a integração no grupo* (equipe/instituição), cujos interesses, metas e objetivos são definidos *e as reações do ambiente público geral*, que pressionam e não raro intervêm diretamente na Comunicação de Massa, *nos parecem os mais característicos do desempenho condicionado do comunicador grupal. Se bem que a personalidade* ("recíproca compenetração e superposição de todas as órbitas psíquicas"), *a auto-representação* (a circunstância de "como se vê a si mesmo, de como interpreta sua tarefa e o seu papel social, de onde e como se integra subjetivamente no sistema do campo da comunicação") *e as relações sociais privadas* ("os grupos a que pertence e nos quais ocupa tanto uma condição determinada como também funções representativas específicas") *de qualquer dos membros da instituição comunicadora decerto influam na mensagem,* co-determinando conteúdo e forma, *a orientação e a decisão pertencem ao grupo.* E pertencer a um grupo, na órbita da produção intelectual, artística ou técnica, significa "renunciar a uma boa parte de sua liberdade de ação e de decisão em favor da equipe e de suas finalidades específicas" (23).

Exemplos desse condicionamento do comunicador de massa são as adaptações de uma obra literária à linguagem cinematográfica ou de uma peça teatral, transformada pela televisão em "novela", que exigem do autor-criador submeter-se a alterações de texto e mesmo à introdução de personagens para que sua mensagem seja recebida com maior interesse pela audiência. Este sacrifício da criação à realização está na raiz dos conflitos já estudados (24) entre o artista e o adaptador, que Maletzke chama "funcionário da produção" e Fearing, por ele citado, denomina "pseudocomunicador". Uma observação mais atenta da equipe da produção mostra que, geralmente, só uma parte dos seus membros atua de modo criativo. Embora sejam indispensáveis numerosos "funcionários" para a realização harmoniosa da tarefa, eles não cooperam de modo imediato na produção, ainda que com freqüência exerçam forte influência indireta sobre a seleção do tema e sua configuração. Como seus interesses, situação e idéias estéticas diferem freqüentemente dos "comunicadores genuínos", apresentam-se facilmente tensões entre os integrantes dos dois grupos, situação que é mais ou menos grave na dependência da "atmosfera de trabalho, o ambiente de atividade em torno dos meios coletivos... das condições prevalentes em umas empresas e outras".

Ainda Maletzke chama a atenção para o "propósito prometedor de pouco êxito de querer extrair de uma mensagem... conclusões certas a respeito do comunicador", como pessoa e até mesmo como criador. E lembra, em nota, a frase de Adorno: "Estudar programas de televisão referindo-se à psicologia dos autores seria quase comparável a estudar os carros Ford através da psicologia do defunto Mr. Ford." (25) Também Beneyto salienta que *"a tarefa de emitir, ordenar, selecionar, criar ou controlar uma série de mensagens informativas é uma tarefa coletiva"*; assim, embora "certos nomes que dão título a equipes, tanto na imprensa diária como nos semanários e novelas em fascículos", a produção conta com o grupo, como "no caso do ídolo de público Jerry Cotton", cujas mensagens têm, "segundo se diz, seus autores principais e sete redatores, mais um número variável de colaboradores, entre os quais figuram professores e médicos, comerciantes e jornalistas, um chefe de cozinha e um presidente de tribunal territorial" (26).

No desempenho de sua missão como participante do processo da Comunicação de Massa, o profissional comunicador sofre, antes de tudo, a pressão do grupo como empresa que persegue finalidades, metas e objetivos próprios, para a satisfação das quais se organizou e convocou os elementos humanos indispensáveis. Maletzke, na obra já citada, exemplifica tal fator condicionante com três tipos de organização das empresas jornalísticas:

1. *Autoritário-ditatorial*, em que os meios são utilizados com finalidade de persuasão, como ocorre nos países totalitários. *"O comunicador* que trabalha em uma organização orientada autoritariamente *se vê compelido* — pelo menos no que tange a todos os "problemas de princípio" — *estritamente pelas diretrizes que vêm em cima.* Tem de observar fielmente a "linha" para que seja mantido na organização. Para suas próprias decisões, resta-lhe só uma órbita limitada". O caso Soljenitsin, registrado no campo da editoração, entre 1970 e 1973, na União Soviética, ilustra bem as restrições impostas ao comunicador-criador: não se submetendo ao regime estreito, o escritor viu-se privado de difundir sua mensagem no país e terminou por ser banido. Pela mesma época, em nosso País, sob regime militar e a alegação de combater "exteriorizações contrárias

à moral e aos bons costumes", práticas consideradas como execução de "um plano subversivo que põe em risco a segurança nacional", o então presidente Médici impôs, pelo Decreto-lei n. 1.077, de 26 de janeiro de 1970, a censura prévia a cargo do Departamento da Polícia Federal a todos os meios de comunicação, inclusive, pela primeira vez em nossa história republicana, aos livros, cujos originais, em três cópias, conforme portaria do ministro Alfredo Buzaid, deveriam ser encaminhados ao Delegado Regional e só poderiam ser divulgados após a liberação pela autoridade competente. Pode-se imaginar o caos em que mergulharam, então, as editoras e os departamentos policiais da área: centenas, milhares de escritos se iam acumulando à espera de liberação, nomeavam-se novos censores, os quais não davam conta das tarefas que lhes cabiam, pois além do exercício da leitura de originais incluíam o exame e veredicto sobre periódicos vindos do estrangeiro, programação de rádio e televisão, diversões e espetáculos públicos e até a decoração de restaurantes, como ocorreu com os painéis e retratos de Luis Jasmim no Drugstore da Lagoa, no Rio, e a reprodução, em *posters* de obras de arte famosas, como o David, de Michelangelo, apreendido no Hippy Center de Ipanema, conforme noticiário publicado na edição de 10 de março daquele ano de *O Globo*. Esses atos arbitrários e seus reflexos desprimorosos, para as autoridades, as declarações de dirigentes da própria polícia federal sobre a impossibilidade sequer de conceituar o indecoroso censurável, os protestos de intelectuais, juristas, profissionais da comunicação e, sobretudo, dos editores, o ridículo que pesou sobre a atuação dos censores-vestais, tudo isso levou ao relaxamento do Decreto e da portaria que o regulamentou. Mas o episódio se constituiu numa mostra inequívoca de quanto um sistema autoritário pode influir na elaboração e difusão de mensagens culturais, podando manifestações autênticas de criatividade e opondo restrições intoleráveis ao exercício profissional do comunicador de massa.

2. *Comercial*, em que os meios são utilizados com a finalidade de puro lucro econômico, reconhecendo "sujeições e limites em sua produção somente no que tange às exigências de princípios básicos, normas e leis sociais, estatais e morais". Aqui, prevalece, como medida restritiva da ação do comunicador, não uma doutrina política ou ideológica, mas "os desejos do cliente. Para produzir um ganho alto, a instituição aspira a vender sua mercadoria ao maior número possível de clientes. Com essa finalidade, é necessário adaptar a mensagem ao gosto e aos desejos das mais amplas camadas do público". Em resultado dessa política, o *comunicador se vê forçado*, em geral, *a rebaixar o nível estético da mensagem*, porque atua "não como um mediador cultural mas como homem de negócios".

3. *Público-jurídico*, em que os meios são utilizados com "fins de educação e cultura", por concessão ou sob a influência do Estado,

como é o caso da radioteledifusão na Inglaterra, na República Federal da Alemanha e em outros países europeus. "Embora essas instituições sejam constituídas pelo Estado, em virtude de leis, ao Estado só é lícito exercer influência sobre as mensagens dentro dos limites fixados por tais leis. Os recursos financeiros das instituições estão assegurados por impostos, de modo que o comunicador pode trabalhar independentemente dos desejos do público. Sem dúvida, é "mais livre" do que nos outros sistemas; contudo, de um modo geral, torna-se para ele impossível desestimar completamente, por um lado as idéias e a capacidade do público e, por outro, a "linha" política de sua instituição.

Essas restrições se agravam no caso do comunicador-pessoa institucionalizada, não profissional da comunicação, que não dispõe de seus próprios *media* e/ou não está com eles familiarizado. As suas mensagens, além de condicionadas em seu conteúdo pelo grupo que encarna, são submetidas aos controles normativos das instituições proprietárias dos canais de produção e difusão que terá de utilizar para torná-las públicas e acessíveis a quem seja. Caso típico desse condicionamento se registrou com encíclicas e documentos papais ou conciliares, sob Paulo VI, cujas versões dos originais latinos não só foram divergentes em edições oficiais de países de línguas vivas as mais diversas como, em alguns meios, deturpados e mesmo censurados pelo Estado ou pelas indústrias de comunicação.

Outros exemplos do pluricondicionamento da pessoa institucionalizada podem ser detectados no campo da editoração gráfica, em que títulos, diagramação, corpos tipográficos e cores podem influir decisivamente na eficácia da difusão da mensagem. Como horários de transmissão, tomada de ângulos, dublagens, sonoplastia ou *replays* podem favorecer, prejudicar ou imprimir fidelidade à mensagem transmitida através do rádio, do cinema e da televisão.

Volvendo ao comunicador profissional, encontramo-lo a braços com o problema da *integração no grupo*, dentro do qual lhe cabe desempenhar uma tarefa parcial, na qual é especializado. O grupo de trabalho é, apenas, uma das diversas comunidades a que pertence e, uma vez concluída a tarefa que nele lhe cabe, torna aos seus próprios e exclusivos interesses, que nada mais têm em comum com a instituição laboral. Conforme Gans (27) observou, o comunicador há de ser considerado sob quatro aspectos: "Primeiramente, através do fundamento cultural... de sua educação, trabalho e trajetória de recreação, seus vários grupos de referência, e os públicos e culturas que ele conhece. Segundo, através de suas aspirações a classes de coisas que quisera criar e os propósitos que em geral tem. Em terceiro lugar, através de seus gostos e preferências pessoais, tanto como criador quanto como membro do público. E, finalmente, através do seu papel na confecção do produto e das decisões que toma naquelas situações que têm implicações para o público dado." Para este tipo humano, *esses traços psicológicos e culturais particulares constituem obstáculos a transpor para a integração no grupo comunicador*, em que se encontram as mais diversas personalidades, e *que deve produzir em comum* e sob normas e circunstâncias igualmente diversas, *uma única mensagem*.

A unidade de composição da mensagem, fruto dos esforços individuais de cada membro do grupo, impõe ao comunicador profissional "renunciar a uma boa parte de sua liberdade de ação e decisão em favor da equipe e de suas finalidades e objetivos. Por conseguinte, neste sentido, não é "livre" em sua produção como acaso um artista "independente". Assim, por exemplo, pode ocorrer que o comunicador se veja obrigado a produzir uma matéria diametralmente oposta às suas próprias opiniões... Situações como essa são responsáveis, geralmente, pela "burocratização" das mensagens, aqui representada pelo tempo maior exigido para sua execução, por ruídos e redundâncias, pela elaboração, enfim, de um produto de baixa qualidade. Se não se consegue um certo nível de compreensão e colaboração, cria-se um ambiente de angústia e confusão psíquica, que "se exterioriza em uma luta de tudo contra todos, em uma agressividade excessiva e, conseqüentemente, em queda do rendimento" (28).

As pesquisas sociológicas sobre o funcionamento interno das organizações da Comunicação de Massa são muito recentes, conforme McQuail, deixando margem a indagações sobre as estruturas informais que elas desenvolvem, "os mecanismos de controle que operam na ausência de uma censura formal, a natureza das funções da comunicação e dos meios com que se as define... O conceito central na maioria dos trabalhos publicados é o de 'guarda-barreiras', termo cunhado por Lewin (1947), que surgiu de sua opinião de que as notícias devem fluir através de certos *canais*, e que determinados pontos dentro destes últimos serviriam como 'barreiras' que permitiriam a passagem ou não de determinadas notícias". O comunicador grupal exerce a função de "guarda-barreiras", e com o objetivo de conferir unidade à matéria, "tem o direito de decidir se uma notícia deve ou não ser transmitida ou retransmitida de uma maneira ou de outra". E ele exerce essa função com tal freqüência que Schramm, em 1949, considerou que "nenhum aspecto da comunicação é tão impressionante como a enorme quantidade de escolhas e rejeições que se produzem entre a formação do símbolo na mente do emissor e a aparição de um símbolo relacionado na do receptor". McQuail acentua que a função de guarda-barreiras não é exclusiva das organizações da imprensa "mas pode empregar-se também para outros meios e para material de entretenimento ou cultural" (29).

O mesmo sociólogo descreve, baseado em pesquisas realizadas por Warren Breed (1955), como o grupo atua e por que os seus componentes se ajustam a uma determinada política empresarial, de que resulta a filtragem e a arte final do produto: "O membro do pessoal... deve ser considerado do ponto de vista do seu *status* e aspirações, da estrutura da organização da equipe... e da sociedade total." O controle se inicia pela socialização dos profissionais recém-chegados, que devem aceitar as normas políticas do grupo, correspondendo, assim, às expectativas da instituição empresarial que os convocou. "Logo se desalentam ou impedem os desvios mediante seis recursos: o uso da autoridade formal e de sanções, que supõe a possibilidade de dar os casos ou fatos polêmicos a homens 'seguros'; os sentimentos de obrigação e estima para com os superiores; o desejo... de ascender em sua carreira; a ausência de uma aliança de grupo alternativo para apoiar o desvio; a gratificação que significa permanecer dentro do grupo e, finalmente, a idéia de encarar as notícias (mensagens) de acordo com os lineamentos de uma política determinada que constitui um valor em si mesma." Em conseqüência, o novo membro do pessoal "se ajusta às normas da política mais do que a qualquer crença pessoal ou ideais éticos que houvesse trazido ao trabalho". Segundo Breed, o resultado consiste em manter o sistema existente de relações sociais de poder, posto que "a política geralmente protege a propriedade e os interesses de classe" (30).

Do exposto, não se conclua que o Comunicador de massa, em sua atuação de guarda-barreiras, não tenha em vista os interesses da audiência, pelo menos aqueles mais fácil e claramente detectados. Apenas, essa audiência a que procura servir não lhe surge como um todo mas como uma categoria determinada que, economicamente, por exemplo, como nas pesquisas de *marketing*, é classificada em A, B e C, e intelectualmente, como para efeito dos serviços oficiais de censura de diversões públicas, obedece a critérios etários. *O tratamento da mensagem pelo emissor*, embora sujeito em princípio às normas políticas da instituição, *se orienta para uma audiência ideal, constituída de receptores escolhidos como tipos, que retira do anonimato e do caráter heterogêneo da massa*. Embora consciente de que a mensagem pode ser recebida por quem quer que tenha condições de captá-la e decodificá-la, *o comunicador elege, como modelo para seu interlocutor, um grupo de referência empiricamente constituído de pessoas que considera capacitadas a reagir pública e notoriamente apoiando ou desaprovando o objeto da comunicação, inclusive em seu revestimento formal*. Daí, por exemplo, os programas de televisão ou cinematográficos destinados à criança (como as Produções Walt Disney), ou as fotonovelas, que as pesquisas comprovam ser leitura favorita de significativa parcela do público feminino, com características intelectuais e sociais determinadas (31).

As decisões do comunicador de massa também estão determinadas, como ficou comprovado na crise por que passou o cinema na década de 60, com o fechamento dos grandes estúdios norte-americanos, pelo *ambiente público geral*. Este ambiente não deve ser confundido, conforme Maletzke, com a audiência efetiva da mensagem "pois em muitas ocasiões reagem *círculos muito mais extensos e distintos do que os próprios receptores*". O mestre alemão encontra "cinco interessados que, além do público e juntamente com ele, influem no labor do comunicador dentro da comunicação massiva", a saber: o Estado, os partidos, os grupos de pressão, a opinião pública e a própria comunicação de massa como um todo (32).

Embora acatando a definição do ambiente público geral de Maletzke, não encontramos motivo na sua discriminação dos grupos interessados "além do público", salvo quanto àquela parcela da massa, como ela dispersa e inorganizada, que é a opinião pública. Isso porque os demais são receptores *ex-officio*, cuja própria existência resulta do conhecimento da mensagem, que determina sua ação e seus objetivos sociais. Como as instituições emissoras de mensagens, esses organismos "interessados" são partícipes do ambiente público geral, que se exprime na opinião pública (33).

O grande problema do comunicador de massa-instituição para tomar o pulso desse inconstante e fluido ambiente público geral e desempenhar com eficiência suas funções criativas reside na difícil captação das reações produzidas, que devem retroalimentar o diálogo *sui generis*, em que se constitui a comunicação massiva.

Pfromm Netto (34) define o *feedback* como "o conjunto de mecanismos que possibilita uma avaliação da aceitação, eficiência e deficiência das mensagens... e tende a influir nas decisões das unidades-fontes, afetando a produção de novas mensagens" e inclui, entre esses organismos, certos tipos de comunicação de retorno, como índices de venda, de bilheteria, de audiência de programas de televisão ou rádio, "cartas à redação", críticas etc. Contudo, salvo raríssimas ocasiões (quando a opinião pública *grita*), essas comunicações não passam de reações de pessoas isoladas ou de grupos, parcelas da audiência, muitas vezes resultantes de posições assumidas por organismos interessados, isto é, manifestações planejadas para influir e controlar a comunicação.

Na verdade, *esses mecanismos constituem tão-somente a resposta do grupo de referência que o comunicador elegeu como padrão de sua audiência*, a que nos referimos anteriormente. Assim, embora ofereçam subsídios ao conhecimento de importantes parcelas do ambiente público geral, terão sempre de ser recebidos com reserva, exigindo do comunicador uma bem dosada medição.

A retroalimentação mais positiva do diálogo estabelecido entre o comunicador-instituição e a massa é a pesquisa em comunicação, realizada sob critérios científicos e que oferece uma estimativa mais aproximada das reações à mensagem e dos reclamos do público de massa. Foi utilizando pesquisas desse tipo, infelizmente ainda pouco freqüentes, que Klapper (35) chegou a conclusões apreciáveis sobre os efeitos, tantas vezes sub ou superestimados da Comunicação de Massa, como referiremos adiante.

De qualquer modo, o comunicador experimentado tem consciência da pressão do ambiente público geral sobre a produção, e as suas decisões, conforme White (36), se fundamentam em "juízos de valor altamente subjetivos, nascidos do seu próprio caudal de experiências, atitudes e expectativas" e "em seu papel de guarda-barreiras... se encarrega de que a comunidade receba como fatos só aqueles sucessos que o jornalista, como representante de sua cultura, pensa que são certos". (A pesquisa do autor foi feita na área do jornalismo.)

Em sua generalidade, as mensagens da Comunicação de Massa refletem a pressão e o constrangimento do ambiente geral em "uma forte tendência ao conformismo e ao conservadorismo, no afã de evitar problemas cadentes, experiências e temas reformistas... tudo quanto possa conduzir a desgostos, a protestos, a críticas e ataques" da opinião pública. Tais tendências, porém, observa Maletzke, nem sempre devem ser julgadas negativamente, pois "o conformismo só é suscetível de ser apreciado em sua relação com as forças contrapostas não conformistas em cada caso". Uma constante atenção do comunicador às reações do ambiente público geral poderá dar-lhe uma medida de atuação, proporcionando-lhe o que Baumert define como "suficiente campo para desligamento de orientação de interesses contrapostos" (37).

Na história contemporânea podem-se apontar exemplos numerosos de mensagens culturais elaboradas e difundidas em um momento dado e que alcançaram êxito porque respondiam a anseios do ambiente público geral captados inteligente e oportunamente pelo comunicador. O estudioso poderá analisar tais ocorrências em diferentes áreas da comunicação, desde a editoração, como a publicação, por exemplo, do livro *Portugal e o Futuro,* do general Antonio de Spínola, em 1973, que refletia os anseios do povo lusitano de derrocar um regime político não mais condizente com a realidade do país e as exigências das relações internacionais, até o *show business,* em que a cinematografia apela para as superproduções (*O Poderoso Chefão, Terremoto*) enquanto a TV reedita os seriados, quer sob a forma de "novelas" — estória longa dividida em episódios diários — quer em telefilmes, cujas partes são semanalmente apresentadas, ora em episódios independentes (*Kung Fu, Sexto Sentido*), ora em continuidade (o brasileiro *O Bem-Amado*, o norte-americano *Dallas*).

A recuperação da informação enriquecida pelas reações do receptor de massa, que para Marques de Melo (38) está na raiz do próprio conceito de comunicação, é suprida, atualmente, sobretudo em organizações jornalísticas, pelos arquivos e serviços de documentação, que põem à disposição do comunicador grupal pelo menos os antecedentes das situações ocorridas que se devem transformar em notícia (39). Mas, na falta do grande instrumento da pesquisa resta sempre, como o maior empecilho ao aperfeiçoamento do processo da Comunicação de Massa, o enigma dessa esfinge difusa que é a audiência de massa, da qual, em última instância, depende a eficácia da utilização de técnicas e meios cada dia mais sofisticados de intercâmbio de mensagens públicas, através do qual respira a sociedade contemporânea.

As atividades da comunicação

A complexidade das tarefas para o exercício destas funções, que não podem sofrer distorções nem se confundirem, afastando do seu objetivo fundamental, exige que seus agentes sejam profissionais, com amplo conhecimento do seu *metier* e, na medida do possível, inteiramente dedicados à produção de mensagens públicas reclamadas para o harmonioso sobreviver e aperfeiçoar-se das diferentes áreas culturais compreendidas pela comunidade a cujo serviço se encontram. As tarefas a cargo desses agentes constituem as atividades características da comunicação massiva, a saber:

1. *Editoração* — processo de veiculação de mensagens culturais selecionadas e padronizadas, através de meios específicos que as multipliquem, conservando-as no tempo em sua forma original, e/ou lhes imprimam alcance universal imediato, desde a fonte ao consumidor.

A expressão se origina do verbo latino *edictare*, que significa *fazer sair, conduzir para fora*. A decisão de uma autoridade romana, proclamada através de arautos ou gravada em tabuinhas enceradas no fórum, tornando-se assim do conhecimento público, gerava o *edictus*, que obrigava a todos os cidadãos. O significado de editorar, encontrado nos dicionários, é fazer a edição, publicar, dar a lume, pôr à disposição do consumidor o produto codificado da idéia do agente cultural elaborador da comunicação.

Como a Comunicação de Massa se iniciou pela produção de livros e avulsos, com a utilização do invento de Gutenberg, em sentido restrito editoração é o emprego de técnicas usadas para a composição, impressão e distribuição de obras literárias, científicas e artísticas. Trata-se, aqui, unicamente, da *editoração gráfica*, a que se seguiu a *editoração elétrica/eletrônica*, quando, graças ao invento de Thomas Edson e seus seguidores, os sons puderam ser gravados (discos/fitas) e de Marconi e outros, quando sons e imagens se tornaram transportáveis pelas ondas hertzianas a distâncias imensuráveis (rádio/televisão).

Organizada em empresas, a editoração é responsável, hoje, pela industrialização e comercialização de mensagens impressas de toda ordem em livros, revistas, jornais, folhetos, cartazes, fotografias e ilustrações, estampas, murais, álbuns, calendários, gráficos e mapas. Também lhe cabe a produção industrial de suportes gravados, sejam sonoro-verbais, como os discos e fitas audiomagnéticas; sejam visuais para projeção como *slides*, transparências, filmes mudos e videogravações sem som; sejam, ainda, audiovisuais, como diapositivos e transparências para projeção acoplados a ilustrações sonoras em fitas ou disco, filmes cinematográficos e videogravações sonorizadas.

Finalmente, a atividade do editor se estende ao rádio e à televisão, cabendo-lhe desempenhar não só funções intelectuais, ao coordenar a produção e realização dos programas, como outras de caráter gerencial, providenciando desde o financiamento até a manutenção do aparelhamento transmissor, a fim de que a mensagem chegue com fidelidade e presteza ao destinatário.

Com tão relevante papel no correto desempenho da Comunicação, o profissional da editoração não pode ser um jejuno nos princípios, métodos e técnicas do seu ofício nem tampouco se admitiria a uma empresa aventurar-se a empregar em tarefas tão específicas pessoas sem a competente habilitação. Daí a necessidade de uma formação adequada desses agentes, a nível universitário, como já se vem tentando no Brasil, em especializações dos Cursos de Comunicação, onde já se tem conseguido, além de resultados auspiciosos na preparação de profissionais qualificados, o levantamento de apreciável bibliografia (40).

2. *Jornalismo* — processo de produção de mensagens culturais relativas a fatos, idéias e situações atuais, interpretados à luz do interesse coletivo e transmitidos periodicamente à sociedade, com o objetivo de difundir conhecimentos e orientar a opinião pública, no sentido de promover o bem comum.

Embora existente desde os primórdios da vida social humana, o jornalismo, com os atributos que hoje lhe são peculiares (*atualidade, variedade, interpretação, popularidade* ou *difusão coletiva* e *promoção*) procede da difusão da tipografia, a partir do século XVI, consubstanciando-se com os diários impressos, na seguinte centúria. Com a implantação da sociedade de massa, e já dentro dela, com o invento do cinema, do rádio e da televisão, ao grafo-jornalismo seguiram-se o cinematográfico, o radiofônico e o televisado, em todas as modalidades visando a exercer, sobretudo, as funções de informação e orientação do indivíduo e da sociedade para que realizem ações destinadas ao próprio e ao bem-estar coletivo.

Ainda que o campo de ação dos agentes culturais do jornalismo seja o mais vasto e variado, cabendo-lhes informar e comentar qualquer fenômeno que ocorra, em determinadas circunstâncias, na natureza, nas relações sociais ou no mundo criado pelo homem, ou seja, da cultura, não deve ser propósito específico dessa atividade, em sentido restrito, educar, persuadir ou entreter seus destinatários, uma vez que tais funções são próprias de outras atividades comunicacionais. As distorções sofridas pelo jornalismo, no decurso de sua história (jornalismo estatal, jornalismo "marrom" etc.) aliás, são geradas pelo intento de restringi-lo a instrumento de educação, de propaganda ou de evasão, antes que de apresentador do quadro da atualidade, sem cujo conhecimento a comunidade permaneceria alienada, sem condições de opinar e participar da ação construtiva da paz, do progresso e da ordem social.

Sabemos, contudo, que as funções da comunicação são solidárias e não estanques. Daí que, embora não formalmente, a função jornalística é também educativa, ao fornecer dados objetivos sobre o conteúdo de suas mensagens e ao orientar a opinião pública, mediante a interpretação dos acontecimentos transformados em notícia.

Quando aponta, no corpo das matérias difundidas, e em razão de aspectos alcançados pela análise cuidadosa da ocorrência ou do tema tratado, uma alternativa válida para a consecução do bem comum, o jornalismo está, do mesmo modo informal, exercendo a função promocional. Recentemente, a análise dos teores de nicotina e alcatrão encontrados nas diferentes marcas de cigarros fabricados no País por uma revista de informações gerais, com o objetivo de esclarecer a opinião pública perturbada pela publicidade de algumas fábricas, constituiu, sem dúvida, um ajutório valioso à propaganda de determinada marca que, realmente, apresentava vantagens sobre as demais, enquanto esclarecia o consumidor para afirmações sem fundamento de outras que eram anunciadas como portadoras de baixos teores. Assim também o jornalismo cumpre sua função, com referência ao fumo, às bebidas alcoólicas, aos medicamentos e aos gêneros alimentícios quando denuncia, ora os males que o seu consumo indiscriminado ou abusivo provoca, ora os cuidados requeridos para o seu consumo, a despeito de, entre nós, os veículos noticiosos serem mantidos em larga percentagem, pela publicidade de tais produtos.

Quanto à função lúdica, também se encontram, nos meios de comunicação jornalística, elementos destinados a provocá-la, entretendo o receptor com mensagens diversionais, sob a forma de histórias em quadrinhos, palavras cruzadas e outros passatempos, mas, sobretudo, através de histórias de interesse humano, crônicas e *charges*, em que os fatos, idéias e situações da atualidade são apresentados com humor e/ou sentimento, no intuito de divertir e/ou comover a audiência. No jornalismo audiovisual, utilizam-se como recursos diversionais faixas musicais, desenhos, caricaturas e imagens distorcidas, sátiras e enigmas, desde que relacionados com temas e situações da atualidade (41).

3. *Educação* — processo de edição e emissão de mensagens destinadas ao ensino e aprendizagem através de materiais e equipamentos mecânicos, elétricos e/ou eletrônicos de alcance universal sobre temas científicos, artísticos e técnicos-profissionais, utilizando-se métodos didáticos, com vistas à formação e/ou aperfeiçoamento da bagagem intelectual e vivencial da audiência.

A educação, conforme a lição de Bullaude (42), pode ser sistemática, "a que se dá institucionalmente, em um sistema escolar, de maneira progressiva, planificada e controlada" e assistemática, "a que dá a comunidade mesma, de distintas maneiras", entre as quais se coloca a ação dos meios audiovisuais de massa, já que, como o admite o autor, reconhecida autoridade na matéria, os resultados, até mesmo do uso de recursos audiovisuais como ajuda didática, são "pouco alentadores", com exceção talvez dos Estados Unidos, onde a falta de docentes é agudamente sentida e onde se considera que tais instrumentos constituem "o verdadeiro centro da ação docente".

A atividade comunicacional educativa, a que se dedicam pedagogos e especialistas, e que visa a instruir e aprimorar o patrimônio cultural da massa, é fruto do recente desenvolvimento e crescente popularização dos meios e equipamentos gráficos e audiovisuais. Em informe preparado para a UNESCO sobre o desenvolvimento dos meios de ensino em seu país, Schramm os classifica em quatro gerações (43). Na primeira, que data dos tempos mais antigos da colonização, empregavam-se nas classes demonstrações, explicações no quadro-negro, teatralizações, exposições, modelos, quadros, mapas e gráficos. Na segunda, entram em cena manuais, livros e testes impressos. Na terceira geração, que começa em fins do século XIX e se estende à metade da atual centúria, utilizam-se fotografias, diapositivos, películas fixas, cinema mudo, gravações (primeiro em discos e, mais tarde, em fitas), o rádio (a partir da década de 20), o cinema sonoro (década de 30) e a televisão educativa (na década de 50). Finalmente, o sociólogo norte-americano anuncia que vivemos a quarta geração, com a implantação dos laboratórios lingüísticos, a auto-instrução programada e o emprego de outros artefatos computadorizados, alguns já em funcionamento e outros em fase experimental.

Para nosso estudo, de toda a gama de utilizações da tecnologia da educação, interessam-nos aquelas que envolvem séries de mensagens preparadas de acordo com os princípios da instrução programada (desde brinquedos e jogos educativos industrializados, manuais e livros de exercícios, testes, fotografias e álbuns, *slides*, filmes mudos e discos até o cinema educativo, o rádio educativo, a televisão educativa e o ensino por meio de computadores). É evidente que, nessas atividades, o agente cultural da comunicação necessita da assistência de equipes de educadores e de um treinamento especial em cada área, ainda que esta aprendizagem e este trato intelectual não reclamem os conhecimentos e a dedicação exclusiva exigida do pedagogo.

As emissões radioeducativas foram iniciadas ainda na década de 20: na Inglaterra, por exemplo, desde 1924 a *British Broadcasting Corporation* (BBC) implantou uma série de emissões experimentais destinadas às escolas. Cinco anos depois, essas emissões passaram ao patrocínio e orientação de um organismo que representa as entidades pedagógicas, o *School Broadcasting Council for the United Kingdom*, de que fazem parte professores, autoridades do Ministério de Educação e Ciência, autoridades municipais e elementos de outras associações e juntas de emissões escolares. As juntas são responsáveis pela política a seguir pelas emissões escolares no rádio e na televisão e pela amplitude e finalidade de cada uma das séries. *Cabe ao Departamento de Emissões Escolares da BBC a produção, realização e emissão dos programas de cada série*, utilizando-se, também, folhetos ilustrados destinados aos alunos e notas para professores e monitores, o que dá bem a medida da importância atribuída ao trabalho do comunicador profissional.

O êxito dos programas educativos da BBC era de tal ordem que já em 1965 cerca de 75% das escolas do Reino Unido, ultrapassando a casa das 32.000 estavam registradas como ouvintes de uma ou mais séries das emissões radiofônicas, enquanto 10.000, de nível primário e secundário, acompanhavam as transmissões por televisão iniciadas em 1957, inclusive pela *Independent Television Authority* (ITA). Paralelamente, tornava-se evidente o valor da televisão na educação de adultos, com a transmissão de programas especiais em fins de semana, ministrando cursos sobre relatividade, biologia, direito, psicologia, urbanismo, mecânica de automóveis, corte e costura, acompanhados por um público calculado em sete milhões de espectadores, em pelo menos uma das séries da BBC, em 1963/64. No mesmo ano, a ITA transmitia uma hora e meia de programação educativa para adultos, com uma audiência estimada em 750.000 espectadores, dos quais cerca de 50% não seguiam qualquer curso formal de instrução, desde que haviam terminado os estudos escolares (44).

Quanto ao cinema educativo, de que o Brasil pode ser considerado pioneiro, em 1910, ao ser nomeado diretor do Museu Nacional, no Rio de Janeiro, Roquette Pinto deu início à filmoteca científica e pedagógica daquela instituição, como, mais tarde, seria o grande planejador e incentivador do rádio educativo no País, creditam-se, hoje, milhares de filmes preparados para a formação intelectual e profissional do assistente, em todos os campos. O projetor de cinema é instrumento indispensável em qualquer escola e, em muitas instituições de ensino, mestre e discípulos filmam, documentando suas vivências educacionais, do mesmo modo que nos nossos dias já se utiliza para o mesmo fim a fita videomagnética. Como escreveu Logger (45), "nada houve no mundo que não tenha sido registrado pelo Cinema, mas não inventado por ele", exceto naturalmente, todos os novos dados da cultura decorrentes do seu invento e de sua prática, inclusive no campo educacional.

Ademais desta ação educativa planejada e sistematizada, os meios citados oferecem elementos para uma educação informal, servindo ao alevantamento do nível intelectual da audiência, quando elaboram e distribuem mensagens para a transmissão de normas, costumes e conhecimentos científicos, artísticos e técnicos, em que se incluem, por exemplo, filmes históricos, documentários sobre a vida e a obra de compositores, escultores, pintores e outras figuras do mundo das artes, programas radiofônicos explicados sobre música erudita ou bel canto, apresentação pela televisão de peças teatrais, espetáculos de *ballet*, exibições de ginástica rítmica e cursos sobre a prática de outros desportos, séries de programas nos meios audiovisuais ou seções e cadernos nos jornais dedicados à atualidade e ao progresso da ciência, publicações sobre práticas agrícolas e criatórias, avanços da tecnologia, além de revistas especializadas em todas as áreas profissionais, enciclopédias, dicionários, cursos por correspondência etc.

Embora as naturais preocupações de teóricos, psicólogos, sociólogos, pedagogos e outros analistas sociais sobre a má utilização dos poderosos meios massivos, não se pode ocultar sua participação positiva na adoção pela audiência, sobretudo no que diz respeito a mudanças de usos e práticas vivenciais de ordem política que não afetam diretamente convicções e princípios éticos e/ou religiosos mais entranhados, de formas de proceder, com vistas à obtenção de maiores benefícios para a sua sobrevivência ou de oportunidade de participação nos destinos da comunidade. Se a introdução da tipografia gerou e provocou tantas e tão profundas alterações na evolução social no decorrer de quatrocentos anos e o cinema também as conseguiu em menos de cem anos, o que surpreende é a rapidez dessa evolução quando o rádio e a televisão se popularizaram, a partir, respectivamente, da terceira e da quinta décadas do século. Em nosso País, dois exemplos desta ação educativa de tais meios podem ser lembrados: as campanhas governamentais de vacinação contra a poliomielite que levaram aos postos, em dias predeterminados, milhões de crianças em todo o nosso imenso território, e a iniciativa das emissoras de educação do eleitor, no complexo sistema de votação adotado em 1982 para a escolha simultânea de governador, senador, deputados federal e estadual, prefeito e vereador, em cédula única, com a obrigatoriedade de vinculação a um mesmo partido e, estranhamente, sem menção da sigla partidária. Embora se esperasse um número tão alto de anulações que talvez chegasse a ameaçar a legitimidade do pleito, o que se verificou foi uma percentagem relativamente baixa de votos nulos, o que, em grande parte, se deveu ao ensinamento amplo e persistente, sobretudo do rádio e da televisão, num prazo inferior a dois meses entre a promulgação da norma eleitoral restritiva e a realização da eleição (46).

4. *Relações Públicas* — processo de intercâmbio de mensagens culturais mantido deliberada e permanentemente entre uma instituição pública, governamental ou privada, e pessoas ou grupos que a ela estejam ligadas direta ou indiretamente, com vistas a um melhor entendimento e a uma ação conjugada para a obtenção de benefícios à comunidade. Por meio de métodos e técnicas muito semelhantes às educacionais, as instituições procuram dar-se a conhecer, dizer dos seus fins sociais, identificar-se com seus usuários e com a sociedade em que atuam de modo a ser consideradas como parcelas úteis desta. Ou seja: cada instituição social aspira a ser considerada (e sê-lo realmente) uma boa cidadã.

Como atividade autônoma da comunicação, as Relações Públicas começaram a surgir nas últimas duas décadas do século passado, nos Estados Unidos, quando as grandes organizações empresariais da indústria, do comércio e da prestação de serviços sentiram que, além da necessidade de alargarem sua clientela, mediante a propaganda, havia uma crescente exigência, tanto dos trabalhadores como dos usuários e até mesmo dos acionistas, fornecedores e habitantes das áreas a que estendiam seus negócios, de uma participação daquela instituição em atividades diferentes daquelas que justificavam a sua existência e grandeza. Sentiram, também, que não lhes bastava atender à própria expansão e oferecer o melhor em produtos e serviços no ramo a que se dedicavam. Sentiram, enfim, que a comunidade não as reconhecia como parte essencial dela, não as considerava como sua, sequer as conhecia intimamente.

Baus, analisando a conjuntura das instituições gigantescas estabelecidas no mundo contemporâneo, escreve (47): "Falta de compreensão baseia-se em falta de comunicação. O presidente da firma não vê os operários. Os vendedores não vêem a pessoa que vai usar o produto que vendem. Os funcionários não vêem os acionistas... Estabeleceram um sistema de propriedade ausente com os seguintes resultados: o escritório central perde a fábrica de vista, o gerente da fábrica e seu pessoal perdem o contato com a direção central e a população da cidade onde se encontra a fábrica sente-se fora de contato com a verdadeira direção da grande empresa que está operando no seu meio." Nem a publicidade, desenvolvida com o propósito evidente de aumentar as vendas de mercadorias, nem a administração, preocupada, sobretudo, com a produção melhor e mais econômica, foram suficientes para quebrar as barreiras da incompreensão estabelecidas pelo gigantismo das instituições que, a essa altura, constatavam a necessidade de *ser humanas*.

Para tanto, as instituições que adotavam como filosofia de ação, divisa e política a afirmativa de que o segredo era a alma do negócio, encontraram, nas Relações Públicas, o instrumento dessa humanização, considerando-as como uma ideologia, um princípio de vida e administração, "que coloca os interesses públicos em primeiro lugar em qualquer atitude ou decisão" (Canfield); uma política que se expressa em palavras, serviços e ações no interesse de indivíduos e grupos cuja confiança e boa vontade deseja obter (Reck). Doravante, estabelecia-se nestas instituições um diálogo no qual não cabia apenas o tema da maior produtividade, da maior eficiência, do maior lucro, mas se introduziam tópicos relativos à vida dos que nela trabalhavam e da comunidade, esquadrinhando-se os problemas criados, incrementados ou dirimidos em função, direta ou indireta, de suas decisões e atuação.

O processo de comunicação que, desde então, se procura estabelecer entre a organização (comercial, industrial, política, governamental, religiosa, desportiva, diversional etc.) e seus diversos públicos visa a três finalidades primordiais: 1. *obter compreensão*, ou seja, conhecimento, entendimento, empatia, ambiente favorável, colaboração de toda a comunidade para o desempenho harmonioso e eficaz de suas atividades produtivas; 2. *obter ação*, isto é, levar as camadas alcançadas pela mensagem a discutirem e tomarem posição em movimentos que objetivam a melhoria de condições de vida materiais e espirituais do meio ambiente; e 3. *participar ativamente*, tomando a iniciativa e/ou apoiando de todos os modos tais movimentos, ainda que aparentemente nada tenham a ver com a finalidade específica da atividade que as caracteriza.

Desse modo, as Relações Públicas introduziram uma nova atitude mental para os dirigentes das instituições sociais: a de *informar para formar*, desde que o ponto mais importante para uma organização é conduzir suas operações com vistas a alcançar a aprovação da comunidade. Atividades da comunicação, a cujos agentes culturais especializados compete desenvolvê-las, as Relações Públicas são, contudo, uma filosofia e uma função da direção, a quem compete definir a política e aprovar os programas a serem executados por todas as pessoas relacionadas com a instituição, num esforço e numa prática incessantes, com o emprego de modalidades e meios de difusão aplicados a cada caso e a cada momento.

O processo das Relações Públicas compreende quatro fases: 1. *Investigação dos fatos* — sondagem das opiniões, atitudes e reações das pessoas relacionadas com a organização para determinar o que está afetando as relações e o rendimento da ação comum (*Qual é o problema?*). 2. *Planejamento da ação* — escolha dos objetivos imediatos, estratégia e táticas a serem empregadas para a solução do problema levantado (*Que meios utilizar e de que modo expor aos diferentes setores os dados encontrados?*). 3. *Comunicação* — execução sistemática do programa de informes e explicações da ação para os indivíduos ou públicos afetados e cujo concurso seja essencial (*O que foi feito, as razões das decisões tomadas, o que se busca, suas vantagens para a população*). 4. *Verificação do rendimento* — apuração e análise periódica dos resultados do programa e da eficácia das técnicas empregadas (*Como está sendo recebida a mensagem, as reações do público*). Esta derradeira fase do processo, que é a recepção do *feedback*, além de assinalar possíveis erros ou fraquezas do programa a serem corrigidos, servirá de inspiração para o estabelecimento de novas metas, com o que o diálogo não sofrerá solução de continuidade.

Não há dúvida de que as Relações Públicas utilizam as técnicas de persuasão, como a Propaganda, mas dela se diferenciam em pelo menos dois aspectos fundamentais: a) *não se aplicam à promoção de indivíduos ou à de produtos específicos*, destinando-se tão-só a instituições ou quadros que envolvem o interesse público, sobreposto ao interesse particular da organização. Ninguém pode apresentar-se, por exemplo, como relações públicas do ministro Fulano ou do industrial Sicrano, mas do Ministério ou da Indústria, independentemente do seu titular ou do seu dirigente supremo, aos quais cabe, isto sim, a fixação da política e a aprovação e supervisão dos programas a serem cumpridos. Em conseqüência, e neste sentido, as Relações Públicas b) *são uma atividade comunicacional desinteressada por tudo quanto represente personalismo, imposição, competição comercial.* Poder-se-ia dizer que o seu objeto é sempre transcendente, está sempre posto em causas maiores, as causas que, em dado momento, interessam vivamente à comunidade como um todo. É o que nos apontam os exemplos de campanhas de Relações Públicas selecionados por Martha Alves D'Azevedo, em um dos clássicos brasileiros sobre a matéria (48), no qual ainda se encontram capítulos dedicados ao esclarecimento de confusões e à contestação de críticas a esta hoje importante ação comunicacional, feitas por pessoas jejunas no assunto ou provocadas pela atuação de indivíduos que se aproveitam do crescente prestígio de que estão gozando autênticos profissionais da área, para proclamar-se como tais, encobrindo atividades outras, com freqüência inconfessáveis.

5. *Propaganda* — atividade a que se dedicam agentes especializados na promoção de procedimentos os mais adequados à divulgação de idéias ou ao estabelecimento de relações de ordem econômica entre indivíduos ou grupos capazes de oferecer bens, produtos e serviços, e outros suscetíveis de adotá-las e/ou utilizá-los. Desse modo, a propaganda se classifica, quanto ao seu objeto, em *ideológica* e *comercial*.

Diz-se *ideológica* a que se destina à difusão, entre o maior número de pessoas, de uma idéia religiosa, filosófica, social ou política, com vistas a obter a adesão da audiência. (A palavra *propaganda*, do latim *propagare* — reproduzir por propagação, de *pangere*, enterrar, plantar —, foi cunhada pela Igreja, ao criar no século XVIII, a Congregação da Propaganda da Fé.) Esta classe de propaganda não tem finalidade de lucro econômico e, em geral, é veiculada gratuitamente, como se verifica em matérias de doutrinação religiosa publicadas nos jornais e revistas, edição de cartazes, programas de rádio e televisão sobre temas e cerimônias de diferentes credos, de partidos políticos e organizações filantrópicas.

Já a propaganda comercial, conhecida como *publicidade*, é a difusão de mensagens de vendas por empresas industriais e comerciais, em tempo e/ou espaço pago nos diferentes meios, visando a identificar determinado produto, bem ou serviço, informar "de maneira insistente e enérgica" sobre ele e, afinal, persuadir o receptor a adquiri-lo, convertendo seu poder aquisitivo em demanda efetiva.

A atividade da Propaganda se desenvolve através das seguintes etapas: 1. o comunicador (indivíduo ou grupo interessado na promoção do seu empreendimento — ideologia, negócio, produto, serviço etc.) procura e contrata um especialista (publicitário ou agência); 2. este o assessora, elaborando a mensagem, planejando e preparando a campanha, escolhendo e contratando os meios, orientando e fiscalizando a difusão; 3. a veiculação da mensagem é procedida por um canal (jornal, revista, rádio, televisão, cinema, cartazes etc.) que a conduz ao destinatário; 4. avalia-se o rendimento da campanha, através de pesquisa, utilizando-se várias técnicas que visam a aferir o seu impacto sobre a audiência.

Não é nosso propósito demorar-nos sobre a estrutura das agências de propaganda ou sobre as técnicas publicitárias, que são objeto de estudo especializado complexo. Cabe-nos, apenas, salientar que, especialmente em nossa sociedade capitalista, as atividades da propaganda ocupam profissionais de vários campos e se constituem no principal suporte do sistema, de certo modo mantendo sob sua dependência os diversos meios de comunicação impressos e audiovisuais.

Por isso mesmo, pelo seu gigantismo, a Propaganda, tal como é praticada no mundo de hoje, seja ideológica ou comercial, pode efetivar a manipulação da audiência, como bem o demonstrou o professor Serge Tchakhotine, na sua obra *A Mistificação das Massas pela Propaganda Política* (49) e Ramon Abel Castaño, no ensaio *La Publicidad: un Freno al Desarrollo* (50). Esses estudiosos dão ênfase ao emprego abusivo da Psicologia que, a partir de Freud, tem oferecido valiosas contribuições ao estabelecimento das motivações do comportamento humano e dos estímulos básicos ou primários, "conaturais ao indivíduo", e adquiridos os secundários, resultantes de "fatores ambientais e culturais". O conhecimento desses estímulos e sua utilização por uma propaganda "habilmente orientada e apoiada por recursos técnicos e econômicos poderosos pode influenciar profundamente a opinião pública, levando as massas populares à prática de atos que não correspondem aos seus verdadeiros interesses", como ocorreu na Alemanha e em outros países a partir da ascensão de Hitler ao poder (Tchakhotine) e se está verificando em nossos dias, no mundo ocidental, que tem na publicidade um dos seus mecanismos fundamentais, com a crise atual, caracterizada pelo "desperdício das sociedades opulentas, estancamento do desenvolvimento econômico, proliferação da injustiça, degradação do relacionamento social e da qualidade de vida" (Castaño).

É para evitar o agravamento da situação que os profissionais da propaganda estão sendo convidados a valorizar adequadamente os princípios e normas éticas que presidem as relações humanas e que foram desdenhados até pouco tempo. Não é que faltassem: o mundo publicitário vem sendo orientado por numerosos códigos de ética e até mesmo a Justiça, nos Estados Unidos, onde as técnicas de propaganda atingiram a máxima sofisticação, chegou a defini-las no seguinte pronunciamento da Corte Suprema: "A publicidade, em seu conjunto, não deve criar uma impressão enganosa, ainda que cada afirmação, considerada separadamente, seja verdadeira. Não deve disfarçar ou ocultar fatos materiais. Não deve estar concebida artificiosamente para distrair ou desviar a atenção do leitor do que toca à verdadeira natureza das condições de uma oferta. Na publicidade não devem haver ardis ou estratagemas fraudulentos que induzam a uma ação que não se seguiria à exposição franca da verdadeira natureza da oferta."

Mas não é só no que se refere à ética que o homem da Propaganda é chamado a exercitá-la com consciência: é também com o conhecimento e submissão aos altos interesses da coletividade, da saúde, da cultura e do espírito do seu País. No momento, cresce no seio da Organização das Nações Unidas, o reclamo pelo estabelecimento de uma nova ordem econômica e social, que deve começar pelo atendimento das necessidades básicas do homem de alimento, habitação, saúde, roupa e educação, mediante estratégias que indiquem às nações prósperas, em seu próprio interesse, o estabelecimento de pautas de vida mais humanas e menos exploradoras na natureza, para os demais e para ele próprio.

A Propaganda, consciente de seu papel na implantação da nova ordem mundial, deixará de ser, então, um instrumento de manipulação do homem para tornar-se alavanca do bem-estar de um mundo harmonizado e cooperativo, sem dependências e solidário.

6. *Pesquisa em Comunicação* — atividade desenvolvida por profissionais e estudiosos da Comunicação e de outras áreas das ciências sociais com a finalidade de, mediante técnicas quantitativas e/ou qualitativas, investigar motivações, desempenho e efeitos do processo comunicacional. Os estudos e análises desse tipo de pesquisa se estendem a todos os elementos (fonte, comunicador, mensagem, canal e receptor), às condições de emissão e recepção, e às modificações comportamentais provocadas pelo consumo das informações sobretudo veiculadas pelos meios de massa.

Ainda que a medição do interesse e as tentativas de sondagem da opinião pública sobre temas difundidos sistematicamente por autoridades e interessados tenham vindo de longe, já tendo sido detectadas na Grécia e em Roma, é somente da Idade Moderna que o fenômeno da comunicação começa a ser mais detidamente observado. Paralelamente ao surgimento da imprensa e, sobretudo, depois que os jornais se multiplicaram, os governantes passaram a preocupar-se com o ânimo público a respeito de seus atos. Daniel Defoe, o autor de *Robinson Crusoe*, tinha sido encarregado pelo governo inglês de estabelecer uma rede do correspondentes locais que o mantivessem informado da repercussão causada pelas leis e disposições anunciadas. Também Napoleão revelou no *Memorial de Santa Helena* que havia confiado missão análoga ao conde Lavalette: "Doze pessoas distinguidas, de opiniões diferentes: jacobinos, realistas, republicanos e imperiais, recebiam mil francos mensais para que lhe levassem cada mês relações sobre o estado da opinião pública relativamente aos atos do Governo e ao estado de coisas na França. Lavalette recebia estas relações seladas e mas trazia. Depois de lê-las, queimava-as. Meus ministros e meus amigos ignoravam que eu recebia estas comunicações, tão importantes para mim." (51)

E enquanto os filósofos sociais como Benzenberg e Krug, Alexis de Tocqueville, Gabriel Tarde, Max Weber e Alfredo Nicéforo estudam, cada um sob prisma diferente, a importância das análises de conteúdo das comunicações dos impressos, sobretudo jornais, para o relacionamento social, políticos e jornalistas, desde 1824, procuram antecipar os resultados dos pleitos eleitorais mediante "votações particulares", empregando procedimentos os mais variados: papeletas impressas no jornal para serem recortadas, preenchidas e enviadas posteriormente, cartões-postais remetidos pelo correio e endereços retirados dos guias, inquiridores que solicitam respostas dos transeuntes. Tais "votações", a primeira publicada no *Harrisburg Pensylvanian* e no *Raleigh Star* no ano citado, "caracterizam o despertar da imprensa para a divulgação das notícias de opinião". À falta de base científica, tais pesquisas freqüentemente redundavam em fracasso. E foi somente no período entre as duas guerras mundiais que o método representativo, operado por seleção ao azar e por amostragem proporcional, adotado pelo Instituto Internacional de Estatística, se generalizou por toda parte.

O método, limitado ao terreno demográfico e econômico, sofre a crítica de psicólogos e sociólogos que "descobrem na fonte das condutas concretas certas formas de preparação para a ação, que denominam 'atitudes', e cuja expressão verbal não é senão opinião". Resolvem medi-las e, para tanto, Binet e Simon confeccionam pela primeira vez uma "escala média de inteligência". A partir daí, os psicólogos sociais passam a compor e utilizar técnicas de avaliação das atitudes, levantadas à base de perguntas de opinião formuladas a conjuntos de indivíduos, originando-se de tais procedimentos as pesquisas de opinião como as conhecemos hoje, utilizáveis nos terrenos mais variados.

Entre os nomes dos cientistas que contribuíram de modo decisivo para a popularização e credibilidade da pesquisa científica da opinião pública estão os de Thurstone (1927), Lidert (1932), Cantril, Daniel Katz, e Gordon W. Allport, ao qual se deve a publicação, em 1935, de um balanço das investigações e conquistas científicas dos norte-americanos a respeito em dez anos de trabalho.

As pesquisas de mercado, surgidas no período entre as duas grandes guerras, quando as empresas industriais e comerciais decidiram investigar o que a sua clientela desejava e tinha condições de comprar antes de produzirem o que podiam oferecer-lhe, constituem "verdadeiras investigações antecipadas de opinião sobre os costumes, preferências e juízos em matéria de consumo... (reveladas) por questionários, entrevistas e amostragem dos indivíduos interrogados". Tais pesquisas, entretanto, por motivos de concorrência, permaneciam sigilosas.

A investigação de opinião utilizando instrumentos matemáticos e estatísticos desperta a atenção, em 1936, de três personagens destacados no campo: Archibald Crossley e Elmo Roper, dedicados à pesquisa de mercado, e George Gallup, professor da Escola de Jornalismo da Universidade de Iowa, os quais, aproveitando as eleições presidenciais em que Franklin D. Roosevelt tentava sua primeira reeleição, realizam uma consulta a quatro ou cinco mil pessoas e prevêm antecipadamente o resultado positivo para o candidato democrata. Ao mesmo tempo, uma revista, a *Literary Digest*, fracassa na sua previsão de derrota de Roosevelt quando divulga os resultados de uma "votação particular", em que haviam sido consultadas dois milhões e 400 mil pessoas. Tal acontecera porque a amostragem de votos não fora representativa: a revista havia utilizado os endereços de assinantes de telefones e proprietários de automóveis, não alcançando senão a parte mais rica da população.

Todos esses avanços e técnicas de investigação social iam formando o lastro em que se desenvolveria a pesquisa em comunicação, da qual fora pioneiro o mesmo George Gallup, ao apresentar, em 1930, sua tese de doutoramento intitulada *Um novo método para medir o interesse do leitor*, em que aplicava técnicas sociológicas de pesquisa ao jornalismo, permitindo a identificação da audiência invisível — porque anônima, dispersa e heterogênea — dos meios de comunicação de massa. Gallup retira-se da Universidade e cria sua agência de pesquisa com objetivos comerciais. E, em 1940, o sociólogo austríaco Paul Lazarsfeld publica o seu trabalho *O rádio e a página impressa*, "comparando as características de leitores de jornais e ouvintes de rádio... trabalho de tanto impacto quanto o causado por Gallup", dez anos antes (52).

Marques de Melo cita entre os teóricos pesquisadores que fundamentaram a pesquisa em comunicação os seguintes: Harold Lasswell e Carl Hovland, estudiosos da propaganda política e da guerra psicológica; Kurt Lewin, investigador da comunicação entre os grupos; Wilbur Schramm, autor do método específico de determinação dos índices de leitura; e Jacques Kayser, professor de jornalismo francês, que se dedicou ao estudo da morfologia e do conteúdo dos jornais. Chama a atenção para a atual tendência da pesquisa em comunicação de substituir o trabalho isolado de alguns especialistas pelo trabalho conjunto de equipes interdisciplinares, reunindo cientistas da comunicação e de outras áreas do conhecimento para chegar "a uma visão mais completa dos problemas da Comunicação inter-relacionando fenômenos, estudando de modo global causas e efeitos e situando melhor a dinâmica da transmissão e da recuperação de informação como processo social básico, em nível teórico".

Além de constituir atividade independente no campo da comunicação, a pesquisa é, como vimos, parte integrante do exercício profissional de todas as demais atividades, desde o jornalismo, onde sua importância cresceu com o emprego dos computadores, a ponto de constituir hoje um departamento essencial nas empresas do gênero, até a propaganda, desde a educação e a editoração até as relações públicas. A concorrência entre os meios, a intensificação da propaganda, tanto ideológica como comercial, as tensões da política internacional num mundo que os satélites tornaram pequeno como uma vila, a crise econômica e os grandes desajustes sociais e as exigências da formação humanística e universitária para os agentes da comunicação são os motivos principais da demanda crescente de profissionais habilitados nos métodos e técnicas de pesquisa, sem os quais condenar-se-ia à estagnação aqueles "maravilhosos inventos" que permitem ao homem trocar informações e somar experiências para sua sobrevivência e aperfeiçoamento.

7. *Entretenimento* — atividade a que se dedicam agentes especializados na produção (idealização, planejamento, realização, execução e emissão) de mensagens destinadas ao preenchimento do lazer individual e coletivo, especialmente no campo do imaginário.

As clássicas atividades dos ficcionistas que, desde a época do folhetim, utilizavam jornais e revistas para a difusão de romances, contos, poesias e crônicas, enriquecidas, depois, com as tiras cômicas, as colunas de curiosidades e passatempo, as charadas e os problemas de xadrez e outros jogos de salão, foram consideravelmente ampliadas nos nossos dias, mediante a publicação periódica de veículos impressos de mero caráter lúdico, em geral fartamente ilustrados, de que são exemplos as revistas de fotonovelas e estórias em quadrinhos ou de contos românticos policiais ou de aventuras e *science fiction*.

Enquanto se elaboram e distribuem milhões de exemplares dessas mensagens gráficas, outros comunicadores desenvolvem os mesmos temas com idêntica finalidade nos veículos puramente sonoros, como o disco e o rádio, oferecendo faixas e programas de canto e música, humorísticos e de teatro-cego; no cinema que, a princípio meramente informativo e documental, logo passou à produção de filmes de enredo e, depois, descobriu o rico filão do desenho animado; e na televisão, que insere elevada percentagem de filmes, emissões dramáticas, desportivas, artísticas e de variedades, com ou sem a participação de auditório.

Recentes inovações técnicas ampliaram consideravelmente o campo de atuação desses agentes-comunicadores com a oferta dos videotextos e a produção maciça de videojogos.

Aqui, mais uma vez, ficam evidenciadas a extraordinária complexidade do trabalho do comunicador e a exigência de que sua ação seja integrada em equipe. É que as mensagens de entretenimento, como, de resto, todas aquelas que se transmitem ao público através dos canais de massa, não cumprem apenas uma função limitada, inserindo informações e valores que produzem no receptor variadas reações, contribuindo para o enriquecimento (ou empobrecimento) de sua bagagem cultural. Daí a necessidade imprescindível de uma formação profissional a nível técnico e universitário que lhe permita um desempenho construtivo na tarefa comum do aperfeiçoamento e bem-estar humano.

A Teoria da Informação: suas aplicações à Comunicação de Massa

As funções e desempenho da Comunicação de Massa não podem ser cabalmente explicadas sem o auxílio da Teoria da Informação. Por sua vez, queiramos ou não, é impossível imaginar a Comunicação de Massa sem a evocação dos conceitos de *tempo* e de *espaço* que têm preocupado os filósofos de todas as épocas. Se a generalidade dos fenômenos observáveis, do ponto de vista científico, *decorre* num determinado período cronológico, não é menos verdade que se *situa* num campo, universo, ou *corpus* de pesquisa. O fluir daquele transcurso media-se, na Antigüidade Clássica, pela queda dos grãos de areia na ampulheta primitiva; hoje, pelas vibrações do cristal de quartzo no relógio de pulso do operário anônimo. Por sua vez, a concepção das quantidades discretas mergulhadas no espaço ou "pneuma" de Pitágoras, no vazio que envolve tudo, evoluiu de tal maneira que forçou a idealização de um símbolo (53) para designar o zero. Isso teria representado "um dos atos mais audazes do pensamento, uma das maiores aventuras da razão" (54). Essas idéias estão longe de constituir elucubrações da filosofia pura. É o princípio do *sim* e do *não*, do *ligado* e do *desligado*, do *apagado* e do *aceso*, que se repete cotidianamente na linguagem dos computadores, digitais ou analógicos, para medir, contar, avaliar os dados cognitivos nessa unidade universalmente conhecida que é o BIT, ensinada pela Teoria da Informação.

Com efeito. A Comunicação de Massa reflete a Sociedade de Massa e esta, por sua vez, no que diz respeito ao Conhecimento e à Comunicação, revela, pelo menos, três tendências principais:

a) a tendência a acumular;

b) a tendência a racionalizar a acumulação;

c) a tendência a racionalizar a transmissão dessa acumulação.

Examinemos uma de cada vez. A primeira tendência, muito embora se tenha feito notar a partir da industrialização, teve o seu desencadear, sua causa primária, no invento de Gutenberg. É que o livro, o texto impresso de modo geral, difundido a públicos cada vez mais vastos, foi um convite à leitura individual, silenciosa e reflexiva; foi o instrumento maravilhoso com o qual não puderam contar os sábios da Renascença na ânsia de saber, de explicar ou de encontrar soluções sonhadas na antigüidade; foi o agente provocador de idéias, de experimentos, de elaborações e reelaborações de sistemas e planificações. Esse próprio instrumento aperfeiçoou-se graças a conhecimentos acumulados até o século XIX e que deram origem sucessivamente ao linotipo, à rotativa, ao *offset*, à reprografia, à teleimpressão, outros tantos elementos dinamizadores desse acúmulo de dados e que por sua vez provocaram o impressionante progresso técnico e científico eclodido a partir das primeiras décadas do século XX.

"A soma total dos conhecimentos humanos alterou-se de maneira muito lenta antes dos primórdios, relativamente recentes, do pensamento científico. Calcula-se que, em torno do ano de 1800, duplicava a cada 50 anos; por volta de 1950, dobrava a cada 10 anos; e presentemente, está dobrando de 5 em 5 anos. Por quanto tempo poderá continuar essa aceleração? A tecnologia dos computadores pode tornar assustadoramente alta a taxa de aumento possível durante séculos." (55)

Não bastava, porém, acumular dados e construir bibliotecas cada vez maiores. Era necessário, agora, lutar contra o tempo e o espaço; racionalizar a guarda e a recuperação de dados, ou seja, restringir a área ocupada com seu depósito e, ao mesmo tempo, localizá-los e consultá-los com a máxima rapidez e presteza; surgiram um a um, os primeiros "cérebros eletrônicos", a microfotografia, o transistor, os circuitos integrados, as resenhas e os *digests*; as gravações e a hipnopédia. Se os motores a explosão, aproveitando a energia do petróleo, na indústria automobilística, podem ser considerados os acicates da II Revolução Industrial, é inegável, por outro lado, que já assistimos a uma Terceira, com o ingresso da sociedade humana na era da computação eletrônica e da cibernética.

Ainda assim, necessário se tornava racionalizar a transmissão desses dados ou dos sinais reveladores desses dados, uma vez que outras tantas variáveis se juntavam em progressão geométrica dificultando a rápida obtenção do conhecimento. Os meios de comunicação de massa, instrumentos ou aparelhamentos técnicos (56) exigiam, entre outras coisas, tirar o máximo proveito desses canais até o limite de seu desempenho. Foi precisamente para tentar resolver dificuldades desse tipo que surgiu a Teoria Matemática da Comunicação ou, simplesmente, Teoria da Informação. E hoje, com o auxílio desta, a transmissão daqueles dados se faz através das técnicas aperfeiçoadíssimas da telecomunicação.

A Teoria da Informação surgiu com a tese pioneira de Claude Shannon e Warren Weaver (57), engenheiros que trabalhavam, após a II Guerra Mundial, para os "Bell Telephone Laboratories", da Companhia de Telefones de Nova Iorque. Estavam eles preocupados em resolver uma série de problemas que se resumiam no seguinte: como transmitir o maior número possível de mensagens, no menor espaço de tempo, ao menor curso operacional, com a menor taxa de interferência, ou "ruído". Partindo de sua apreciação elaboraram uma teoria que, segundo seus autores, deveria restringir-se, em seu campo, à forma e à quantidade das mensagens a serem transmitidas, sem se deter com seu valor, significado ou utilidade. Importaria, antes de tudo, a eficiência do sistema, isto é, algo que pudesse ser comparável a uma secretária "educada, discreta, de boas maneiras e grande senso de responsabilidade" (58) encarregada de despachar um telegrama, sem se preocupar com seu conteúdo ou sentido, fosse triste, alegre, jocoso ou embaraçoso.

O novo campo de conhecimento encontrou rápida difusão e ampliações teóricas e é hoje considerado, embora sob óticas diferentes e sob ligeiras discrepâncias conceituais, como instrumento indispensável ao progresso científico. Fazlollah Reza, professor de engenharia eletrônica da Universidade de Siracusa, EUA, em obra escrita de 1961, diz, por exemplo, que a Teoria da Informação é ramo novo da teoria da probabilidade mas reconhece que suas aplicações se destinam a um "amplo espectro de áreas de investigação tais como a matemática pura, o rádio, a televisão, o radar, a psicologia, a semântica, a economia e a biologia" (59).

Para Roman Jakobson (60), lingüista norte-americano, a finalidade primeira da Teoria de Informação seria isolar de seus contextos particulares aqueles elementos abstratos de representação que pudessem ficar invariáveis em novas formulações. Esse autor pesquisava, do ponto de vista fonológico, os "invariantes relacionais" e suas respectivas possibilidades de quantificação e medida.

Por sua vez, o Prof. Isaac Epstein, da Universidade de São Paulo, salienta-lhe o aspecto da "teoria unitária", assim como a Gestalt, a Teoria da Relatividade e a Termodinâmica que se prestam a integrar doutrinas parciais propostas pelo cotidiano da Ciência. O matemático Oswaldo Sangiorgi, também de São Paulo, nega à Teoria da Informação uma autonomia absoluta. Enquanto a Teoria Geral da Comunicação deve voltar-se para os seus aspectos qualitativos, a Teoria da Informação segundo ele é apenas um de seus capítulos, o referente à comunicação sob o lado quantitativo. Seja como for, emana de todas essas opiniões a idéia de interdisciplinariedade da Teoria da Informação uma vez que não pode deixar de ser conhecida por qualquer pesquisador de qualquer ramo do conhecimento científico, notadamente, como é óbvio, pelos dedicados às ciências sociais e ao processo da Comunicação.

Como conceituá-la, pois? Entendemos a *Teoria da Informação como um conjunto sistematizado de conhecimentos, ao nível puramente sintático da Comunicação, visando à otimização dos sinais transmitidos pela adequabilidade do tempo disponível, com a capacidade do canal transmissor e a quantidade de sinais (ou mensagens) a serem transmitidos.*

Para a boa compreensão da problemática da Teoria da Informação é indispensável o conhecimento prévio de pelo menos dez *noções básicas*, de caráter técnico e de uso cada vez mais internacionalizado, apesar de seu sentido admitir, por vezes, ligeiras flutuações, conforme os setores ou subsetores de atividades especializadas de seus pesquisadores.

Assim, por exemplo, quando recorremos ao jogo da "cara ou coroa" para a escolha mais simples, ou seja, para de duas ocorrências igualmente possíveis elegermos uma ocorrência favorável, estamos intuitivamente pondo em prática o princípio da seleção. Está claro que existem outros modos mais elaborados de escolha e outras maneiras mais sofisticadas de eleição mas, basicamente, o princípio é o mesmo. São selecionados os melhores candidatos que se apresentam num concurso; são escolhidos os algarismos que compõem os números de um bilhete premiado; são colocados, em escaninhos diferentes, as moedas depositadas numa máquina de apurar o seu valor. Na Teoria da Informação, antes da mensagem ser transmitida ela deve ser, antes de tudo, selecionada em sua *fonte*. Esta seleção se faz, primordialmente, ao nível da forma, sob seu aspecto sintático, como já ficou exposto. Através de nosso código de linguagem, ou seja, do idioma português, quando falamos, inconscientemente selecionamos e escolhemos as palavras que vamos usar. Quanto mais rápida for a nossa seleção e escolha, tanto mais fácil será a exposição de nossas idéias (61). Consideramos *fonte*, portanto, o repositório-sistema de onde procedem as mensagens.

As noções básicas de Teoria da Informação se tornam mais claras a partir da análise do diagrama de um sistema de comunicação proposto por Claude Shannon (62). (Vide p. 174.)

Denominamos *sinal* o signo lingüístico tecnicamente simplificado, transmitido e recebido. Weaver, um dos pioneiros da Teoria da Informação, explica que, na telefonia, o *sinal* é uma corrente variável e o canal é um fio. Freqüentemente, coisas não pretendidas pela fonte de informação são impressas no sinal, p. ex.: a estática do rádio, a distorção da imagem na TV. Todos esses acréscimos são chamados *ruídos*. Ruído, segundo Décio Pignatari, pode ser considerado, tam-

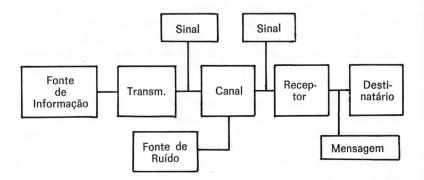

bém, o erro de impressão tipográfica não eliminado na notícia jornalística pela revisão da prova. No caso da conversa telefônica, a fonte de informação é o cérebro da pessoa que fala, selecionando a mensagem desejada, a partir de um conjunto de mensagens possíveis; o repertório é exatamente esse conjunto de signos conhecidos e assimilados pelo indivíduo e pelo grupo. O cérebro da pessoa que ouve é o destinatário; o transmissor, nesse caso, é o microfone e todo o aparelhamento necessário para a transformação da mensagem num sinal. O receptor é o fone que recebe o sinal através do canal e o reconverte em mensagem inteligível.

É importante fixar bem essas noções básicas da Teoria da Informação pois elas têm uma denotação precisa e técnica, às vezes discrepante de conceitos genéricos da Teoria Geral da Comunicação.

A Teoria da Informação ensina que todos os códigos são sistemas de sinais. Possuem estes uma maior ou menor taxa de *informação* que é avaliada pela sua raridade, como demonstra o Prof. M. C. Azevedo. Assim, no nosso código lingüístico, as vogais A, E e O têm elevada freqüência. Por isso mesmo é baixa a sua taxa de *informação*. Suponhamos, que, de uma hipotética palavra retirássemos as consoantes e deixássemos apenas A E O. Dificilmente poderiam os nossos leitores adivinhar a palavra proposta. Suponhamos agora que da mesma palavra retirássemos as vogais e deixássemos as consoantes: C S M N T. Neste caso, após algum esforço mental, chegariam eles a poucas opções inteligíveis: "cosimento", "casamento" etc. *Informação* é pois, o grau de liberdade de seleção de escolha, no processo de transmissão da mensagem.

Associadas à noção de *fonte* temos as noções de *entropia* e de BIT.

Para melhor compreensão da noção de *entropia*, apreciemos o exemplo de Guilbaud, reproduzido por Umberto Eco (63) em sua obra que já se tornou clássica.

Numa lauda de papel, com 25 linhas, cada linha dispondo de 60 espaços, podemos datilografar em 1.500 espaços diferentes (25 × 60 = 1.500). Imaginemos agora que se use duas possibilidades de que dispõe cada tecla da máquina de escrever. Nesse caso teríamos (42 × 2 = 84), ou melhor, 84 + 1 possibilidades de sinais diferentes — pois ao espaço vazio poderíamos atribuir valor significativo. Combinando esses 85 sinais diferentes com os 1.500 espaços da folha de papel obteríamos o número $85^{1.500}$, cuja grandeza dificilmente conceberíamos e que representaria o total de mensagens que poderiam ser escritas na referida folha. Essa enorme variedade de possibilidades é a *entropia*, ou seja, o estado de eqüiprobabilidade a que tendem os elementos desse conjunto.

A noção de *entropia* é também identificada como um estado de desordem, oposta ao conceito de ordem, ou seja, um sistema de probabilidade que se introduz no sistema confuso original para poder prever-lhe o andamento. Esse sistema ordenador nada mais é do que o *código*.

O *código* representa um sistema de probabilidades sobreposto à eqüiprobabilidade do sistema inicial, para permitir dominá-lo comunicativamente (64).

O termo *entropia* foi emprestado da Física ou, mais precisamente, da Termodinâmica. De acordo com a segunda lei termodinâmica, a quantidade de calor na qual se transformou certa quantidade de trabalho não pode mais ser inteiramente recuperada na mesma quantidade de trabalho originária. Há uma perda, um consumo de energia nesse processo irreversível. Isto parece indicar tendências preferenciais da natureza para estados mais uniformes e não a estados menos uniformes. Assim, esse processo levaria a uma uniformidade térmica do sistema, a um caos indiferenciado ou desdiferenciado, a um estado de eqüiprobabilidade máxima, da qual a *entropia* seria a medida estatística (65).

A noção oposta à *entropia* é a *neguentropia*, ou estado de informação mínima. Isto é, mínima possibilidade de escolha. Tal estado seria conseguido segundo alguns teóricos, entre os quais Norbert Wiener, pai da Cibernética, através de combinações cada vez mais variadas e mais firmes de circuitos de conhecimentos que se completam, possibilitando horizontes cada vez mais elevados.

A outra noção ligada à de *fonte* é a de BIT.

BIT é a abreviação da expressão inglesa *Binary Digit* e está também associada ao princípio de seleção e escolha que, como já se viu, deve ser posto em prática pela fonte.

O BIT pode ser definido de três maneiras diferentes:

a) como fórmula matemática;
b) como código;
c) como unidade de informação.

a) Como fórmula matemática, o BIT é o logaritmo de base 2 do número de possibilidades que entram no processo de seleção e escolha:

$$\text{Log}_2 p = 2^x = z$$

onde p é o número de possibilidades e x o logaritmo.

b) Definido como código, o BIT é o código binário pois se baseia no processo mais simples de escolha de um evento favorável entre duas alternativas igualmente possíveis. Como qualquer código, ele limita e, ao mesmo tempo, ordena o conjunto de possibilidades sobre o qual é aplicado.

c) O BIT é, também, definido como unidade de informação, ou medida de informação.

Suponhamos que tivéssemos de selecionar um elemento, de um conjunto de oito, pelo processo binário. Teríamos, graficamente (66):

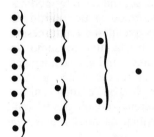

A escolha final seria feita após a terceira fase do processo.

No primeiro passo, dividiríamos o todo em quatro pares e, de cada par, escolheríamos um elemento. Restariam, pois, quatro elementos. No segundo passo, usando o mesmo procedimento, reduziríamos os quatro elementos (dois pares) a dois elementos apenas. Na etapa final, dos dois elementos restantes escolheríamos um.

No exemplo dado, podemos dizer que a informação foi de 3 BITs, ou 3 unidades de informação, já que tivemos de pôr em execução 3 etapas de escolha.

Nesse caso, poderíamos escrever, utilizando a fórmula da informação de Shannon:

$$I = \log_2 8 = 2^3 = 3 \text{ BITs}$$

Recordemos que logaritmo nada mais é do que um expoente a que deve ser elevada uma base para se obter o número proposto.

O procedimento do código binário é o fundamento dos computadores eletrônicos de processamento de dados, chamados numéricos ou digitais (de *digitum* = dedo, por causa dos 10 algarismos que podemos imaginar utilizando os dedos das mãos). Trabalhando a altíssimas velocidades têm capacidade de seleção imensa, relativamente a números elevadíssimos de dados.

Outra noção importante em Teoria da Informação é a de *redundância*, noção essa bastante evocadora de idéia de *código*.

Uma das modalidades de *código* que a contém com mais freqüência é a linguagem idiomática. As regras sintáticas introduzem a redundância, a fim de conferir à comunicação um certo grau de segurança. Claro está que essa *redundância* irá variar de idioma para idioma, já que são códigos lingüísticos diferentes.

Tomemos o exemplo citado por Pignatari de uma mesma expressão, em duas línguas diversas:

The Yellow Houses

As casas amarelas

No caso do idioma português observa-se maior redundância, pois sua sintaxe manda colocar o "s", indicativo do plural, atrás do artigo, do substantivo e do adjetivo. Poderíamos pronunciar como os caipiras — "as casa amarela" — e não perderíamos a informação. Já na língua inglesa, o "s" final de *houses* não pode ser retirado sem mudança substancial do sentido.

Outro exemplo: nosso código de comportamento social manda bater à porta de alguém para anunciar a nossa presença. Batemos pelo menos duas vezes. Isto porque queremos garantir a efetiva transmissão da mensagem, neutralizar o ruído ambiente e evitar a ambigüidade.

Definimos a *redundância*, na Teoria da Informação, como um máximo de sinais sobre um mínimo indispensável à sua transmissão e recepção.

A Teoria da Informação preocupa-se em resolver sempre a adequabilidade do tempo disponível, com a natureza do canal que vai possibilitar a transmissão de determinada quantidade de informação.

Seus métodos não são morais, amorais ou imorais quando não toma conhecimento do conteúdo, valor ou significado das mensagens. Eles visam, antes de tudo, a eficiência do sistema de comunicação, sobretudo quando aplicados às atividades da Comunicação de Massa. Sociedade e a Cultura de Massa passaram a ser melhor estudadas a partir da 2.ª metade do século XX, mais especialmente após o término da Segunda Grande Guerra Mundial, quando as indústrias, depois do empenho total no esforço bélico, desmobilizadas, tiveram que fazer projeções para a venda de novos produtos, em novos mercados, sob novas condições. Entra em cena a televisão, que iria coroar não apenas o rol mas também os efeitos das mensagens difundidas através dos meios de comunicação de massa. Novas necessidades despertariam as potencialidades comunicacionais dos *mass media*; em contrapartida, a organização destes, num grande sistema universal — o sistema das comunicações de massa — estimularia o fortalecimento de novos hábitos, de novas aspirações, num novo estilo de vida. "... Os povos despertados das nações subdesenvolvidas (passaram a perseguir) seu gigantesco alvo: a construção de uma nova civilização, que possibilitasse a universalização das condições de bem-estar em que vive apenas um terço dos três bilhões de habitantes da Terra." (67)

Nos países em que vigora o regime da livre iniciativa, a Comunicação de Massa tornou-se um ramo de negócio, regido pelas leis da Oferta e da Procura, como qualquer outra atividade econômica. As próprias limitações e condicionamentos desse setor, nos quais se incluem o livre embate das idéias democráticas, as disputas de ordem ética ou religiosa, e, finalmente, o discutível "gosto popular", de que resultarão, em conjunto, a maior ou menor aceitação do produto final, são um *risco* semelhante ao de outros empreendimentos lucrativos.

A fim de obter sucesso em sua atividade específica, o Comunicador institucionalizado não foge às regras do *marketing* uma vez que não apenas cuida de veicular a promoção da venda dos produtos de seus patrocinadores mas, também, de persuadir permanentemente o receptor-consumidor a comprar e a consumir a mensagem industrializada, laboriosamente pesquisada, planejada e produzida, avaliada em moeda corrente, anunciada publicitariamente, promovida e distribuída.

A relação espaço-tempo é fundamental, tanto para o jornalismo escrito, como também para o radiofônico e o televisionado. Calcula-se o espaço da notícia redigida em linhas e em laudas; a velocidade do locutor-apresentador em apresentá-las oralmente; o tempo estritamente indispensável à sonoplastia; as imagens que devem ilustrar o texto lido, sem que delas resulte uma redundância desnecessária. Os estudiosos da Teoria da Informação assinalam, na sociedade atual, uma curiosa contradição interna. É que, apesar da sofisticação cada vez maior dos meios de comunicação, a sociedade se vê, cada vez mais, desinformada, cada vez mais carregada de entropia. Tal circunstância se deve ao fato de que a organização comunicativa é constantemente trabalhada: a) pela orientação ideológica de seu repertório; b) pela redundância elevadíssima das mensagens; c) pela ausência quase completa de informação nova (68). A audiência assimila estes fatores como elementos negativos, que lhe tiram a capacidade de raciocinar e, assim, a organização comunicativa perde aquela faculdade neguentrópica, renovadora e estimulante de transformações.

O que poderia ser feito pelos profissionais da Comunicação conscientes de sua função social? Sem dúvida alguma, aproveitar as contribuições da Teoria da Informação e aplicá-las às atividades que desenvolvem, cada um no seu próprio ramo da Indústria da Comunicação. Nessas atividades, do dia-a-dia, não podem ser esquecidos os aparelhamentos aperfeiçoados que lhes facilitam as tarefas: o minicomputador, o gravador, o *flash* eletrônico. Não pode ser esquecida a própria noção de Cibernética concebida como "ciência que estuda o processo de obtenção do máximo de informações com o mínimo de deformações" no entender de José Marques de Melo. Não pode ser esquecida a pesquisa de opinião pública através de processos estatísticos que avaliam a reação da audiência a partir da análise de amostras significativas. Não pode ser olvidada a existência de máquinas inteligentes que cifram e decifram mensagens; que traduzem textos; que jogam xadrez.

Quando o jornalista (da imprensa escrita, falada ou televisionada) redige a notícia colocando no *lead* o máximo de informações e deixando no "pé" os pormenores de menor importância, que podem ser cortados quando há falta de espaço — consciente ou inconscientemente ele está aplicando o princípio da quantificação da informação. Da mesma forma quando escolhe um determinado assunto e forma para o seu trabalho, nele incluído o próprio estilo, freqüência de determinadas palavras, termos e locuções, aplica os ensinamentos da Seleção e Escolha.

Não pode ser esquecida, acima de tudo, pelo profissional consciente, a sua responsabilidade ética perante certos estratos da sociedade — especialmente a juventude — que por serem menos aquinhoados de informação são por isso mesmo os mais vulneráveis pela ideologia da Indústria Cultural. O profissional não deve dar-lhes apenas o que eles querem receber, no sentido de diversão ou entretenimento. Deve, também, "construir nos seus leitores um pouco mais daquilo que possuem" (69). O interesse do público que consome e o da Indústria que produz devem ser sempre equacionados. Mas os valores éticos que sugerem ao jornalista a otimização da mensagem veiculada nunca devem deixar de estar presentes.

NOTAS BIBLIOGRÁFICAS

1. Hawes, Leonard C. "Elements of a model for communication processes". *In Quarterly Journal of Speech*, n.º 59, 1973.

2. Ruesch, Jurgen e Bateson, Gregory. *Communicación, la Matriz Social de la Psiquiatria*. Buenos Aires, Paidos, 1965.

3. Beltrão, Luiz. *Teoria Geral da Comunicação*. Brasília, Thesaurus, 1982, 3.ª ed.

4. Riesmann, David. "As funções socializantes da imprensa". *In Meios de Comunicação de Massa*. São Paulo, Cultrix, 1970.

5. Gerald, J. E. *A Responsabilidade Social da Imprensa*. Rio, O Cruzeiro, s/d.

6. Breed, Warren. "Comunicação de massa e integração social". *In Comunicação e Indústria Cultural*. São Paulo, Cia. Editora Nacional, 1971.

7. Berlo, David K. *O Processo da Comunicação*. Rio, Fundo de Cultura, 1972, 4.ª ed.

8. Para um estudo do histórico episódio, leia-se "La Invasión de los marcianos", resumo de Hadley Cantril do livro *The Invasion from Mars*, de sua autoria com Hazel Gaudet e Herta Herzog, publicado pela Universidade de Princeton, em 1940. *In Proceso y Efectos de la Comunicación Colectiva*. Quito, CIESPAL, 1964.

9. Lasswell, Harold D. "Estrutura e Função da Comunicação na Sociedade". *In Comunicação e Indústria Cultural*. São Paulo, Cia. Editora Nacional, 1971.

10. Wright, Charles R. *Comunicación de Masas*. Buenos Aires, Paidós, 1963.

11. Fayt, Carlos. *Ciencias Políticas y Ciencias de la Información*. Buenos Aires, Omeba, 1965.

12. Merton, Robert K. e Lazarsfeld, Paul F. "Comunicação de massa, gosto popular e organização da ação social". *In Teoria da Cultura de Massa*. Rio, Saga, 1969.

13. Beneyto, Juan. *Informação e Sociedade*. Petrópolis, Vozes, 1974.

14. Merton, Robert K. *Teoria y Estructura Social*. México, Fondo de Cultura Económica, 1965, 2.ª ed.

15. Wright, Charles R. *Op. cit.*

16. Entre as muitas publicações sobre as disfunções da propaganda ideológica e da publicidade destacamos *A Mistificação das Massas pela Propaganda Política*, de Serge Tchakhotine, Ed. Civilização Brasileira, Rio, 1967, e *La Publicidad: un Freno al Desarrollo*, de Ramon Abel Castaño, Ediciones Tercer Mondo, Bogotá, 1977, 2.ª ed.

17. Riesman, David e outros. *A Multidão Solitária*. São Paulo, Perspectiva, 1972.

18. Wright, Charles R. *Op. cit.*

19. Beltrão, Luiz. *Sociedade de Massa, Comunicação e Literatura*. Petrópolis, Vozes, 1972.

20. Bourgelin, Olivier. *La Communication de Masse*. Paris, SGPP, 1970 (Collection "Le Point de la Question").

21. McQuail, Denis. *Sociologia de los Médios Masivos de Comunicación.* Buenos Aires, Paidós, 1972.
22. Maletzke, Gerhård. *Sicologia de la Comunicación Colectiva.* Quito, CIESPAL, 1965, 2.ª ed.
23. As definições e textos citados são de Maletzke. *Op. cit.*
24. Beltrão, Luiz. *Op. cit.*
25. Cf. Maletzke. *Op. cit.*
26. Beneyto, Juan. *Op. cit.*
27. Cr. Maletzke. *Op. cit.*
28. Maletzke, Gerhard. *Op. cit.*
29. McQuail, Denis. *Op. cit.*
30. Cf. McQuail. *Op. cit.*
31. Sobre o público leitor de fotonovelas, v. Habert, Angeluccia Bernardes. *Fotonovela e Indústria Cultural.* Petrópolis, Vozes, 1974, em que se lê: "As editoras se dirigem ao público, caracterizado de feminino, jovem, e de classe econômica B e C, e recebem respostas" (pp. 48 e ss.), evidenciando-se o mecanismo de retroalimentação da fonte pelas "cartas do leitor" como válido apenas quanto ao grupo de referência eleito, não extensivo à audiência como um todo. V. também Bosi, Ecléa. *Cultura de Massa e Cultura Popular* (Leituras de Operárias). Petrópolis, Vozes, 1972, que confirma a audiência feminina das fotonovelas.
32. Maletzke, Gerhard. *Op. cit.*
33. Como introdução ao estudo da Opinião Pública, v. Beltrão, Luiz. *Jornalismo Opinativo.* Porto Alegre, Sulina/ARI, 1980.
34. Pfromm Netto, Samuel. *Comunicação de Massa.* São Paulo, Pioneira, 1972.
35. Klapper, Joseph T. *The Effects of Mass Communication.* Nova York, The Free Press, 1965.
36. Cf. McQuail. *Op. cit.*
37. Cf. Maletzke. *Op. cit.*
38. Melo, José Marques de. *Comunicação Social: Teoria e Pesquisa.* Petrópolis, Vozes, 1974, 3.ª ed.
39. V. cap. 3. "A infra-estrutura da CM, especialmente quanto aos agentes culturais e seu acesso às fontes de informação". V. também Beltrão, Luiz. *Jornalismo Interpretativo: Filosofia e Técnica.* Porto Alegre, Sulina/ARI, 1980, 2.ª ed.
40. Deve-se ao Prof. Newton Diniz de Andrade, quando, em 1972, lecionava Técnicas de Editoração na Universidade de Brasília, o levantamento da mais completa *Bibliografia Auxiliar para Estudo e Pesquisa em Editoração,* publicação mimeografada, com 122 páginas, em que estão relacionados livros, folhetos e artigos sobre os seguintes itens: Edição, Livro (história, veículo de comunicação, edição e promoção), Revista (especializada, infantil, religiosa, humorística, e história da), Livraria, Autor, Tradução, *Book-design,* Livro de bolso, Edição *Flash,* Edições Universitárias, Livro Didático, Livro Infantil, Aventuras, Policial, Ficção Científica, Histórias em Quadrinhos, Fotonovela, Literatura Fantástica, Ficção Política, Literatura de Cordel, Horóscopo, Livro Religioso, Literatura Psicografada, Livro

de Guerra, Literatura Negra e Erotismo. A indexação alcança até o ano de 1971. Desde setembro de 1970, a Escola de Comunicações e Artes da Universidade de São Paulo passou a editar os *Cadernos de Jornalismo e Editoração* que, em diferentes números, publicaram artigos sobre os itens antes relacionados, divulgando ainda, notícias e resenhas de livros de interesse para os estudantes da área. Destaca-se, entre eles, o n.º 12, datado de junho de 1979, todo dedicado à *Produção de Discos*. A partir de 1979, todos os escritos sobre o tema publicados no País foram recolhidos e indexados na seção competente pela *Bibliografia Brasileira de Comunicação*, editada pela INTERCOM, de São Paulo, cujos n.os 1, 2, 3 e 4 correspondem ao quatriênio 1979/82. Entre os livros publicados no intervalo, relacionamos como os mais destacados:

Andrade, Olimpio de Souza. *O Livro Brasileiro: Progressos e Problemas*. Rio, Paralelo/MEC, 1974.

Barraco, H. B. *Guia à História da Editoração*. São Paulo, EBRAESP Editorial, 1975.

Escorel, Ana Luisa. *Brochura Brasileira: Objeto sem Projeto*. Rio, José Olympio, 1974.

Jambeiro, Othon. *Canção de Massa* (As Condições da Produção). São Paulo, Pioneira, 1975.

Magalhães, Aloisio e outros. *Editoração, Hoje*. Rio, Fundação Getúlio Vargas.

41. São poucas as obras de autores brasileiros sobre jornalismo e, dentre elas, contam-se nos dedos aquelas de caráter teórico. Entre estas, a primeira, escrita por um dos autores deste livro, intitulada *Iniciação à Filosofia do Jornalismo*, editada em 1960 pela Livraria Agir Editora, do Rio de Janeiro, encontra-se esgotada. O mesmo autor, Luiz Beltrão, retomou o tema em *Jornalismo Interpretativo*, saído em 1976 e já em segunda edição, pela Livraria Sulina Editora, em convênio com a ARI (Associação Riograndense de Imprensa), de Porto Alegre, em que são indicadas obras de autores de diferentes nacionalidades sobre o tema. Ainda de Beltrão e pelos mesmos editores veio a lume, em 1980, o *Jornalismo Opinativo*. O estudioso interessado, contudo, encontrará na já citada *Bibliografia Brasileira de Comunicação*, editada desde 1979 pela INTERCOM (Caixa Postal 20793 — 01000 São Paulo, Capital) listagem completa de quanto se tem publicado a respeito anualmente.

42. Bullaude, José. *Enseñanza Audiovisual y Comunicación*. Buenos Aires, Libreria del Colegio, 1968.

43. Schramm, W. *et alii*. *Nuevos Métodos y Técnicas de Educación* (Cuaderno n.º 48 de estudios y documentos de educación. Paris, 1963).

44. Central Office of Information. *Os Serviços de Rádio e Televisão na Grã--Bretanha*. Londres, Serviços Britânicos de Informação, junho, 1966.

45. Logger, Guido. *75 Anos de Cinema*. Rio, Central Católica de Cinema/CNBB, 1980.

46. Aspectos diversos das relações entre educação e comunicação de massa são abordados na obra de Samuel Pfromm Netto, *Técnologia da Educação e Comunicação de Massa*, editada pela Livraria Pioneira, de São Paulo, em 1976. Recomenda-se, ainda, o conhecimento dos livros de grandes educadores brasileiros, entre os quais se destacam Paulo Freire e Lauro de Oliveira Lima.

47. Baus, Herbert M. *Relações Públicas: Dinâmica e Prática*. Rio, Fundo de Cultura, 1961.

48. D'Azevedo, Martha Alves. *Relações Públicas: Teoria e Processo.* Porto Alegre, Sulina, 1972. Da bibliografia nacional destacam-se, ainda, as obras de Teobaldo de Andrade, Walter Ramos Poyares e Roberto Paula Leite. As idéias expostas neste capítulo sobre o processo das RP foram sugeridas pela leitura de Scott M. Cutlip e Allen H. Center, *Effective Public Relations*, na versão espanhola *Relaciones Publicas*, em edição da Rialp, Madrid, 1961. Para manter-se atualizado, encaminhamos o leitor à já referida *Bibliografia Brasileira de Comunicação*, editada pela INTERCOM. Em 1967, a Escola de Comunicações e Artes da Universidade de São Paulo fez mimeografar, sob o título *350 Publicações Nacionais* (sobre) *Relações Públicas*, reunindo tudo quanto até então se editara, inclusive traduções, no País, seguida de outra bibliografia em línguas estrangeiras, notadamente inglês e espanhol.

49. Tchakhotine, Serge. *A Mistificação das Massas pela Propaganda Política.* Rio, Civilização Brasileira, 1967.

50. Castaño, Ramon Abel. *La Publicidad: un Freno al Dessarrollo.* Bogotá, Tercer Mondo, 1971.

51. Stoetzel, J. e Girard, A. *Las Encuestas de Opinión Pública.* Madrid, Instituto de La Opinión Pública, 1973.

52. Melo, José Marques de. *Op. cit.*

53. O *zifr* de Abu Jafar Mohamed Ibn Mussa, apelidado o "Al Kharizm", matemático árabe do século VIII.

54. Pelseneer, J. "Esquisse du progrès de la pensée mathématique". Cit. *in* Caraça, Bento de Jesus. *Conceitos Fundamentais da Matemática.* Lisboa, 1951.

55. Martin, James e Norman, Adrian. *Computador, Sociedade e Desenvolvimento.* Brasília, Ed. UnB, 1973.

56. Maletzke, Gerhard. *Sicologia de la Comunicación Social.* Quito, Época, 1976.

57. Shannon C. e Weaver, W. *The Mathematical Theory of Communication.* Nova York, 1947. Tradução portuguesa: *Teoria Matemática da Comunicação.* Rio, Difel/Forum, 1975.

58. Shannon C. e Weaver, W. *Op. cit.*

59. Reza, Fazlollah M. "Introdução à Teoria da Informação". *In Cibernética e Comunicação.* Epstein, Isaac (org.). São Paulo, Cultrix/USP, 1973.

60. Jakobson, Roman. *Lingüística e Comunicação.* São Paulo, Cultrix, 1969.

61. Azevedo, Marcelo Casado. *Teoria da Informação.* Petrópolis, Vozes, 1971.

62. Shannon, C. e Weaver, W. *Op. cit.*

63. Eco, Umberto. *Obra Aberta.* São Paulo, Perspectiva, 1981.

64. Pignatari, Décio. *Informação, Linguagem, Comunicação.* São Paulo, Perspectiva, 1973.

65. Eco, Umberto. *Op. cit.*

66. Adaptado de Eco, Umberto. *Op. cit.*

67. Rossetti, José Paschoal. *Introdução à Economia.* São Paulo, Atlas, 1975.

68. Azevedo, Marcelo Casado. *Op. cit.*

69. Azevedo, Marcelo Casado. *Op. cit.*

7.

OS EFEITOS E O CONTROLE SOCIAL DA COMUNICAÇÃO DE MASSA

Os anos que se seguiram à II Guerra Mundial trouxeram muita reflexão acerca do desempenho e dos efeitos dos meios de comunicação de massa, dos resultados de suas mensagens, rapidamente difundidas, e das condições em que operava cada elemento do processo comunicacional.

Os efeitos dos meios impressos e sua repercussão sobre as massas já eram bem conhecidos desde o início do século e já nos romances de Gorki encontramos claras referências às conseqüências do emprego de panfletos distribuídos por ativistas políticos a estudantes e operários, de cujo apoio precisava a revolução comunista para alcançar o poder.

O cinematógrafo, na mesma época, tinha ultrapassado sua fase experimental e não foi, certamente, por acaso, que assinalamos entre os entusiastas dos resultados psicológicos da *montagem* nomes de autores soviéticos como Kulechov, Dziga Vertov e Eisenstein.

Contudo, a "conquista dos espíritos" de que nos fala Edgar Morin só iria encontrar completa caracterização quando ao impresso e o cinema veio juntar-se o rádio, na euforia dos anos vinte. Era mais um recurso, poderoso, para a doutrinação das massas, e a propaganda política, anos depois, nascida como auxiliar das atividades beligerantes, iria pôr à prova toda a sua eficiência através desse novo canal. Na década de trinta Hitler empolgava multidões de fanáticos na Alemanha nazista; entre nós, tentavam-lhe o arremedo os fautores do "Estado Novo".

O quadro geral dos meios de comunicação de massa só iria completar-se depois da II Guerra Mundial quando então se verificou a exploração comercial da televisão. De sua atuação, cada vez mais pertinaz, os teóricos da comunicação puderam tirar conclusões sempre mais válidas a respeito dos efeitos da comunicação massiva.

Na medida em que afirmamos que informação é poder — informação no sentido mais amplo de *know-how* e tecnologia — a era já iniciada dos sistemas de satélites, a "infosfera" de Toffler, propiciará conhecimento e poder a todos os povos e a todos os homens, que reclamarão, com justa razão, seu direito à informação e à participação nas grandes decisões em que é interessada a Humanidade inteira. O impacto da Ciência e da Tecnologia redundará em efeitos globais sobre a sociedade humana em seu vir-a-ser, e novo campo de estudos já se desdobra aos olhos dos pesquisadores, ou seja, o do controle social da comunicação.

As teorias sobre os efeitos

O campo psíquico do raciocínio lógico, condicionado pelas mensagens transmitidas pelos novos aparelhamentos, não foi o único a chamar a atenção dos estudiosos. Também a esfera da sensibilidade estética foi abordada, entre outros por Horkheimer e Adorno, preocupados como estavam, em 1947, com o domínio cada vez mais avassalador da indústria cultural sobre o espírito do receptor de massa.

Uma das idéias centrais de sua obra *Dialética do Iluminismo* conforme o próprio Adorno o assinala (1) é "o efeito de conjunto da indústria cultural como uma antidesmistificação", uma vez que "a dominação técnica progressiva se transforma em engodo das massas, isto é, em meio de tolher sua consciência". Adorno referia-se à ideologia do novo ramo da indústria, explorador do setor da difusão de mensagens culturais, deliberadamente colocadas no mercado a fim de proporcionar lucro ao respectivo investimento, não obstante o seu duvidoso conteúdo intelectual ou artístico. Entre outros resultados forçaria "a união dos domínios, separados há milênios, da arte superior e da arte inferior".

Para o arauto da Escola de Frankfurt tal dominação e tal embotamento da sensibilidade frustrariam os objetivos pretendidos pelos filósofos do Iluminismo, os quais sonhavam, justamente, em libertar o homem pela razão e pelo conhecimento de leis universais; por extensão, pelo conhecimento e aperfeiçoamento dos meios técnicos e, bem assim, pelo racionalismo esclarecedor das mentes e libertador das mistificações herdadas do medievalismo.

Nos Estados Unidos, outro tipo de pesquisa foi realizado mais recentemente, com vistas ao sistema político-partidário e seu funcionamento, afetado pela comunicação política. Estudando diferentes padrões de comportamento eleitoral concluiu Fagen (2) que "a atividade da comunicação é considerada política em virtude das conseqüências, reais e potenciais, que ela tem para o funcionamento do sistema político"; em outras palavras, em decorrência do quinto elemento do diagrama de Lasswell.

Como se verifica, muito embora fosse reconhecida por todos a importância dos estudos acerca dos efeitos da comunicação de massa, os autores divergiam, e ainda divergem, quanto à respectiva metodologia. Efeitos são resultados; mas resultados de quê? Da mensagem e seu conteúdo? Dos próprios meios, veículos ou canais? Do conjunto de todos eles num peculiar momento histórico-cultural? Esses mesmos resultados incidirão, por sua vez, sobre quem ou sobre o quê? Sobre o indivíduo, grupos de indivíduos, a Sociedade Global?

Partindo dos veículos, ou dos conteúdos das mensagens por eles difundidas, demonstrou Littlejohn (3) em obra recente, que dois grandes blocos de teorias poderiam ser delineados. O primeiro deles privilegiaria os meios; o segundo colocaria mais ênfase na mensagem.

No primeiro bloco situam-se McLuhan e Harold Innis, um de seus predecessores; no segundo, a maioria dos pesquisadores deste aspecto particular do processo comunicacional.

Cabe a McLuhan uma posição ímpar no trato destes problemas, não só em face da originalidade de suas idéias (tão divulgadas publicitariamente que não poderiam ser omitidas, conforme já assinalamos em capítulo anterior), como também pelo relevo que concede aos meios, veículos e canais — para ele, simplesmente *meios* — independentemente de seus conteúdos, na qualidade de agentes ativos de mudanças sociais. As idéias de McLuhan, apesar de não constituírem um conjunto organicamente harmonioso de proposições têm, todavia, um ponto de convergência quando afirmam a eficácia dos meios de comunicação como um todo, no impacto sobre a sociedade e sua cultura, num determinado contexto histórico-social. As sociedades, assim, teriam características peculiares decorrentes da ação de meios de que se utilizam.

Foi certamente levando em conta a procedência e a consistência parciais das hipóteses de McLuhan que a UNESCO, a partir de 1965, promoveu conferências em Paris sobre temas relacionados com a Comunicação Social em face do avanço dos novos engenhos espaciais, pretendendo contribuir para a demonstração de que essas novas alavancas tecnológicas já facilitam e facilitarão ainda mais, em futuro próximo, a solução de problemas mundiais de desenvolvimento. Alguns de seus efeitos sobre o *ecúmeno* já podem ser notados: a consciência de que a espécie humana faz parte de um todo e que somente através da cooperação pacífica de todos os povos, no Consórcio Internacional de Comunicações — o CONSAT — (ao qual o Brasil já está vinculado, via EMBRATEL) será possível alcançar o entendimento geral, o progresso e a paz duradoura.

Um dos conferencistas que mais se destacaram nesse ciclo de estudos foi Wilbur Schramm, diretor do Instituto de Pesquisas de Comunicação da Universidade de Stanford, nos Estados Unidos. Segundo o texto divulgado (4), o autor preocupou-se mais com os efeitos dos sistemas de satélites, no campo internacional, sobre o próprio procesos da Comunicação Social e que seria, destarte, amplamente intensificado.

Para Wilbur Schramm, "estamos diante de uma nova fase na ofensiva contra o tempo e o espaço" e o progresso técnico já alcançado é muito mais rápido que o econômico e o político, daí por que se tornam necessárias reavaliações quanto a conseqüências futuras. Os satélites de comunicação tornaram possível um enorme aumento dos circuitos e, portanto, um incremento considerável da qualidade e quantidade de comunicações através de meios tradicionais como o telefone, o telégrafo, o teletipo, os computadores, a televisão e o rádio. Como resultados imediatos, e em decorrência disso, a aproximação psicológica de populações longínquas e o fim do isolamento de muitos países já são fatos conhecidos. Suas previsões para os anos subseqüentes (o autor escreveu em 1965) foram alcançadas e até superadas na década de 80: o uso normal de satélites para fins científicos, meteorológicos e de prospecção do solo; para difusão instantânea de notícias, avisos de cataclismas iminentes, acontecimentos esportivos; para a mudança paulatina das bibliotecas de pesquisa e a sua marcha gradual no caminho da informatização.

Seguindo a mesma linha de pesquisa, porém em campo menor, local e microrregional, outros autores têm procurado salientar, também, os efeitos globais dos meios de comunicação de massa sobre comunidades por eles atingidas. Entre nós podemos citar Luiz Augusto Milanesi (*O Paraíso via EMBRATEL*) que em livro concluído em 1978 descreveu "o processo de integração de uma cidade do interior paulista na sociedade de consumo". Tratava-se de Ibitinga, cidade de cerca de 24.000 habitantes, na zona central do Estado de São Paulo, cujos moradores tiveram alterado seu comportamento em vários aspectos culturais, como diversões, educação, formas de lazer, valores tradicionais sob o impacto inicial do rádio, seguido do da televisão, cujas imagens aí chegaram somente em 1965.

Ainda no Brasil, em abril de 1974, no Centro de Ensino Unificado de Brasília — CEUB — foi realizada uma pesquisa de campo a fim de detectar a opinião tradicional da cidade de Silvânia, pequena localidade situada nas proximidades do Distrito Federal (5). A pesquisa propôs-se a coletar e analisar dados sobre os meios de comunicação de massa e a respectiva influência nos hábitos da população. Os resultados não foram analisados numa conclusão formal, porém as tabelas de dados permitiram traçar um perfil psicológico "de mudança" daquela comunidade exposta à ação permanente do rádio e da televisão. Entre outras coisas, as entrevistas demonstraram ao mesmo tempo a aceitação da minissaia e a necessidade da moça que se "perde" com o namorado ser obrigada a casar com o mesmo; simplificando: uma ambivalência de atitudes.

O segundo grupo de teorias deixa de orientar-se exclusivamente para os meios e firma-se em dados resultantes de pesquisas de índole empírico-indutiva. Estão neste grupo a Teoria do Reforço de Klapper, a Teoria dos Usos e Gratificações, de Katz, Blumler e Gurevitch; a Teoria do Modelo de Dependência, de Ball-Rokeach e Melvin De Fleur.

Joseph Klapper, um dos primeiros autores a ocupar-se dos estudos acerca dos efeitos, condensava em seu livro, escrito no final da década de 50 (6) o que já se tinha escrito a propósito do assunto e daí retirou cinco proposições:

1. A comunicação de massa não serve ordinariamente como causa necessária e suficiente dos efeitos sobre a audiência, mas funciona, outrossim, através de um nexo de fatores e influências mediadores;
2. Esses fatores mediadores são de tal natureza que fazem tipicamente da comunicação de massa um agente contribuinte mas não a causa exclusiva, num processo de reforçamento das condições existentes;
3. Em tais ocasiões, quando a comunicação de massa funciona ao serviço da mudança é muito provável que exista uma de duas condições, ou:

    a) se comprova que os fatores mediadores são inoperantes e o efeito dos meios será direto; ou

    b) os fatores mediadores, que normalmente favorecem o reforço, impelem eles próprios à mudança.
4. Existem certas situações residuais em que a comunicação de massa parece produzir efeitos diretos, ou diretamente de per si servir a certas funções psicofísicas;
5. A eficácia da comunicação de massa, seja como agente contribuinte ou como agente de efeito direto, é afetada por vários aspectos dos próprios meios e das próprias comunicações, ou da situação de comunicação.

Embora não minimize os efeitos de mudanças salienta Klapper, nessas generalizações, o valor do efeito de reforço, decorrente da comunicação de massa e de outros agentes contribuintes. Os efeitos da Comunicação de Massa seriam, em última análise, o resultado de influências oriundas não só da audiência mas também dos meios, da mensagem e das condições do processo comunicacional. Ao reconhecimento crítico do papel desses diversos fatores que se inter-relacionam para o desencadeamento do processo de efeitos denominou Klapper — o enfoque "fenomênico".

A Teoria dos Usos e Gratificações de Katz, Blumler e Gurevitch parte de um enfoque completamente diferente das anteriores pois estabelece como ponto de partida o comportamento seletivo do receptor de massa, ao invés de considerá-lo um mero sujeito passivo da Indústria da Comunicação. O uso ativo dos meios de comunicação de massa atua, assim, como uma variável contribuinte para o desencadeamento do efeito.

Ao lado desse aspecto a teoria vê no consumidor o papel de correlacionador da Comunicação de Massa com as necessidades individuais, que passam a ter primazia sobre as mensagens; vê também a contribuição de outras fontes de satisfação de necessidades e não apenas a de comunicação massiva; preconiza uma confiança maior nas opiniões do público acerca dos veículos utilizados e recomenda que muito antes da indagação sobre as relações entre meios de comunicação de massa e cultura é necessário compreender melhor o uso dos meios por parte do receptor.

A última e mais recente teoria desse grupo, a do Modelo de Dependência de Ball-Rokeach e De Fleur, avalia a formação dos efeitos a partir de um enfoque sistêmico, do qual fazem parte não só as audiências mas também os sistemas de sociedade. De certa forma supera a linearidade relativa da teoria de Klapper e o relevo concedido ao papel do receptor na concepção do Uso e Gratificação. O Modelo de Dependência considera os efeitos como resultados da interação entre os meios, os fatores peculiares à sociedade e o grau de dependência dos dados difundidos pela comunicação de massa. Essa dependência cresce na razão direta da quantidade de dados considerados de interesse fundamental para um determinado público ou grupo e aumenta ainda mais nos momentos de instabilidade social, acompanhando um maior crédito de confiança nos meios divulgadores de dados. Os efeitos, segundo a teoria, seriam de três tipos: cognitivo, afetivo e comportamental. Têm eficácia nos receptores individuais na medida em que estes se mostram dependentes dos dados fornecidos, "quando as pessoas não têm realidades sociais que forneçam quadros de referência adequados para compreensão, ação e evasão (7).

Apreciação crítica e conceituação

A situação atual da investigação sobre os efeitos da comunicação de massa não é, certamente, a de três décadas atrás pois inúmeras pesquisas foram feitas e continuam a ter andamento, debaixo de rigoroso controle científico, em campos específicos, sob situações peculiares; contudo, não são de molde a permitir generalizações em amplos quadros da teoria da comunicação. Recomenda a prudência da comunidade de estudiosos que seja ainda lembrada a advertência feita em 1948 por Bernard Berelson: "certos tipos de *comunicação*, em certos tipos de *questões*, levados à atenção de certos tipos de *pessoas*, sob certas *condições*, produzem certos tipos de *efeitos*".

O estudo dos efeitos da Comunicação de Massa é um campo extremamente vasto e complexo, onde não há mais lugar para a posição inicial que considerava o receptor como inteiramente passivo diante da onipotência dos meios. "Deparamo-nos nesse caso com a extrema dificuldade de isolar comportamentos passivos e de os ligar de forma significativa a um certo tipo de consumo cultural" (8). Também não há mais lugar para conclusões simplistas, segundo as quais os meios de comunicação de massa seriam a causa única e eficiente de mudanças de atitudes e comportamentos.

São afetados pela Comunicação de Massa, evidentemente, além do receptor, o sistema de comunicação social e o próprio comunicador institucionalizado, na medida em que este, alternando-se no diálogo iniciado com o *feedback* especial, passa a assumir o papel de receptor para recolher o eco das suas mensagens industrializadas, constantemente reelaboradas, premido como se encontra pela concorrência sem tréguas na sociedade de consumo.

O desencadeamento do processo dos efeitos encontra a sua origem numa interação em que se envolvem os meios; as mensagens; as intenções do comunicador; as preferências e predisposições do receptor; as condições gerais que interpenetram todo o processo comunicacional.

Uma fonte geradora de incompreensões, no estudo do processo dos efeitos, é o que se refere ao entendimento do que seja a *eficácia* da comunicação. Já em 1949 Warren Weaver em sua tese *Contribuições à Teoria Matemática das Comunicações* levantava, nesse campo, três níveis de problemas: o técnico, o semântico e o da *eficiência*. Este último estaria condicionado "ao êxito com que a mensagem transmitida ao receptor levaria este à conduta desejada e prevista" (9).

Sua concepção do processo da comunicação, demonstrada graficamente por um diagrama original, era evidentemente linear, do tipo *estímulo-resposta*, uma vez que reservava para o comunicador o papel de provocador único da reação do receptor, mediante a seleção de mensagens oriundas da sua fonte, transportadas pelo canal depois de convertidas tecnicamente em sinal. Conforme demonstrou Lee Thayer (10) nem mesmo os próprios especialistas em comunicação entendem de igual maneira o que caracteriza uma comunicação eficaz e as fontes de confusão, a esse respeito, seriam duas: a) não se faz a distinção entre a eficácia do *desempenho* comunicativo e a eficácia do *encontro* comunicativo; b) não se estabelece a exata diferença entre a simples *compreensão* de uma mensagem e o *comportamento subseqüente* do receptor, com relação às intenções do comunicador. Há, realmente, uma diferença entre endereçar uma mensagem ao receptor de modo que este a *entenda* da maneira que pretendemos, e fazer a mesma coisa, a fim de que o destinatário *faça* ou aja como desejamos.

Estamos de acordo com Thayer em sua posição pragmática ao avaliar diferenças na qualidade de mensagem e nos desempenhos comunicativos: "só é eficaz aquilo que funciona" (11).

Na atualidade, ao lado de outros termos menos freqüentes, tais como "reações", "impactos", "respostas", parece generalizar-se cada vez mais o emprego da palavra "efeitos" para designar alterações na conduta e no psiquismo do receptor provocadas pela comunicação de massa.

Conforme ensina Maletzke (12), num sentido mais amplo, compreendem eles todos os processos de comportamento e de vivência observados no homem, enquanto receptor, no campo da comunicação social.

Para nós, *efeitos da Comunicação de Massa são o resultado manifesto da atividade psicossocial do receptor em decorrência de elementos dinamizadores contidos na mensagem; da instituição do próprio sistema dos meios de comunicação social e das condições que afetam os diversos elementos do processo comunicacional*, incluídas a capacidade seletora e a dependência dos meios por parte do receptor anônimo e disperso.

Está claro que fazemos a distinção entre efeitos planejados, desejados, previstos, premeditados — e efeitos não-desejados, imprevistos, não-planejados e aleatórios, estes últimos decorrentes de disfunções, conforme foi explicado no capítulo anterior.

Se nestes últimos interferem variáveis interdependentes, ainda não identificadas, cujo desempenho vai sendo paulatinamente desvendado pelo cotidiano da pesquisa em Comunicação Social, não é menos verdade que, dentre os primeiros, numerosas outras já se tornaram bastante conhecidas para a sua aplicação sistemática pela Indústria da Comunicação.

Nosso conceito de *efeitos* implica em admitir que não há comunicação desinteressada. Quando emitimos mensagens (e com maior razão o Comunicador de Massa), visamos sempre a retirar nosso interlocutor de um estado que consideramos de inércia para o nosso propósito e levá-lo a outro, propício ao nosso intuito (13). Implica também no reconhecimento de que influem até no evento *planejado* o próprio clima criado pelos sistemas de comunicação em que esta se verifica e, finalmente, que dependerá *também* do receptor a eficácia da comunicação na medida em que se tornam manifestos determinados atributos psíquicos que lhe são específicos.

A Indústria da Comunicação, dirigente e exploradora dos serviços dos meios de comunicação de massa, mais do que ninguém se esforça por manter sempre presentes os métodos necessários à consecução desse tipo de comunicação, em nível de eficácia, em termos pragmáticos.

Outro ponto fundamental na problemática dos efeitos da comunicação de massa, além de tentativa de sua conceituação, seria o traçado de um esboço de sua respectiva classificação. Mas ainda aqui persistem as dificuldades, oriundas da ausência de uma teoria compreensiva da Comunicação Social, na atualidade, de modo a sistematizar todos os seus elementos e estágios, bem como os respectivos papéis, de modo absoluto. A comunicação como um dos mais jovens ramos das Ciências Humanas, trabalha com os grandes números e a lei das probabilidades, e ainda está na fase de esforços para a sua consolidação.

Contudo, "para fins de identificação e análise da comunicação, catalogamos cinco esferas psicossociais na atividade humana, nas quais a mensagem instila elementos provocativos da ação-reação do receptor, ativando processos de comportamento:

1. Campo do sentir;
2. Campo do saber;
3. Campo do julgar;
4. Campo do fazer;
5. Campo do interagir" (14).

Ressalvamos, entretanto, como Maletzke (15) que se trata apenas de " 'centros de gravitação' que orientam o fluxo dessas mensagens e não compartimentos estanques, mutuamente excludentes".

"Quando a mensagem sensibiliza um ou mesmo os três primeiros campos catalogados (sentir, saber e julgar), classificamos os estados decorrentes como efeitos psicossociais *endógenos*, desde que se caracterizem por um enriquecimento interior do destinatário, através da percepção e retenção de dados, informações, interpretações, conceitos, imagens, fatos, argumentos e conclusões, de que se pode valer, no momento ou no futuro, para o desenvolvimento mais amplo de sua personalidade. Aqui, a mensagem é de natureza puramente *consumatória*".

"Se, porém, a mensagem fornece elementos para que o receptor alcance um estado ativo nos campos do fazer e do interagir, dizemos que a comunicação produz efeitos psicossociais *exógenos*, consubstanciados em estímulos ao trabalho individual ou ao ócio bem aproveitado, à criação científica ou artística, a colaboração nos labores coletivos, enfim, a tudo quanto contribui para a afirmação do indivíduo como ser social e para a transformação da própria sociedade. Neste caso, estão todas as mensagens de natureza instrumental" (16).

Os elementos dinamizadores contidos na mensagem de massa, qualquer que seja o seu *campo*, ou o seu *tipo* (impressa, radiofônica, televisada), ou o *objetivo social* a que se propõe (informativo, educativo, recreacional), ou o *público* a que se destina (masculino, feminino, esportivo, profissional), constituem, reunidos, toda a parafernália de recursos técnicos disponíveis (icônicos, fotográficos, ilustrativos, jargões, modismos, sonorizações, vinhetas) que se associam a seu suporte ou revestimento, e que irão agir sobre o psiquismo do receptor para sublinhar o seu conteúdo propriamente dito (denotativo ou conotativo), induzindo-o à sua aceitação. A *persuasão* na comunicação de massa parece ser, de fato, o principal efeito desejado e previsto, que se visa a alcançar mediante aqueles mencionados *reatores* (manifestos, sutis, subliminares) a fim de, em última análise, obter a *eficácia* do que é dito, escrito ou apresentado. E isto é válido não apenas para uma determinada mensagem senão, também, e principalmente, para o próprio meio de comunicação de massa cuja meta comercial é sobrepujar seus concorrentes e conseguir a liderança numa determinada audiência ou, em outras palavras, na exploração exclusiva de uma certa faixa do mercado consumidor.

As conseqüências, reais ou potenciais, da mensagem sobre o mercado constituem a preocupação da Indústria da Comunicação; constituem também o campo de pesquisa dos estudiosos, principalmente dos de orientação "apocalíptica" (no dizer de Umberto Eco), revoltados com a massificação do receptor pela perda gradual de sua capacidade de crítica e de sua adesão sempre maior ao conformismo.

Lembram os teóricos que sempre resta a esperança no papel dos líderes de opinião, na capacidade seletiva do receptor, no seu grau de independência dos meios de comunicação de massa e, para finalizar, na consciência ética dos profissionais da comunicação, na medida em que perseguem, sem cessar, a otimização da mensagem em benefício da audiência.

Essas mesmas conseqüências, reais ou potenciais, sobre o comportamento da massa-audiência são também a preocupação de cidadãos, estadistas e homens públicos em geral, quer exerçam suas atividades em regimes democráticos ou totalitários, pois é esse o campo em que se verifica o controle social da comunicação com todas as suas implicações.

A Informação, a Expressão e seus pressupostos

A busca de dados cognitivos e a manifestação de sua posse são condições inalienáveis à criatura humana e é dever do Estado garantir-lhes o livre exercício. Embora tal afirmação pareça por demais evidente, é inacreditável que ainda exista por toda parte o olho do "Grande Irmão", de que nos fala George Orwell, disfarçado sob os mais variados pretextos. É certo, também, que espíritos pouco dotados voltam-se periodicamente contra a ascensão e reconhecimento universais da prática democrática da liberdade. Mas "a evolução social humana independe da acidental investidura em postos de direção, de psiques regressivas, contra as quais não há, como a respeito da lepra e outras doenças contagiosas, medidas cautelares eficientes" (17). O *filum* que liga o mundo atual aos foros de humanismo e dignidade, que durante séculos já se sedimentaram na consciência da Espécie, não pode ser impunemente rompido. Compete ao Direito Internacional, apesar de todos os percalços, de todos os avanços e recuos temporários na senda da Civilização, traçar-lhe os rumos definitivos, bem como sistematizar-lhe os princípios e conquistas. Por outro lado, é escusado dizer, inútil se torna a afirmação de que tais retrocessos se fazem em nome da Ciência: esta não é propriedade de ninguém, pois é fruto exclusivo da Comunicação, da vida social e do debate.

Daí a necessidade da recordação de conceitos básicos em vias de obliteração pela pertinaz campanha de lavagem cerebral desencadeada por todos aqueles que preferem soluções de força no trato de assuntos humanos e sociais.

Daí a importância de que se reveste, para o profissional de Comunicação, o conhecimento não apenas teórico desse processo de interação mas, também, a conscientização de seus aspectos éticos e políticos.

Entre os termos que suscitam maiores controvérsias e que requerem a maior atenção do estudioso do problema da Comunicação Cultural estão, sem dúvida a *informação* e a *expressão*: dois conceitos que transcendem da área biológica e interessam fundamentalmente ao estágio mais avançado do relacionamento humano, ou seja, a Comunicação de Massa.

Tanto uma como outra são funções biológicas unilaterais, "plenamente satisfatórias para o agente na consecução dos fins de sobrevivência, propagação da espécie e manutenção de uma restrita vida social" (18). Essa restrita vida social (ainda que reduzida por abstração a um simples casal), de base puramente instintiva, já é constituída com fundamento no anseio de novos dados cognitivos e, bem assim na necessidade de transmissão dos próprios anseios aos outros participantes da vida gregária. Sob este ângulo a informação e a expressão se completam: fecham o circuito da Comunicação.

A noção de *informação* implica na busca, na iniciativa do agente em satisfazer a necessidade de dados novos que lhe completam o quadro descritivo da realidade e do qual permanentemente se inteira.

A Comunicação pela linguagem idiomática comporta sempre dois elementos que, embora possam ser teoricamente distintos, quase sempre aparecem entrelaçados: o segmento semântico e o segmento estético. Assim, quando analisamos a noção de *expressão* verificamos que ela "não tem por objeto dizer nada a ninguém, mas traduzir simplesmente os estados interiores, podendo dar-se em plena solidão", segundo o pensador argentino Hilário Fernandes Mariño (19).

Para o referido autor, à expressão está reservado o terreno das emoções e, portanto, o das mensagens predominantemente conotativas. Ela não tem função originariamente social, isto é, não é feita para comunicar algo a qualquer pessoa, a não ser depois de "submetida ao crivo da vontade", vale dizer, da linguagem comum.

Adotamos o pensamento do autor argentino utilizando o termo *expressão* em seu caráter mais amplo, quer dizer, o de manifestação da posse do dado predominantemente conotativo. Assim, ela pode ser considerada uma resposta ao *estímulo-procura* de dados novos, ainda que tenha origem no próprio psiquismo do agente, como no caso da Comunicação biopsicológica impressiva.

Que dados novos são esses?

Essa busca incessante de novos elementos cognitivos — parcelas de conhecimento — para sua devida apreciação pela consciência cognoscente pressupõe de um lado, o sujeito; de outro, o objeto. O estudo do relacionamento de ambos, bem como a investigação e a explicação das condições e da validade de todas as formas de conhecer situam-se no campo da Epistemologia, disciplina especial desenvolvida nos tempos modernos a partir de Kant e John Locke.

Se a informação implica na busca de novos dados cognitivos, vale dizer, de *conhecimento*, como poderemos precisar, com possível exatidão e clareza o resultado dessa busca?

M. Blondel, citado por A. Lalande, a propósito do conceito de conhecimento distingue:

1. *O ato* de conhecer, subjetivo;

2. *O fato* de conhecer (relação do sujeito com o objeto);

3. *O resultado*, destacado por abstração (objeto conhecido).

Fazendo a crítica desse pensamento afirma o último autor: "Não nos parece que a palavra *conhecer* se empregue exclusivamente num sentido puramente subjetivo: parece, ao contrário, implicar sempre a relação do sujeito com o objeto senão mesmo uma certa subordinação do primeiro ao segundo".

Indaga J. Lachelier se haveria uma correspondência entre *conhecer* e *saber*, este último termo entendido como poder afirmar o *quod* sem nenhum *quid*, isto é, a existência de uma coisa sem nenhuma determinação ou atributo. Em outras palavras, se a questão é de *penetrar* (o sentido) e se isso já não é antes compreender do que conhecer, ou, no mínimo, começar a compreender.

"Comentando esse raciocínio afirma J. Lalande: "Parece-me que se pode distinguir *conhecer*, no sentido de *saber o que é*, de *compreender*, no sentido de *explicar por que isso é assim*. Por exemplo, conhece-se, sem a compreender ainda, a anatomia de um animal, na medida em que ela não se explica pela relação e uso das diferentes partes que a constituem.

Conhecer, se distingue de *compreender*, assim como o gênero da espécie" (20).

A noção de dado cognitivo e a distinção entre conhecer e compreender também podem ser fornecidas pelo critério psicológico.

Compreensão para Mira y Lopez é o ato funcional mediante o qual se agrega a cada conteúdo de consciência (sensopercepção e representação) um atributo significativo. Assim, pois, a *percepção* nos daria a *forma*, isto é, as propriedades superficiais do objeto e a *compreensão* seu *fundo* ou essência. Esta última é o ato intelectivo por excelência porque tem o papel de ordenação e estruturação hierárquica, "convertendo o caos perceptivo sensorial primário em cosmos compreensível psíquico secundário".

O mesmo autor dá um exemplo concreto para ajudar essa distinção: "Suponhamos que alguém nos entrega um documento escrito em língua etrusca. Não há dúvida que podemos *perceber* com precisão a sua forma e os traços de sua escrita; correndo nossos olhos por ele, não escapará à nossa atenção o menor detalhe perceptivo; não obstante, permanecermos desorientados e perplexos diante dele. O que é que nos deram? Um papel rabiscado, um documento importante, uma série de desenhos caprichosos ... *não o sabemos*, apesar de tê-lo diante de nós, girá-lo em todas as direções, manuseá-lo e adquirir assim quantas imagens sensoperceptivas quisermos.

Se em tal situação nos ajudar um amigo conhecedor da difícil língua etrusca e nos explicar a significação daqueles sinais gráficos, escapar-se-á um *ah!* de nosso peito e aquele conteúdo perceptivo se orientará imediatamente adquirindo um sentido e uma unidade próprios, específicos e permanentes. Esse acontecimento do *ah!* — disse Karl Bühler — assinala o instante em que tem lugar a compreensão e é o mais difícil de explicar de todos os fenômenos psicológicos" (21).

O ser vivente necessita de inteirar-se da realidade que o cerca. Essa necessidade é vital tanto nos animais superiores como nos inferiores e, em especial, nos unicelulares cuja distinção visível dos inanimados reside quiçá no seu tropismo explorador.

À medida em que nos elevamos na escala zoológica essa necessidade torna-se cada vez mais elaborada e uma mesma espécie animal colocada em meios diferentes reage de maneiras diversas. Assim, um cão criado pelos índios, tendo poucas opções alimentares, saberá distinguir entre um osso e uma espiga de milho. Já o cão de estimação dos meios socialmente sofisticados elabora mecanismos que o levam a informar-se da identidade de uma especial categoria de reação, dissociando-a, mentalmente, da de outro alimento.

Basicamente, contudo, permanece a mesma necessidade de informação. E a satisfação dessa necessidade, de uma maneira ou de outra, se realiza, pois é condição primordial para a sobrevivência. Experiências realizadas por Wolfe, com jovens chimpanzés, demonstram que esses antropóides, depois de um período variável de aprendizado, manejavam um aparelho por meio de fichas de diferentes cores e tamanhos para obter comida. A necessidade da obtenção do dado cognitivo, isto é, *como* conseguir o alimento provavelmente influi na atenção dispensada às diversas tentativas e no tempo gasto com isso.

O pensamento humano e o dos *simiidae* distinguem-se por diferenças quantitativas profundas mas, tanto num como em outro caso, a maior parte do comportamento é questão de hábito, firmado na busca de dados cognitivos que percorrem os neurônios e se armazenam nos centros da memória.

"O equipamento mental superior do homem é responsável pela abundância de coisas a serem aprendidas, mas a abundância foi produzida por muitos cérebros que trabalharam durante muitas gerações. O filho do homem civilizado, se crescesse em completo isolamento, estaria, pelo comportamento, muito mais próximo de um *simiida* do que de seu próprio pai" (22).

A condição de ser humano, assim, é o resultado do permanente processo de informação no mundo cultural que o acolheu ao nascer e lhe possibilitou o desenvolvimento. E é, também, o extravasamento ordenado de seus estados interiores, moldado em qualquer tipo de linguagem cultural (idiomática, sonora, artística, artindustrial) seja ela popular ou erudita — de qualquer forma, canal adequado e eminentemente humano para a emissão de mensagens reveladoras daquela condição.

Todo ser vivo se informa. Mas o homem — e isto parece ser a característica da Espécie — informa-se, também, ao nível sócio-cultural. Enquanto as espécies subumanas são levadas, pelo instinto, a garantir a sobrevivência, num nível de busca puramente zoopsicológico, o homem só se torna realmente humano pelo processo de socialização. Por este processo, o indivíduo, no sentido biológico, é integrado numa determinada sociedade; adquire hábitos que o capacitam a conviver com seus semelhantes.

A condição de ser humano, pois, é o resultado do somatório de todos os dados cognitivos, de sua permanente reelaboração e síntese no meio social, numa busca de conhecimento e realização emotiva que só se extingue com a morte.

Só o ser humano tem *interesses* e esses interesses implicam na conscientização da busca de dados, sejam materiais e não os seus objetivos.

Zenon de Citium ensinava, 300 anos antes de Cristo, em Atenas, junto ao pórtico (*Stoa*), a necessidade de suportar a dor, a imperiosidade de abster-se do prazer. *Sustine et abstine* — era uma das máximas da Escola Estóica. Nada, para o sábio, deveria perturbar a sua tranqüilidade de espírito — *ataraxia* — no compromisso com a verdade, longe portanto, das coisas destituídas de interesse (23).

A realidade social, entretanto, parece não confirmar o filósofo. O homem sempre teve e hoje, principalmente, interesses sobre determinados assuntos que precisa conhecer em preferências assinaladas sobre determinadas coisas, e situações.

Fraser Bond, num dos seus livros mais conhecidos (24) nos dá lista de onze:

1. o interesse próprio;
2. o dinheiro;
3. o sexo;
4. a violência (luta ou agressão);
5. o culto ao herói ou à fama;
6. o incomum ou sensacional;
7. a expectativa ("suspense");
8. o interesse humano;
9. acontecimentos que afetam grandes grupos;
10. a disputa (emulação);
11. o crime.

Lazarsfeld, especialista em Ciências Sociais, notadamente da Política e Comunicação, parte da análise de conteúdo de comunicação de massa e, dela, infere cinco categorias em ordem decrescente:

1. Desenhos e estórias em quadrinhos — ilustrações;
2. noticiário;
3. esportes, para os homens;
4. modas e divertimentos, para as mulheres;
5. editoriais.

Explica Monique Augras (25) que quase ninguém lê o editorial, devido a se tratar de leitura de elites e, portanto, de grupos restritos. Além disso, os líderes da Opinião, a que pertencem os seus autores, divulgam verbalmente o editorial nos meios a que estão mais ligados.

Analisando o discurso psicanalítico de Freud e dele inferindo a epistemologia, Paul Ricoeur (26) tenta interpretação de todos os *signos* que lhe constituem a semântica do desejo. Dá especial relevo aos dois instintos básicos: de um lado o *eros* (sexo, amor); de outro, o *tanatos* (violência, agressão, morte).

Para Kimball Young esses instintos estão na base do interesse daqueles que procuram a notícia. Dá mais ênfase ao *tanatos* porque, segundo ele, a sociedade moderna é altamente competitiva.

Desenvolvendo as noções da teoria psicanalítica, Wilbur Schramm, diretor do Instituto de Pesquisa da Universidade de Illinois, elaborou uma hipótese, baseada em provas experimentais e naquilo que Freud chama de princípios "do prazer" e "da realidade". Segundo a mesma, o receptor *seleciona* notícias, com vistas a uma "recompensa" imediata ou mediata. A primeira, ligada ao *id*, instinto e inconsciente, daria como resultado uma preferência maior por assuntos relacionados com crime, corrupção, acidentes, desastres etc. A segunda estaria vinculada ao *ego*, consciente, voltado para os assuntos econômicos, sociais, educação ou política.

A mola-mestra da busca de conhecimento reside, pois, no interesse, fator profundamente humano. A ela não se furta a busca "desinteressada" do saber, ou da arte pela arte. Mesmo no caso dos santos e dos eremitas que renunciaram ao mundo sensível, ainda assim o interesse não deixa de aparecer nesses comportamentos excepcionais, como ordenador máximo de sua escala de valores.

Controle Social: classificação

A expressão *controle social* é usada em Sociologia para indicar o processo pelo qual uma sociedade ou grupo procura assegurar a obediência de seus membros por meio de padrões existentes. Tais padrões são normas de conduta, são exigências que o grupo impõe aos indivíduos, regulamentando a sua maneira de sentir, de pensar ou agir (27).

Referindo-se ao controle da informação, Fraser Bond distingue duas categorias: o controle social e o controle governamental. Preferimos as expressões "controle difuso" e "controle jurídico", ou coercitivo, para maior clareza do assunto e para dar maior relevo ao papel preponderante que, neste último caso, desempenha o poder coercitivo do Estado. Com efeito, agindo na esfera privada, em concorrência com outras forças econômicas ou financeiras, o Estado pode conceder, negar ou embaraçar financiamentos a órgãos de imprensa, por exemplo: pode usar dos recursos da publicidade ou propaganda. Só estará agindo, verdadeiramente, como pessoa jurídica do Direito Público Externo, revestido de soberania, quando procura realizar, através da lei que o limita em suas atribuições, o bem comum de seus cidadãos. O poder coativo em apoio da lei, assim, manifesta-se como um ordenamento destinado a regulamentar o exercício de direitos comuns a todos, como é o caso do Direito à Informação e do Direito de Expressão.

O controle difuso é próprio de sociedades ou grupos que exercem coação e vigilância difusa sobre o indivíduo, fazendo-o reconhecer a coerção que dimana da própria organização mental da pessoa. São preceitos morais, crenças, costumes, tradições, ensinamentos religiosos, usos e costumes comerciais, regras de civilidade e etiqueta. Conforme essa pressão se manifeste mais externa ou mais internamente, distinguimos então o controle difuso *externo* e o controle difuso *interno*. Exemplo deste último foi, sem dúvida, a opção de Sócrates: condenado a beber cicuta, depois de acusado de corromper a juventude, foi confortado, no cárcere, por amigos e discípulos que lhe facilitariam a fuga. Contudo, como cidadão ateniense, como se considerava, preferiu a morte ao abandono de suas idéias.

Exemplo de controle difuso externo é o caso de uma moça da cidade de Caxias, no interior do Maranhão, relatando certa vez que, em sua terra natal, nenhuma jovem de "boa família" ousa sair de casa após as 22 horas a não ser acompanhada pelo pai ou pelos irmãos. Dessa forma, só estaria informada a respeito do que se passa em sua comunidade, nesse período de tempo, pelo que lhe contariam os parentes ou pelo que saberia através dos canais de comunicação.

Outro exemplo disso, é um rapaz, de pequeno centro urbano no sul do País, que se interessava e procurava informar-se a respeito de assuntos da cultura tipicamente feminina, ou seja, modas. Ele precisou sair da cidadezinha que lhe reprovava a conduta, a fim de obter dados de seu interesse.

Outras vezes, o controle social difuso parte de instituições e atinge instituições obrigando aos líderes destas últimas a uma atitude de maior prudência na procura e na divulgação de dados, como no caso da educação sexual da criança, na família ou na escola. Essa especial procura de dados informativos e sua divulgação seja por parte da própria criança ou por parte de educadores tem sido sempre desencorajada e só recentemente os interesses individuais e coletivos parecem harmonizar-se, com a adoção de modernos processos pedagógicos.

São múltiplas as conseqüências do controle difuso na sociedade contemporânea. Nesta, o indivíduo não mais busca os dados de que carece através da laboriosa pesquisa individual. Ele se informa por intermédio de instituições que captam, classificam e armazenam o conhecimento. De *sujeito*, passa a ser considerado *objeto* de interesse. Restringe-se a sua capacidade de escolha quanto à mensagem veiculada. Ao invés de, integrado no público anônimo e indeterminado, procurar a mensagem, é esta, em última análise, que é dirigida e que procura o seu determinado público receptor.

A tal conclusão se chega, de acordo com Edgar Morin, pelas últimas conseqüências a que levou a "colonização vertical". Segundo esse autor (28) assistimos, no começo do século XX à sucessão de duas colonizações; a primeira, "horizontal", foi a provocada pela expansão econômica e procura de mercados nos mais longínquos territórios; a segunda, de nossos dias, foi a colonização e conquista dos espíritos. Mas há outros fenômenos, na sociedade de massa, que lhe vão dar a feição característica: é que o controle difuso da informação implica na coisificação e na manipulação da mensagem e, bem assim, na perda da hegemonia da *intelligentsia* na condução do processo cultural.

Analisemos cada um desses aspectos.

Assinala-se, no seio da sociedade moderna, um grande complexo de interesses principalmente econômicos, financeiros e políticos, que conflitam entre si, sem cessar. Reconhecem também, os estudiosos da Comunicação, que a cultura de massa e a indústria cultural são produtos de um embate constante entre a produção e o consumo. Essa dialética se explica pelo fato de que, nos dias correntes, o dado informativo, a notícia e a mensagem em geral passaram a ser *mercadorias* que devem ser preparadas em série para o consumo de um indeterminado número de indivíduos. Essas mercadorias devem ser vendidas e, para isso, o comprador deve ser sugestionado a comprá-la, possibilitando, assim, a retirada do lucro do investimento. No mundo do mercado e da lei da oferta e da procura em que se acha mergulhado, embora não fique totalmente privado da liberdade de escolha, tem as suas opções reduzidas.

A informação do indivíduo já não depende exclusivamente de sua busca individual ou das relações com os grupos mais próximos.

A mensagem, em seus canais e suportes materiais, passa a ser *manipulada* pelo entrechoque daquelas forças em jogo atuando sobre os meios de comunicação de massa e daí resulta que estes últimos devem optar entre retirar-se do mercado competitivo ou adequar-se aos efeitos delas decorrentes. Vão defrontar-se, os meios de comunicação de massa, com as dificuldades de obter financiamentos; encontram entraves burocráticos e comerciais na importação de papel e outros insumos; defrontam-se com óbices, maiores ou menores, quando se trata de conseguir concessões públicas de canais ou faixas de emissão; lutam a cada instante, pelas vantagens da publicidade, pela simpatia de seus patrocinadores.

A mensagem tem que ser programada, pois, de acordo com o espaço (ou tempo) maior ou menor que lhe é destinado; de acordo com a maior ou menor ênfase em determinados assuntos que agradam ou desagradam aos governos ou aos interesses econômicos; de acordo com a maior ou menor força dos grupos de pressão, no momento em que é produzida. O *feedback* do Receptor ao Comunicador de Massa só muito posteriormente fornece à indústria cultural através de pesquisas de opinião, salvo raras exceções, a preferência do grande público, cuja análise, fria e financeira, inventa a fórmula capaz de atender à demanda da média de todos os gostos ou de um público particular.

Fatores diversos provocaram, a partir do início do século, a superabundância de dados informativos postos à disposição do indivíduo e da sociedade: os conhecimentos científicos tiveram um extraordinário avanço após a II Guerra Mundial; mas foi o estímulo inapreciável dos meios de comunicação de massa que provocou o interesse pelos mesmos e despertou a reação em cadeia no sentido de novas pesquisas e de novos métodos de aquisição do conhecimento; por sua vez, o aperfeiçoamento cada vez maior dos aparelhos de computação eletrônica agiram e ainda agem como verdadeiras alavancas do progresso intelectual. Aos antigos "cérebros eletrônicos" sucederam os computadores cada vez mais aperfeiçoados mesmo porque já se começava a cogitar seriamente do *tempo* necessário para consultar todo o repertório de conhecimento e, além disso, do *espaço* cada vez maior para o armazenamento de toda a coleção bibliográfica. Impunha-se a informática como método seguro para registrar e localizar, instantaneamente, o dado informativo desejado.

Nos dias correntes, o Comunicador de Massa, institucionalizado e regido pelos cânones ideológicos da Indústria Cultural, tem conhecimentos ilimitados sobre praticamente tudo. As fontes de informação, a respeito de qualquer assunto, estão à sua disposição e desafiam a sua capacidade de seleção e escolha. Mas as sínteses explicativas e interpretativas desse oceano de dados só pode ser feita pelo indivíduo humano, de carne e osso. Os meios de comunicação de massa não dispensam o programador, o analista, o redator especializado, o produtor, o intelectual, enfim.

De tudo isso é trágico assinalar o fato de que se não perdeu de todo a hegemonia na condução do processo cultural, a *intelligentsia* se vê nessa ameaça ou, pelo menos, inferiorizada de modo tríplice: a) seus membros, em parte apreciável, deixaram de ser trabalhadores autônomos e "profissionais liberais" e passaram à condição de assalariados, pagos pela Indústria Cultural; b) o autor viu-se privado do fruto de seu esforço e trabalho intelectual, que passou à propriedade de seus empregadores; c) o mesmo representante da intelectualidade, finalmente, viu-se forçado a aceitar as limitações de ordem técnica e a orientação do mercado em sua capacidade de criação.

O controle jurídico da Comunicação

O controle jurídico da comunicação é exercido pelo Estado, através da lei, cujo cumprimento é assegurado pelo seu poder coercitivo. Este poder foi a evolução natural dos atos da sociedade humana que sempre puniu os eventos considerados anti-sociais. A Lei de Talião cuja origem remonta à legislação mosaica (Êxodo), exigia que o crime fosse reparado na mesma medida que o dano causado: "Olho por olho, dente por dente". Nos grupos primitivos o costume armava o braço individual no caso da *vingança privada* mas o criminoso recebia, por vezes, a sanção de todo o grupo, como nos adultérios, ocasiões em que o cônjuge culpado era morto a pedradas, à vista de todos.

Em data que não se pode precisar mas que teria ocorrido (segundo alguns estudiosos da Arqueologia e da Cultura, baseados em pesquisas e explicações científicas) entre 6.000 e 3.000 anos A.C. verificou-se a passagem da primitiva aldeia neolítica para a populosa cidade da época do bronze (29). O campo de pesquisas abrangeu o "Crescente Fértil" (expressão usual pela qual se considera a área da Palestina e regiões limítrofes) e nele desvendou-se um pormenor deveras interessante para o assunto de que tratamos: ao lado do sumo sacerdote do principal deus aparece, com funções nitidamente diferenciadas, o governador da cidade dotado de "um poder evidentemente superior à sociedade, mas necessário para moderar o conflito de classes e mantê-lo dentro dos limites da ordem" (30). Estava claro que a vingança privada cedia lugar à sanção do Estado, institucionalizando-se o poder.

Observamos, pois, que ao Estado foi atribuída a tarefa de aplicar a sanção e isto decorre da necessidade imperiosa da manutenção da ordem e da paz social. Contudo, pelos exemplos que examinamos, verifica-se que é necessário distinguir sempre a figura do Estado da de seu governante; a sanção legítima da ilegítima; a forma preventiva da repressiva; os sistemas político-institucionais vigentes no mundo atual e de acordo com os quais se rege o controle social da comunicação em cada Estado.

A noção de mando, como já vimos, veio com a institucionalização do poder e, assim sendo, delineou obrigatoriamente a sua separação do indivíduo que o executava. Todavia, entre os romanos, ao tempo do Principado, como se vê no Digesto, vigorava a norma *quod principi placuit legis habet vigorem* ("Aquilo que agrada ao príncipe tem vigor como lei"). Tal confusão ainda se fazia sentir no século XVII e XVIII quando da afirmação absolutista de Luís XIV: *L'Etat c'est moi* ("o Estado sou eu").

Tornando-se, paulatinamente, a nação organizada, do ponto de vista político, surge com maior clareza a noção de Estado que, entre outras funções passaria a ter o privilégio do direito de punir, ou o "monopólio do uso legítimo da violência", como o descreveu Max Weber. Mas essa própria nação não evoluiu a não ser à custa de muitos esforços no sentido moderno da separação dos poderes do Estado e no reconhecimento de suas atribuições sempre voltadas, idealisticamente, para o bem-estar da coletividade, manutenção da ordem e distribuição da justiça.

Foi somente a partir da segunda metade do século passado que vulgarizou-se a expressão "Estado de Direito". Deve-se ela à afirmação de Ernest Forsthoff "segundo a qual a administração do Estado consiste principalmente na execução das leis e do direito"; assim, no seu sentido mais genérico a expressão deveria significar "o regime em que a administração haveria de ser considerada uma atividade regulamentada juridicamente" (31). E nem poderia deixar de ser de outra forma pois o próprio Estado do ponto de vista histórico-evolutivo é de si mesmo um ordenamento daquilo que já havia antes dele e que com fundamento no direito natural já tivera origem na própria realidade humana, na vida, na liberdade, na propriedade do indivíduo.

Frente aos direitos fundamentais da criatura humana (e entre estes o direito à informação e o direito de expressão) como se comportaria a administração do Estado? O seu reconhecimento constitucional já é, em princípio, uma homenagem; a sua proteção, um dever. A intervenção do Estado é legítima para esses casos. Mas pode ocorrer a sua ilegitimidade e isto se verifica quando deixa de atender aos cânones do Estado de Direito e aos dispositivos em que as constituições dos Estados modernos explicitam os direitos fundamentais.

O direito à informação e o direito de expressão, assim como o direito à vida, à liberdade, à incolumidade física, constituem uma classe especial de direitos — os *direitos fundamentais* — assegurados e protegidos pelas constituições dos Estados modernos. Nem todos os direitos inscritos nas constituições são direitos fundamentais, conforme ensinam os melhores tratadistas do Direito Constitucional. É que as constituições muitas vezes reconhecem a importância de determinados direitos, como por exemplo o direito de resistência e o direito de greve e lhes asseguram uma proteção especial. Os direitos fundamentais, porém, *valem perante o Estado* e não pelo acidente da regra constitucional. A sua essência é a supra-estatalidade, inorganizável pelo Estado (32), uma vez que, antes dele, já são objeto do *direito das gentes* ou Direito Internacional, o qual embora não codificado na atualidade é reconhecido por todos os povos civilizados.

Os direitos fundamentais supra-estatais, portanto, limitam os poderes do Estado no que concerne à imposição do seu reconhecimento e sua aplicabilidade tanto aos nacionais como aos estrangeiros residentes no país. São direitos essencialmente *humanos* e podem ser invocados por todos os indivíduos sem distinção de sexo, raça ou nacionalidade. O estrangeiro é visto atualmente por seu trabalho pacífico como um fator de congraçamento universal e de progresso e não mais como um inimigo que deva ser eliminado ou excluído da comunidade. É bem verdade que, na Antigüidade, a História registrou a aversão quase total ao alienígena mas é também certo que a necessidade do comércio e das relações humanas vieram suavizando esse estado de coisas. Entre os gregos, os estrangeiros residentes em caráter permanente, os *metecos*, já gozavam de um estatuto especial, pagavam contribuições peculiares mas tinham reconhecidos os seus direitos civis e podiam contar com uma boa justiça de tribunais especiais. Entre os romanos sua situação era idêntica e foi justamente o direito que lhes foi reconhecido e tantas vezes invocado — o *jus gentium* — a fonte mais antiga para o estabelecimento do Direito Internacional.

Aos estrangeiros, pois, estão também assegurados o direito de informação e o direito de expressão, desde que não colidam com a esfera de atuação política e eleitoral reservada, como norma geral, aos cidadãos do país.

O direito à informação e o direito de expressão subsumem-se (33) na "liberdade de pensamento" assegurada nas modernas constituições, como a nossa de 1967. "A livre manifestação ou emissão do pensamento é direito de liberdade do indivíduo *em suas relações com os outros* no que se distingue da *liberdade de pensamento*, que é direito do indivíduo sozinho, de per si, e da inviolabilidade de correspondência, que é liberdade de não-emitir o pensamento" (34). Como se depreende desse esclarecimento de Pontes de Miranda, há que distinguir o direito individual e impostergável de pensar livremente, sem peias ou ameaças de lavagem cerebral, do direito que é também do indivíduo enquanto membro do grupo social de que participa, isto é, o direito de transmitir a outrem o dado cognitivo elaborado por sua mente ou o de manifestar o dado emocional, como legítima expansão do seu psiquismo ou estado interior. Com efeito. Não basta dizer apenas *o que se pensa*, nisto compreendido toda e qualquer elocução denotativa; é preciso também manifestar *o que se sente*, tudo quanto se acha sob a esfera da emotividade, da conotação, e serve, de resto, para completar o significado, por exemplo, gestos, expressões corporais, e tudo quanto pode ser compreendido como *linguagem de conduta*.

Tanto a liberdade de informação como a liberdade de expressão constituem, pois, amplos direitos individuais, que somente irão encontrar barreiras na medida em que tais direitos colidirem com os de outrem ou com o da própria sociedade, em casos especiais, como por exemplo a segurança coletiva. Em tais casos que podem interessar à esfera privada ou ao direito público, é legítimo o controle jurídico e é legítima a ação do Estado (Poder Judiciário) para tomar conhecimento de possível infração e aplicar-lhe a devida penalidade. É legítima também a intervenção do Estado (Poder Legislativo) fazendo editar leis penais que reprimam infrações (desde que comprovadas) em publicações que veiculem propaganda de guerra, subversão da ordem, preconceitos de raça, religião ou de classe.

Vemos, portanto, que a informação e a expressão estão condicionadas em sua veiculação por circunstâncias especiais que a podem revestir. Assim por exemplo, a testemunha tem o dever de depor mas poderá recusar-se a fazê-lo o parente próximo do acusado; da mesma forma, estão proibidas de depor as pessoas que devam guardar segredo em razão de ministério, ofício ou profissão.

Isso ocorre também na utilização dos meios de comunicação de massa pela atividade do jornalismo em qualquer de suas modalidades (escrito, radiofônico, televisivo). Jacques Bourquim, citado por Ramão Gomes Portão (35) aponta cinco razões como limites da liberdade de imprensa:

a) *ratione personae* (em razão da pessoa) levando em consideração que a privacidade do indivíduo deve ser resguardada;

b) *ratione reipublicae* (em razão do interesse público) quando interesses da sociedade o exigem; por exemplo: a independência do país, a segurança coletiva, a ordem pública, o crédito público;

c) *ratione gentium* (quando estão envolvidos interesses de outros países ou organizações internacionais como por exemplo a Organização do Tratado do Atlântico Norte ou a União Postal Universal);

d) *ratione materiae* (em razão da matéria) quando por exemplo o texto tem a visível intenção de insultar, deixa de ser lícito;

e) *ratione amatoris* (em razão da personalidade do autor) quando deve ser levada em consideração a inexperiência do autor do texto nas coisas jurídicas ou nos negócios públicos em geral.

O que se passou após 1445

A fixação do início da Idade Moderna costuma ser feita pelos historiadores a partir de 1453, com a tomada de Constantinopla pelos turcos. Outros, como McLuhan, dão tal relevância ao invento de

Gutenberg (1445) que chegam a responsabilizar a Imprensa pelo início da nova fase (a destribalização) alcançada pela Humanidade depois que a mensagem impressa passou a ser lida silenciosa e individualmente, ao ensejo da multiplicação dos livros, estimulando, destarte, a reflexão e o espírito crítico. Poderíamos prosseguir com o raciocínio da "Galáxia de Gutenberg" e supostamente tomá-la como causa eficiente das transformações sociais e da irreverência generalizada ao *magister dixit* e ao aristotelismo vigentes em toda a Idade Média.

Na verdade, a Renascença — e um dos seus traços característicos, o Humanismo — já existiam na Itália um século e meio antes da Imprensa e se analisarmos a Reforma de Lutero, a partir de 1517, veremos que o desejo de renovação da ordem temporal e religiosa é bem anterior ao século XV. Preferimos, pois, com McNall Burns (36) concluir que não se pode negar a influência da Imprensa nos acontecimentos históricos que caracterizam a Idade Moderna mas essa influência foi tardia e devem ser levadas em consideração também a Revolução Comercial, os governos absolutistas e a Revolução Intelectual entre as causas da mudança das estruturas sociais desencadeada com a Revolução de 1789.

No estudo que fazemos do controle social da Comunicação interessa-nos sobretudo salientar que a Imprensa foi, sem dúvida nenhuma (principalmente depois dos sucessivos aperfeiçoamentos que possibilitaram a evolução técnica dos primitivos *incunábulos*) uma caixa de ressonância onde encontraram eco as vozes dos filósofos e enciclopedistas continuadores do mesmo Humanismo renascentista responsável, este sim, pelo abrandamento das penas e dos processos criminais, pelo respeito à criatura humana e pela homenagem ao princípio de intangibilidade da liberdade individual.

O ambiente peculiar, a Espanha da segunda metade do século XV, criado pelo combate aos mouros e a fiscalização das atividades dos *cristãos-novos*, fez com que aos reis católicos, Fernando e Isabel, fosse concedida em 1478 a licença pontifícia para a instauração do Tribunal da Inquisição. Por outro lado, diante da realidade da corrupção e dos fatos consumados pela Reforma, o Catolicismo oficial fez instituir o Concílio de Trento (1545-1563) e instalou o *Index Librorum Prohibitorum* (Relação dos livros proibidos).

Estamos, pois, diante de dois fatos que merecem a nossa atenção: duas formas (repressiva e preventiva) do controle da liberdade de consciência e de pensamento, iniciadas sob a alegação da necessidade de manutenção da ortodoxia da fé religiosa. A primeira exercitava-se pela instauração de processos sob pretextos nem sempre fundamentados; a segunda, amedrontava os possíveis receptores da incriminada mensagem impressa ameaçando-os com a excomunhão e outras penas menores em caso de desobediência. O Papado procurava combater intransigentemente as heresias mas pouco a pouco os soberanos dos países católicos — seu braço secular — passaram a usá-las em benefício próprio e em questões nitidamente políticas e pessoais, fazendo recair todo o rigor das instituições religiosas sobre os bens e pessoas de seus desafetos. O próprio *Index* foi usado também pelos governantes dos países protestantes em versão especial, proibitiva das idéias de Roma, tal como aconteceu na Holanda, Suíça e Alemanha após a Reforma.

A partir das últimas décadas do século XV governos centralizados e fortes constituíram a proteção desejada pelo mercantilismo incipiente e, de certo modo, pela Reforma nos países do norte da Europa; isso atendia, também, à necessidade de apoio ao nacionalismo que começava a surgir dos escombros do feudalismo decadente. Já não mais se observava a soberania da Igreja sobre o Estado; antes, este, pelos seus governantes, procurava dominar aquela para a tornar um dócil ramo de sua administração.

Nesse período a ordem e a segurança eram mais importantes do que a liberdade e isto se refletia na obra de espíritos lúcidos como Bodin, Hobbes e Grotius, que podem ser considerados defensores do despotismo. Contudo, o Humanismo do Renascimento não fenecera de todo e aguardava momento propício para o seu florescimento. Diz McNall Burns (37) que "por uma das mais estranhas ironias da História o período em que arrogantes déspotas dominavam as nações do continente europeu foi um período de estupendas realizações intelectuais". Estas se deram exatamente pelo estímulo das condições adversas e aparece entre outros Voltaire, o campeão das liberdades cívicas, clamando na França pela necessidade de reformulação da ordem social tal como a vira na Inglaterra, onde estivera exilado.

Sob o império do despotismo, ainda no século XVII assistimos na Itália à execução de Giordano Bruno pela fogueira da Inquisição (1600) e, um pouco mais tarde, a um dos processos que ficaram na História (1633) onde Galileu Galilei, com mais de 70 anos, foi obrigado a pedir perdão de joelhos e retratar-se de suas convicções perante o mesmo tribunal.

Contribuíram, sem dúvida, para a eclosão dos princípios libertários da Revolução Francesa, entre outros, John Locke, Montesquieu e Beccaria. O primeiro, no *Segundo Tratado do Governo Civil* pregou a tolerância religiosa e a política liberal, bem como definiu com clareza a finalidade e os deveres do Estado. Charles de Secondat, barão de Montesquieu, em 1748 escreveu *L'esprit des lois* ("O espírito das leis"), no qual proclamava o princípio da liberdade individual. Quanto aos marquês de Beccaria (Cesare Beccaria), contribuiu em *Dei deliti e delle pene* ("Dos Delitos e das Penas") (1764) para a humanização das penas criminais e para a afirmação do princípio do respeito à pessoa humana.

Os textos desses autores influenciaram, em 1776, a "Declaração do Estado de Virgínia" e as primeiras versões da Constituição dos Estados Unidos da América. Essa primeira semente da liberdade, frutificada em solo norte-americano, encontrou ambiente propício e deu na França, como resultado, a revolução de 1789.

Em nosso país em 1792 vigorava o regime absolutista sob a rainha D. Maria I e, sob o império deste, consumou-se na forca o sonho de Tiradentes.

A implantação da imprensa deu-se apenas em 1808 após a chegada da família real ao Brasil; contudo, desde 1706, já se assinalava a existência da arte gráfica no Brasil quando foi proibida a tentativa de funcionamento de uma tipografia em Pernambuco, o mesmo acontecendo com o prelo que Antonio Isidoro da Fonseca quisera instalar no Rio em 1747.

"Em 1711, uma publicação sobre as riquezas recém-descobertas na região das Minas — *Cultura e Opulência do Brasil*, de João Antônio Andreoni — apesar de liberada pelo Santo Ofício teve sua edição apreendida pela autoridade colonial, *sob o fundamento de que as informações nele contidas poderiam atrair a cobiça de outros países*" (38).

Observa-se pois que por motivos essencialmente políticos Portugal retardou o advento da imprensa no Brasil, cuja independência já era pressentida pelos seus despóticos governantes (39).

Os regimes jurídicos que norteiam o controle social da Comunicação nos diferentes países, de um modo geral podem agrupar-se em três categorias: o da responsabilidade social; o da autoridade governamental e o do monopólio estatal.

O regime da *responsabilidade social* é o que se encontra vigente nas nações democráticas do bloco ocidental. Nota-se nele a repartição e a interdependência harmônica dos poderes, cabendo ao Poder Judiciário tão-somente conhecer a infração legal, sua respectiva autoria e aplicar-lhe a sanção adequada.

O regime da *autoridade governamental* esteve em vigor na Espanha sob o franquismo e em Portugal sob o governo de Salazar. Ainda hoje pode ser assinalado em certos países em que a autoridade governamental procura dar maior relevância a traços da cultura autóctone e onde, geralmente, costumes religiosos e tradicionais se entrelaçam.

Tal é por exemplo o regime vigente atualmente no Irã, do Aiatolá Khomeini, e no Estado de Israel. Certas proibições relacionadas com a música e a alimentação são por vezes severamente regulamentadas.

O regime do *monopólio estatal* é típico dos estados totalitários e caracteriza-se por serem os meios de comunicação de massa propriedade do estado e por estarem permanentemente a serviço da ideologia oficial. Neste regime não se admitem nem a oposição, nem a crítica, nem o livre debate e *o Muro de Berlim* é a marca mais vergonhosa de seus governos na tentativa desesperada de fazer cessar qualquer intercâmbio entre todos os países do mundo, sob o pavor do poder da livre expressão do pensamento.

Conclusões:

1. Há, felizmente, na nossa sociedade de massa, certas coisas que não podem ser quantificadas mas mesmo que o fossem jamais poderiam ser expressas em moeda corrente: tais são a vida, a incolumidade física, a boa reputação, a liberdade.

2. O direito à informação e o direito de expressão estão também entre estes. Não são assuntos que interessam apenas ao leitor-radiouvinte-telespectador-fruidor-receptor; são também direitos impostergáveis do autor, do editor, do advogado, do professor, do intelectual e do artista-criador, isto é, de todos quantos têm o dever social de informar e de expressar-se livremente.

3. O cordão virtual que nos prende aos foros de Humanidade e de Civilização não pode ser impunemente rompido: com o *esprit de géométrie*, de que nos fala Pascal, pode-se talvez construir maravilhas tecnológicas e fabricar a bomba atômica mas somente com o *esprit de finesse* podem ser levadas em consideração certas variáveis essencialmente humanas e dirigir, com acerto, a sociedade em que vivemos, sem o pesadelo de um porvir de automação brutal e generalizada.

NOTAS BIBLIOGRÁFICAS

1. Adorno, Theodor W. "A Indústria Cultural". *In* Cohn, Gabriel. *Comunicação e Indústria Cultural*. São Paulo, Cia. Editora Nacional, 1975.
2. Fagen, Richard. *Política e Comunicação*. Rio, Zahar, 1971.
3. Littlejohn, S. W. *Fundamentos Teóricos da Comunicação Humana*. Rio, Zahar, 1982.
4. UNESCO. Conferências promovidas pela. *Comunicação na Era Espacial*. Rio, Fundação Getúlio Vargas, 1969.
5. Samarcos, Marco Antonio Rocha e Salomão, Suely Geraldo. *Opinião Pública e Comunicação Social em Silvânia*. Brasília, Ed. Eixo, 1975.
6. Littlejohn, S. W. *Op. cit.* Também: Klapper, Joseph T. "Os Efeitos da Comunicação de Massa". *In* Cohn, Gabriel. *Comunicação e Indústria Cultural*. São Paulo, Cia. Editora Nacional, 1975.

7. Littlejohn, S. W. *Op. cit.*
8. Burgelin, Olivier. *A Comunicação Social*. São Paulo, Livraria Martins Fontes, 1970.
9. Shannon, C. e Weaver, W. *A Teoria Matemática da Comunicação*. São Paulo, Difel, 1975.
10. Thayer, Lee. *Comunicação, Fundamentos e Sistemas*. São Paulo, Atlas, 1979.
11. Thayer, Lee. *Op. cit.*
12. Maletzke, Gerhard. *Sicologia de la Comunicación Social*. Quito, CIESPAL, 1976.
13. Beltrão, Luiz. *Teoria Geral da Comunicação*. Brasília, Thesaurus, 1980.
14. Beltrão, Luiz. *Op. cit.*
15. Maletzke, Gerhard. *Op. cit.*
16. Beltrão, Luiz. *Op. cit.*
17. Pontes de Miranda. *Comentários à Constituição de 1946*. São Paulo, Max Limonad, 1953.
18. Beltrão, Luiz. *Op. cit.*
19. Mariño, H. Fernandez. *Teoria da Expressão*. Brasília, ICINFORM, 1977.
20. Lalande, André. *Vocabulaire Technique et Critique de la Philosophie*. Paris, POF, 1951.
21. Mira y Lopez, E. *Manual de Psiquiatria*. Rio, Ed. Científica, 1944.
22. Linton, Ralph. *O Homem — Uma Introdução à Antropologia*. São Paulo, Martins, 1952.
23. Robin, Leon. *La pensée grecque*. Paris, A. Michel, 1948.
24. Fraser Bond, F. *Introdução ao Jornalismo*. Rio, Agir, 1962.
25. Augras, Monique. *Opinião Pública — Teoria e Pesquisa*. Petrópolis, Vozes, 1974.
26. Ricoeus, Paul. *Da Interpretação — Ensaio sobre Freud*. Rio, Imago, 1977.
27. Chinoy, Ely. *Sociedade — Introdução à Sociologia*. São Paulo, Cultrix, 1976.
28. Morin, E. *Cultura de Massa no Século XX*. São Paulo, Forense, 1975.
29. Childe, V. Gordon. *O que Aconteceu na História*. Rio, Zahar.
30. *Idem*.
31. Enciclopédia Saraiva de Direito. *O Estado de Direito*. São Paulo, Saraiva, 1977, n.º 33.
32. Pontes de Miranda. *Op. cit.*
33. Subsunção — vocábulo empregado na linguagem jurídica para designar o enquadramento de um caso concreto que se examina, nos preceitos da norma abstrata. Cf. Enciclopédia Saraiva de Direito, São Paulo, 1977.
34. Pontes de Miranda. *Op. cit.*
35. Portão, Romão Gomes. *A Vítima nos Meios de Comunicação de Massa*. Santos, Traço, 1982.
36. McNall Burns, Edward. *História da Civilização Ocidental*. Porto Alegre, Globo, 1977.
37. *Idem*.
38. Bahia, Juarez. *Jornal, História e Técnica*. São Paulo, IBRASA, 1972.
39. Marques de Melo, J. *Sociologia da Imprensa no Brasil*. Petrópolis, Vozes, 1973.

NOVAS BUSCAS EM COMUNICAÇÃO
VOLUMES PUBLICADOS

1. *Comunicação: teoria e política* — José Marques de Melo.
2. *Releasemania — uma contribuição para o estudo do press-release no Brasil* — Gerson Moreira Lima.
3. *A informação no rádio — os grupos de poder e a determinação dos conteúdos* — Gisela Swetlana Ortriwano.
4. *Política e imaginário nos meios de comunicação para massas no Brasil* — Ciro Marcondes Filho (organizador).
5. *Marketing político e governamental — um roteiro para campanhas políticas e estratégias de comunicação* — Francisco Gaudêncio Torquato do Rego.
6. *Muito além do Jardim Botânico — um estudo sobre a audiência do Jornal Nacional da Globo entre trabalhadores* — Carlos Eduardo Lins da Silva.
7. *Diagramação — o planejamento visual gráfico na comunicação impressa* — Rafael Souza Silva.
8. *Mídia: o segundo Deus* — Tony Schwartz.
9. *Relações públicas no modo de produção capitalista* — Cicilia Krohling Peruzzo.
10. *Comunicação de massa sem massa* — Sérgio Caparelli.
11. *Comunicação empresarial/comunicação institucional — Conceitos, estratégias, planejamento e técnicas* — Francisco Gaudêncio Torquato do Rego.
12. *O processo de relações públicas* — Hebe Wey.
13. *Subsídios para uma Teoria da Comunicação de Massa* — Luiz Beltrão e Newton de Oliveira Quirino.
14. *Técnica de reportagem — notas sobre a narrativa jornalística* — Muniz Sodré e Maria Helena Ferrari.
15. *O papel do jornal — uma releitura* — Alberto Dines.
16. *Novas tecnologias de comunicação — impactos políticos, culturais e socioeconômicos* — Anamaria Fadul (organizadora).
17. *Planejamento de relações públicas na comunicação integrada* — Margarida Maria Krohling Kunsch.
18. *Propaganda para quem paga a conta — do outro lado do muro, o anunciante* — Plinio Cabral.
19. *Do jornalismo político à indústria cultural* — Gisela Taschner Goldenstein.
20. *Projeto gráfico — teoria e prática da diagramação* — Antonio Celso Collaro.
21. *A retórica das multinacionais — a legitimação das organizações pela palavra* — Tereza Lúcia Halliday.
22. *Jornalismo empresarial* — Francisco Gaudêncio Torquato do Rego.
23. *O jornalismo na nova república* — Cremilda Medina (organizadora).
24. *Notícia: um produto à venda — jornalismo na sociedade urbana e industrial* — Cremilda Medina.
25. *Estratégias eleitorais — marketing político* — Carlos Augusto Manhanelli.
26. *Imprensa e liberdade — os princípios constitucionais e a nova legislação* — Freitas Nobre.
27. *Atos retóricos — mensagens estratégicas de políticos e igrejas* — Tereza Lúcia Halliday (organizadora).

28. *As telenovelas da Globo — produção e exportação* — José Marques de Melo.
29. *Atrás das câmeras — relações entre cultura, Estado e televisão* — Laurindo Lalo Leal Filho.
30. *Uma nova ordem audiovisual — novas tecnologias de comunicação* — Cândido José Mendes de Almeida.
31. *Estrutura da informação radiofônica* — Emilio Prado.
32. *Jornal-laboratório — do exercício escolar ao compromisso com o público leitor* — Dirceu Fernandes Lopes.
33. *A imagem nas mãos — o vídeo popular no Brasil* — Luiz Fernando Santoro.
34. *Espanha: sociedade e comunicação de massa* — José Marques de Melo.
35. *Propaganda institucional — usos e funções da propaganda em relações públicas* — J. B. Pinho.
36. *On camera — o curso de produção de filme e vídeo da BBC* — Harris Watts.
37. *Mais do que palavras — uma introdução à teoria da comunicação* — Richard Dimbleby e Graeme Burton.
38. *A aventura da reportagem* — Gilberto Dimenstein e Ricardo Kotscho.
39. *O adiantado da hora — a influência americana sobre o jornalismo brasileiro* — Carlos Eduardo Lins da Silva.
40. *Consumidor* versus *propaganda* — Gino Giacomini Filho.
41. *Complexo de Clark Kent — são super-homens os jornalistas?* — Geraldinho Vieira.
42. *Propaganda subliminar multimídia* — Flávio Calazans.
43. *O mundo dos jornalistas* — Isabel Siqueira Travancas.
44. *Pragmática do jornalismo — buscas práticas para uma teoria da ação jornalística* — Manuel Carlos Chaparro.
45. *A bola no ar — o rádio esportivo em São Paulo* — Edileuza Soares.
46. *Relações públicas: função política* — Roberto Porto Simões.
47. *Espreme que sai sangue — um estudo do sensacionalismo na imprensa* — Danilo Angrimani.
48. *O século dourado — a comunicação eletrônica nos EUA* — S. Squirra.
49. *Comunicação dirigida escrita na empresa — teoria e prática* — Cleuza G. Gimenes Cesca.
50. *Informação eletrônica e novas tecnologias* — María-José Recoder, Ernest Abadal, Lluís Codina e Etevaldo Siqueira.
51. *É pagar para ver — a TV por assinatura em foco* — Luiz Guilherme Duarte.
52. *O estilo magazine — o texto em revista* — Sergio Vilas Boas.
53. *O poder das marcas* — J. B. Pinho.
54. *Jornalismo, ética e liberdade* — Francisco José Karam.
55. *A melhor TV do mundo — o modelo britânico de televisão* — Laurindo Lalo Leal Filho.
56. *Relações públicas e modernidade — novos paradigmas em comunicação organizacional* — Margarida Maria Krohling Kunsch.
57. *Radiojornalismo* — Paul Chantler e Sim Harris.
58. *Jornalismo diante das câmeras* — Ivor Yorke.
59. *A rede — como nossas vidas serão transformadas pelos novos meios de comunicação* — Juan Luis Cebrián.
60. *Transmarketing — estratégias avançadas de relações públicas no campo do marketing* — Waldir Gutierrez Fortes.
61. *Publicidade e vendas na Internet — técnicas e estratégias* — J. B. Pinho.
62. *Produção de rádio — um guia abrangente da produção radiofônica* — Robert McLeish.
63. *Manual do telespectador insatisfeito* — Wagner Bezerra.
64. *Relações públicas e micropolítica* — Roberto Porto Simões.
65. *Desafios contemporâneos em comunicação — perspectivas de relações públicas* — Ricardo Ferreira Freitas, Luciane Lucas (organizadores).
66. *Vivendo com a telenovela — mediações, recepção, teleficcionalidade* — Maria Immacolata Vassallo de Lopes, Silvia Helena Simões Borelli e Vera da Rocha Resende.
67. *Biografias e biógrafos — jornalismo sobre personagens* — Sergio Vilas Boas.
68. *Relações públicas na internet — Técnicas e estratégias para informar e influenciar públicos de interesse* — J. B. Pinho.
69. *Perfis — e como escrevê-los* — Sergio Vilas Boas.
70. *O jornalismo na era da publicidade* — Leandro Marshall.
71. *Jornalismo na internet* – J. B. Pinho.

------- dobre aqui -------

CARTA-RESPOSTA
NÃO É NECESSÁRIO SELAR

O SELO SERÁ PAGO POR

AC AVENIDA DUQUE DE CAXIAS
01214-999 São Paulo/SP

------- dobre aqui -------

summus editorial
CADASTRO PARA MALA DIRETA

Recorte ou reproduza esta ficha de cadastro, envie completamente preenchida por correio ou fax, e receba informações atualizadas sobre nossos livros.

Nome: _____ Empresa: _____

Endereço: ☐ Res. ☐ Coml. _____ Bairro: _____

CEP: _____-_____ Cidade: _____ Estado: _____ Tel.: ( ) _____

Fax: ( ) _____ E-mail: _____

Profissão: _____ Professor? ☐ Sim ☐ Não Disciplina: _____ Data de nascimento: _____

1. Você compra livros:
☐ Livrarias ☐ Feiras
☐ Telefone ☐ Correios
☐ Internet ☐ Outros. Especificar: _____

2. Onde você comprou este livro? _____

3. Você busca informações para adquirir livros:
☐ Jornais ☐ Amigos
☐ Revistas ☐ Internet
☐ Professores ☐ Outros. Especificar: _____

4. Áreas de interesse:
☐ Educação ☐ Administração, RH
☐ Psicologia ☐ Comunicação
☐ Corpo, Movimento, Saúde ☐ Literatura, Poesia, Ensaios
☐ Comportamento ☐ Viagens, Hobby, Lazer
☐ PNL (Programação Neurolingüística)

5. Nestas áreas, alguma sugestão para novos títulos? _____

6. Gostaria de receber o catálogo da editora? ☐ Sim ☐ Não

7. Gostaria de receber o Informativo Summus? ☐ Sim ☐ Não

Indique um amigo que gostaria de receber a nossa mala direta

Nome: _____ Empresa: _____

Endereço: ☐ Res. ☐ Coml. _____ Bairro: _____

CEP: _____-_____ Cidade: _____ Estado: _____ Tel.: ( ) _____

Fax: ( ) _____ E-mail: _____

Profissão: _____ Professor? ☐ Sim ☐ Não Disciplina: _____ Data de nascimento: _____

summus editorial
Rua Itapicuru, 613 – 7º andar   05006-000   São Paulo - SP   Brasil   Tel.: (11) 3872 3322   Fax: (11) 3872 7476
Internet: http://www.summus.com.br   e-mail: summus@summus.com.br